BURT FRANKLIN: BIBLIOGRAPHY & REFERENCE SERIES 321
Essays in Literature & Criticism 55

LES

ÉDITIONS DE RABELAIS

DE 1532 À 1711

BIBLIOGRAPHIE RABELAISIENNE

LES
ÉDITIONS DE RABELAIS
DE 1532 À 1711

CATALOGUE RAISONNÉ
DESCRIPTIF ET FIGURÉ
ILLUSTRÉ DE CENT SOIXANTE-SIX FACSIMILÉS
(TITRES, VARIANTES, PAGES DE TEXTE, PORTRAITS)

PAR

Pierre-Paul PLAN

BURT FRANKLIN
NEW YORK

Published by BURT FRANKLIN
235 East 44th St., New York, N.Y. 10017
Originally Published: 1904
Reprinted: 1970
Printed in the U.S.A.

Library of Congress Card Catalog No.: 70-118751
Burt Franklin: Bibliography & Reference Series 321
Essays in Literature & Criticism 55

DILECTISSIMI PATRIS

MEMORIAE

SACRVM

A

Pierre de Nolhac

&

Léon Dorez

Dizain de Charles Morice
à l'auteur de ce Livre

Le Temps filait ses ordes arnitoiles
Et répandait sa poußière d'erreur
Sur la plus claire entre toutes étoiles.
Mais, par ce geste amoureux & vengeur,
Vous lui rendez, Plan, sa prime splendeur,
Et — grâce à vous — je pense reconnaître
Dégagé d'ombre, & seul, & Lui, le Maître
Tel qu'en mon cœur je me le rappelais
(Car j'ai vécu, pieça, — las, pour renaître...) :
Mon grand, mon cher, mon divin Rabelais.

❧ Au lecteur, Salut.

...Si vous y trouuez quelques legeres
faultes d'impreßion delaißées par inad-
uertence, il vous plaira benignemēt les
ſupporter, eſtimantz qu'en telz labeurs,
faire tout au mieulx & n'oblier rien,
ſeroit choſe plus diuine qu'humaine.

JEAN LONGIS.

C'eſt ici un livre d'images, par quoi j'ai tenté de
donner une idée exacte des anciennes éditions du roman
de Rabelais. J'aurais pu conduire mon Catalogue jusqu'au seuil du xxᵉ siècle. On verra plus loin ce qui m'a
décidé à m'arrêter à l'édition de Le Duchat, la première où l'on ait songé à établir un texte critique.

Il serait puéril d'insiſter sur les balbutiements de
Nicéron & les tentatives sommaires de De l'Aulnaye
& de Regis. Ce n'eſt réellement qu'en 1852, avec les
Recherches de J.-Ch. Brunet, que les amis de Rabelais ont pu commencer à se rendre compte des diverses
transformations par où avait paßé leur livre de chevet.
Ce consciencieux travail, remarquable pour l'époque où
il parut, eſt devenu tout à fait insuffisant pour la nôtre,
& n'a pas encore été remplacé.

En contrôlant Brunet, on s'aperçoit bien vite qu'il se
trompe fréquemment & que plusieurs pièces lui ont échappé.
Comme tous les bibliographes de sa génération, il se

contente de l'à peu près, dans l'énoncé des titres, & commet des erreurs de collation, même quand il s'agit de volumes qui ont paßé sous ses yeux. En outre, il a cru devoir donner des Conseils aux éditeurs futurs, &, par malheur, ces conseils ont été suivis avec une docilité trop aveugle.

Proposer d'adopter comme texte ne varietur celui des dernières éditions de chaque livre publiées par Rabelais, en signalant les variantes des précédentes, était, certes, pour séduire. Mais il devenait singulièrement scabreux d'admettre sans discußion que telle édition était bien la dernière qu'eût revue l'auteur. Brunet a fixé son choix, pour les deux premiers livres, sur la version imprimée par François Juste en 1542, &, pour les deux suivants, sur celle qui fut donnée dix ans plus tard par Michel Fezandat. Je crois savoir qu'il a été trop affirmatif en ce qui concerne les livres I, II & IV. On en jugera par les collations qui sont ici & l'on verra que, pour les deux premiers livres, l'édition de Pierre de Tours (sans date, mais poßérieure à 1542), &, pour le quatrième, celles de Baltasar Aleman, 1552, & de 1553, sans lieu, présentent des textes plus correɛts & revus, selon toute vraisemblance, par Rabelais même.

Si donc je croyais pouvoir aßumer, dès aujourd'hui, une telle reßponsabilité, ce seraient ces textes que j'engagerais à prendre pour base d'une édition nouvelle & pour contrôle de ceux que préconise Brunet, lesquels donnent, pour la première fois & non pour la dernière, la rédaɛtion définitive. Mais je veux me borner, ici, à exposer

mes observations, trop heureux si cette étude, en soulevant certains problèmes de la Bibliographie rabelaisienne, fournit l'occasion d'en résoudre quelques-uns.

J'ai pensé que le meilleur moyen de rectifier & de compléter Brunet était de multiplier les facsimilés, surtout en ce qui concerne les volumes imprimés du vivant de Rabelais. Je renvoie à l'auteur des Recherches toutes les fois qu'il m'a semblé exact. Il relève, en effet, fort bien, plusieurs renseignements de première importance, & ses remarques sur les textes primitifs sont péremptoires.

Ce qui, au cours de mon travail, m'a causé le plus de tourments a été de dégager la simple vérité du fatras de légendes, gloses, explications folles & hypothèses dont certains graphomanes ont obscurci la question comme à plaisir, la recouvrant d'une « brodure » de sottises. Sans parler d'Éloi Johanneau, de falote mémoire, deux personnages se sont, entre autres, particulièrement distingués en ce genre d'exercice : le bibliophile Jacob & Gustave Brunet (de Bordeaux). S'ils sont cités ici, ce n'est pas à titre d'autorités, & l'on peut dire qu'ils ont traité l'œuvre de Rabelais comme Accurse avait fait les Pandectes.

Mon intention première était, ambitieusement, d'établir une bibliographie générale qui eût décrit non seulement les éditions anciennes, mais aussi les modernes, & les ouvrages divers auxquels le nom & l'œuvre de maître François ont donné lieu. J'avais déjà rassemblé les matériaux du livre qui paraît aujourd'hui quand, il y a deux ans, Mme Ch. Marty-Laveaux me fit l'honneur

de me communiquer les papiers inédits laißés par son mari, le regretté savant à qui l'on doit la dernière & la meilleure édition de Rabelais. Ces papiers consiſtaient en notes recueillies de toutes parts pendant plus de vingt ans & non encore claßées. Celui qui les avait raßemblées n'avait pas eu le temps de les soumettre à un contrôle rigoureux, & la partie de ce travail préparatoire qui se rapportait aux premières éditions du roman venait d'être mise à contribution par M. Ed. Huguet, qui en a tiré, pour le 6ᵉ volume, poſthume, du Rabelais de Marty-Laveaux, tout le parti que l'on pouvait, sans intervention personnelle, en tirer.

Les autres notes, beaucoup plus abondantes & détaillées, ont pour objet les éditions modernes & les ouvrages de toutes sortes, commentaires, articles de journaux & de revues, etc., relatifs à Rabelais. Autorisé à les mettre au jour, je donne maintenant mon catalogue des éditions antérieures à 1711 & je réserve, pour les publier plus tard, sous le nom de leur auteur, & après les avoir augmentés & mis au point de mon mieux, les matériaux laißés par M. Ch. Marty-Laveaux.

Il me reſte à acquitter plusieurs dettes, en exprimant ma plus vive gratitude aux personnes qui ont facilité mon travail : à M. Léopold Delisle, qui m'a, ſpontanément, communiqué les cotes, encore inédites, du Catalogue des livres anciens du Musée Condé; à M. Émile Picot, qui a si obligeamment ouvert pour moi

les précieuses vitrines de la bibliothèque de feu M. James de Rothschild; à MM. Pierre de Nolhac & Léon Dorez, qui n'ont cessé de me témoigner les plus affectueux encouragements; au Directeur de l'Imprimerie nationale, enfin, M. Arthur Christian, gardien des grandes traditions de la typographie française, grâce à qui mon premier livre se présente sous une forme inespérée.

Paris, 25 octobre 1904.

P.-S. — Au moment où ces lignes sont sous presse, le dernier numéro de la *Revue des Études rabelaisiennes* annonce, page 199, la réimpression prochaine de « L'ISLE SONNANTE » (*sic*), & ajoute :

« Cet opuscule rarissime, première rédaction de onze (sic) *chapitres « du l. V, est la seule partie de ce livre parue du temps* (sic) *de « Rabelais. »*

Tant de choses en deux lignes ! Si le rédacteur de cette note a découvert un livre intitulé *l'Isle Sonnante,* composé de *onze* chapitres & paru *du temps de Rabelais,* il a fait la trouvaille la plus inattendue, car le seul exemplaire connu, décrit ici pages 174-179, s'intitule l'*Isle Sonante,* se compose de *seize* chapitres, & a paru *neuf ans après la mort* de maître François.

LES CHRONIQUES DE GARGANTUA

L'opuscule qui, sous le titre de *grandes et inestimables cronicques du grand et enorme geant Gargantua,* a précédé l'apparition du roman, est incontestablement de Rabelais, qui y fait une allusion directe, au début du Prologue de *Pantagruel* (voir notre facsimilé des premières lignes de ce Prologue, n° 18). Maistre Alcofrybas désigne même ce livret par son titre exact : « *Vous aueʒ na gueres veu, leu, & sceu les grãdes & inestimables chronicques de lenorme geant Gargantua...* »

Cependant, bien que les *Chroniques* aient eu un certain nombre de réimpressions, & aient été imitées jusqu'au premier tiers du XIXᵉ siècle, nous pensons que seuls, les nᵒˢ 1, 3 & peut-être aussi le n° 4, parmi les versions que nous avons eues sous les yeux, ont été publiés par Rabelais lui-même. Le n° 2 reproduit le texte de la première édition ; mais il n'est pas prouvé qu'il ait été donné à Lyon, par les soins de l'auteur. Quant au n° 3, la nature de ses variantes nous est un garant de son authenticité. Ces variantes, qui consistent en corrections heureuses & en additions très plaisantes, sont empreintes d'un cachet rabelaisien certain. C'est précisément leur absence dans les éditions suivantes qui nous fait, *a priori,* considérer celles-ci comme des contrefaçons, & notre opinion se confirme à l'examen des passages nouveaux de ces éditions, passages dont les uns sont empruntés au *Pantagruel,* & dont les autres sont souvent d'une remarquable platitude. Il faut faire une exception pour le n° 4, qui donne un texte nouveau, où souvent semble bien se révéler la verve du bon Nasier.

Malgré le programme que nous nous sommes tracé pour le reste du présent ouvrage, il nous a paru de quelque intérêt de donner, à la fin de ce chapitre, la liste des imitations populaires modernes à nous connues de la première version du *Gargantua.*

---

1. LEs grandes et ‖ inestimables Cronicqs : du grant 𝄐 enor= ‖ me geant Gargantua : Contenant sa genealogie, ‖ La grãdeur 𝄐 force de son corps. Aussi les merueil= ‖ leux faictz darmes quil fist pour le Roy Artus, cō= ‖ me verrez cy apres. Imprime nouuellemēt. 1532

ᛒEs grandes et

inestimables Cronicqs:du grant ꞇ enoꝛme geant Gargantua: Contenant sa genealogie/ La grãdeur ꞇ force de soy corps. Aussi les merueilleuꝥ faictz darmes quik fist pour le Roy Artus/cõme Verreꝫ cy apꝛes. Jmpꝛime nouuellemẽt.   1532

Petit in-4° carré de 16 ff. non chiffrés, 30 lignes à la page, car. goth.
Sign. 𝕬. 𝕯.

Le texte commence au verso du titre, & est divisé en 18 chapitres. La table occupe deux pages; voici le recto du dernier feuillet :

de Paris pour les pendre au col de sa grãt iument.

C Cõment les Parisiens le prierēt q̃ uil les remiſt en leurs places ou elle ſont de preſent ce q̃ fiſt ſedict gargantua moyennant le deſieuner q̃lz luy firent.

C Cõmēt gargãtua ſen retourna au mont ſainct Michel ꝗ cõment Merlin ſapparut a luy ꝗ comme na'a la court du Roy Artus pour ſeruir ſedict Roy.

C Comment gargantua deffiſt les gos et Magos de ſa maſſue. Et cõmēt ſedit gargantua fiſt ſon pre mier repas a la court du roy Artus, et fut ſeruy de pluſieurs metz, et de ſes abiſſemens de liurée.

C Cõmēt gargãtua fiſt guerre aux Hollendoys et Jrlandoys, ꝗ cõmēt ilz luy baillerent deux na uires pleines de harãc frays et troys barricques de macquereaulx ſallez pour ſon deſieuner pour a uoir treſues. Et cõmēt il ſendormit la bouche ou uerte: ꝗ tomba troys cēs des citoyēs en ſa gueulle.

C Cõmēt il gaigna la bataille et miſt le Roy en ſa gibeſſiere, et ṽng grãt nõbre de grans ſeigneurs quil miſt en priſon en ſa dent creuſe.

C Cõmēt gargantua retourna a ſa court du roy artus ꝗ luy fiſt preſent des priſonniers ꝗ du Roy de Hollende et de Jrlande.

C Cõmēt gargantua alla combatre contre ṽng geant. Et comment ſedict gargãtua luy pleia les rains et le miſt en ſa gibeſſiere.

FINIS.

Le verso contient les douze lignes en cul-de-lampe que nous repro-duisons plus bas.

Ce petit ouvrage, que plusieurs commentateurs ont cru n'être que la réédition faite par Rabelais d'un ancien conte populaire, est en réalité une création que notre auteur revendique en tête de son *Pantagruel*, en en signalant le prodigieux succès. «*Il en a esté*, dit-il, *plus vendu des imprimeurs en deux mois, qu'il ne sera acheté de Bibles de neuf ans.*» L'extrême rareté actuelle du livret, qui fut, à en

juger par cette affirmation, tiré à un très grand nombre d'exemplaires, peut faire supposer que plusieurs éditions, autres que celles qui sont parvenues jusqu'à nous, ont existé. Rabelais lui-même aurait-il contribué à leur destruction, lorsqu'il eut publié son *Gargantua* définitif ?

Il ne reste plus qu'un exemplaire de celle-ci, qui est la première connue, & semble avoir été imprimée par Claude Nourry, dit *le Prince,* peu de temps avant le *Pantagruel* (voir nᵒ 18). Cet exemplaire, auquel est jointe une *Pantagrueline prognostication,* également unique (voir nᵒ 25), & que l'on avait vu figurer en janvier 1835 à la vente de Bure, fut acquis plus tard par la Bibliothèque Nationale à la vente du prince d'Essling, pour la somme de 700 francs. Il est malheureusement incomplet du 3ᵉ feuillet.

¶ Ly finissent les Cronicques du grant et puissant geant Gargantua/contenāt sa genealogie/La grandeur et force de son corps.Aussi les merueilleux faictz darmes quil fist pour le noble Roy artus/Tāt contre les Gos et Magos/que a lencōtre du Roy Dirlan de et zelande. Auecques les merueilles de Merlin. Nouuellement Imprimees A Lyon.

Ce texte a été réimprimé en caractères gothiques, dans la collection Silvestre, en 1845. L'éditeur a eu recours, pour le passage absent de l'exemplaire unique (3ᵉ feuillet), à l'édition que nous décrivons sous le nᵒ 2. — En 1852, J.-Ch. Brunet l'a reproduit à la suite de ses *Recherches,* en y ajoutant, d'après Regis, les variantes de l'exemplaire de Dresde (nᵒ 3). — L'année suivante, M. J. Chenu le publiait de nouveau, in-12, à la librairie Panckoucke. — Enfin, M. Paul Lacroix l'a donné, en 1868, dans le *Cabinet du Bibliophile* de Jouaust, en y joignant les variantes de l'édition de 1533. — (Édition de Marty-Laveaux, t. IV, p. 23-56. — Édition de Paul Favre, t. I, p. 1-36.)

[Bibl. Nat., Rés. Y². 2124.]

2. ❧ Le grant roy de Gargantua. ❧ ‖ ❧ Les grādes cronicques ‖ du grant ⁊ enorme geant Gargantua, Contenāt ‖ sa genealogie, La grandeur et force de son

corps. ‖ Auſſi les faictz darmes q̄l fiſt pour le roy Artus, ‖ cōme verrez cy apres. Imprime nouuellement. ‖ *(S. d.)*

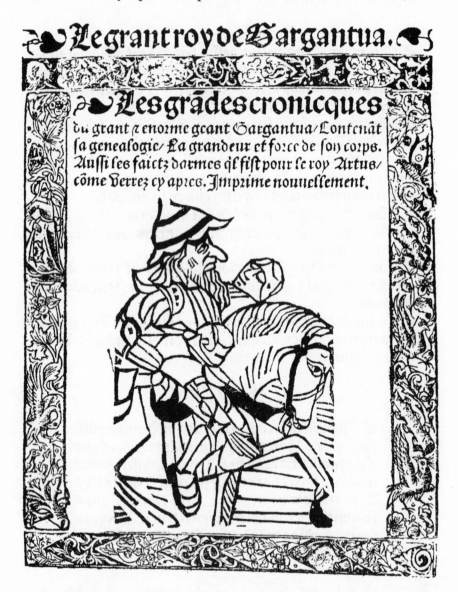

*Petit in-4° carré de 12 ff. non chiffr. Sign. **A.–C.**, caract. goth., 34 lignes à la page.*

Le texte commence au verso du titre & finit à la 34ᵉ ligne de l'avant-dernier feuillet, verso, par le mot *FINIS*. La *table* occupe le dernier feuillet dont voici le verso :

du roy Artus pour seruir ledict roy.

℄ Comment Gargantua deffist les Gos et Magos de sa massue. Et comment ledit Gargantua fist son premier repas a la court du roy Artus/ꝯ fut seruy de plusieurs metz/ꝯ de ses abillemens de liuree.

℄ Coment gargātua fist guerre aux Hollēdoys ꝯ Irlādoys ꝯ cōmēt ilz luy baillerēt.ii.nauires plaines de haranc frays ꝯ.iii.Barricques de macquercaulx sallez pour son desieuner pour auoir trefues.Et cōment il sendormit sa bouche ouuerte/ꝯ tomba troys cens des citoyens en sa gueulle.

℄ Cōment il gaigna la bataille ꝯ mist le roy en sa gibessiere/ꝯ vng grant nombre de grans seigneurs quil mist en prison en sa dent creuse.

℄ Comment Gargātua retourna a la court du roy Artus et luy fist present des prisonniers et du roy de Hollende et de Irlande.

℄ Comment Gargantua alla combatre côtre vng geant. Et comment ledict Gargantua luy plea les rains et le mist en sa gibessiere.

FINIS.

℄ Ly finissent les Cronicques du grant ꝯ puissant geant Gargātua/ contenāt sa genealogie La grandeur ꝯ force de son corps.Aussi les merueilleux faictz darmes qͤ fist pour le noble Roy Artus/ꝉant contre les Gos et Magos/que à lencontre du roy Dirlande ꝯ zelende.Auecques les merueilles de Merlin. Nouellemēt Imprimees A Lyon.

On ne connaît de cette édition qu'un seul exemplaire, qui est à la Bibliothèque Nationale. Il a été acquis en 1834 à la vente Renouard, pour la somme de 1,825 francs. Le texte est le même que celui de l'édition précédente. L'auteur

du *Manuel* pense qu'il a été imprimé par les mêmes mains, & postérieurement. Il se fonde sur le fait qu'ici le nombre des feuillets est moindre, & il a observé qu'il était d'un usage fréquent, à cette époque, lorsque l'on rééditait un ouvrage, de faire des économies de papier.

Sans pouvoir nous prononcer d'une façon absolue, nous ferons remarquer :

1° Que la typographie de ces deux éditions présente d'appréciables différences. — On peut se rendre compte, par exemple, sur les facsimilés que nous donnons que les C, les E, les G, les M, les N, les T, sont loin d'être identiques.

2° Que, malgré l'indication de la fin : *Nouellemēt Imprimees A Lyon,* il n'est pas sûr que cette réimpression soit lyonnaise. Ce nom de ville *peut* s'entendre dans le sens : *suivant la copie de Lyon.* Il y a lieu, en tous cas, d'attirer l'attention sur un des ornements de l'encadrement du titre : au bas de la bordure de gauche, se trouve représenté un *Pélican* qui pourrait bien trahir les Marnef.

Et nous poserons la question : cette édition n'aurait-elle pas été imprimée à Paris ?

[Bibl. Nat., Rés. Y². 2127.]

3. Les chronicques du grant Roy Gargantua... Lyon 1533.

Le titre manque au seul exemplaire que l'on connaisse de cette édition. La dernière page contient la fin de la table et les lignes suivantes :

Cy finiffent les chronicques, du grant ‖ ⁊ puiffant geāt gargātua, cōtenant fa ‖ genealogie la grādeur ⁊ force de fon corps. Auffi les merueilleux ‖ faiⱰz darmes, quil fift pour le ‖ noble roy Artus, Tant con ‖ tre les gos ⁊ magos, q̄ a ‖ lēcontre du roy Dirlā ‖ de & zelāde. Auec= ‖ q̄s les mer- ueilles ‖ demerlin. Nou ‖ uellemēt Im ‖ primees A ‖ Lyon. ‖ 1533. ‖ ✤

Petit in-8° allonge de 23 feuillets chiffrés, plus 1 f. non chiffré pour la table. Sign. 𝕬.-𝕮., *car. goth., 32 lignes à la page.*

Alors que, dans les deux éditions précédentes, le texte commençait au verso du titre, il commence ici au recto du feuillet 2.

Le titre courant, imprimé en gothique, du même œil que le texte, porte :

Les chronicques du grant ‖ *Roy Gargantua.*

Le seul exemplaire connu se trouve joint au *Pantagruel* de Juste 1533 (voir

nº 23) que possède la Bibliothèque royale de Dresde. Il est sans aucun doute sorti des mêmes presses, le papier, la typographie & la justification étant identiques.

Sẽsuyt la table de ceste preſẽte hyſtoy
re Et chronicque de gargantua.
    Et premieeement.

Omment Merlin fut ap-
pelle-prince des Nigro-
mãciẽs a cauſe des grãs
merueilles quil faiſoit.
Comment Merlin demã
da congie daller en oultẽpour faire
grãt goſier et gallemeſſe qui eſtoy ent
le pere et la mere gargantua.
Comment Merlin fiſt la grant iumẽt
pour porter le pere ꝗ la mere de gargã
tua.
Comment grant goſier et galemelle en
gendrerent gargantua et de lenfance
dudict gargantua.
Comment grant goſier et galemelle et
gargantua, furent chercher Merlin
ꝗcõment la grãnt iument abbatit les
foreſtz de Chãpaigne et de la Beaul-
ce en ſoy eſmouchant de ſa queue.
Comment gargantua ſon pere et ſa me
re arriuerent au port de la mer pres le
mont ſainct michel et le meſchef que
leurs ſirent les bretons.
Comment les Bretons, baillererent a
gargãtua a ſon pere ꝗ a ſa mere grãs
nombres de baches ꝗbeaulp pour le
larcin quilz leur auoyent faict.
Comment le pere et ſa mere de gargan
tua porterent le mont ſainct michel ꝗ
tombalaine ou ilz ſont de preſent.

(Recto du dernier feuillet.)

Comment le pere et la mere de gargantua moururent,et du dueil que fiſt le
poure gargantua.
Cõment gargãtua retourna a la court
du roy Artus , et luy fiſt preſent des
priſonniers du roy de Hollande et de
Irlande.
Commẽt gargantua alla combatre cõtre ung geant . Et commẽt ledict gargãtua luy plea les rains et le miſt en
ſa gibaſſiere.

Cy finiſſent les chronicques , du grant
ꝗ puiſſant geãt gargãtua,cõtenant ſa
geneakogie,ſa grãdeur ꝗ force de ſon
corps . Auſſi les merueilleup
faictz darmes, quil fiſt pour le
noble roy Artus, ꝇ tant contre les gos ꝗ magos,ꝗ a
lecontre du roy Dirlã
de et zelãde . Auec-
ꝗs les merueilles
demerlin. Nou-
uellemẽt Im
primees A
Lyon,
1533.

(Verso.)

Le texte, qui suit celui de la première édition (nº 1), présente en outre en deux endroits des additions importantes. Gottlob Regis, dans son édition de Rabelais, l'a reproduit en entier (tome II, p. LXXXV-CXXV). Il se compose de 11 chapitres au lieu de 18, tout en étant augmenté, parce que certains chapitres ont été réunis sous un seul titre.

Ebert (*Allgemeines bibliographisches Lexicon,* nº 18513) avait, par erreur, pris ce petit livre pour l'édition princeps du *Gargantua* définitif.

Dans la réimpression qu'elle a donnée du *Pantagruel* de Dresde (Paris, H. Champion, 1904, in 8º), la *Revue des Études rabelaisiennes* annonce, page III de l'Introduction, note 1, qu'elle publiera dans le courant de 1904, « les facsimilés du

titre & de la dernière page » de l'opuscule qui nous occupe. Comme le seul exemplaire connu est incomplet du premier feuillet, c'est-à-dire du *titre*, nous en concluons que le rédacteur de la *Revue* a vu un autre exemplaire, *complet,* & nous nous réjouissons de saluer la publication du facsimilé promis.

[Bibl. roy. de Dresde, libri rar. 9. 166.]

4. ☾ Le vroy gargantua notablement omelye, la creation de ſes pere ‖ ⟨ mere par loperation de merlin Auecques

☾ Le Vroy gargantua notablement omelye/la creation de ſes pere
⟨ mere par loperation de merlin Auecques ſes merueilles di
celuy/ la deſtrutiõ des geans ⟨ aultres choſes ſingulie
res des enfãces dudict gargãtua/ ſe tout
bien reueu corrige et mis au long Sce
lon la pure Verite de lantique hy=
ſtoire Eſquelles pourrez Voir
Pluſieurs choſes
Incredibles,

les merueilles di ‖ celuy, la deſtructiõ des geans ⟨ aultres choſes ſingulie ‖ res des enfãces dudict gargãtua, le tout ‖

bien reueu corrige et mis au long Sce ‖ lon la pure verite de lantique hy= ‖ ſtoire Eſquelles pourrez voir ⸿ Pluſieurs choſes ‖ Incredibles,

[Suit une gravure sur bois.]

S. l. n. d. Petit in-4° goth. de 16 ff. non chiffr., à longues lignes, au nombre de 35 ou 36 à la page, sign. α-δ. La table s'arrête à la 23ᵉ ligne du dernier f. dont le vᵒ eſt blanc.

Le seul exemplaire connu, incomplet des feuillets αij & αiij, était décrit & analysé en 1855 dans le XXIIᵉ catalogue du libraire Edwin Tross (n° 4497). Il fut acquis par M. de Lignerolles (n° 1780), & a été acheté en 1894 par la Bibliothèque Nationale, pour la somme de 1,350 francs.

Cet opuscule offre une seconde rédaction des *grandes Cronicq̄s*, passablement augmentée & dont le texte est porté de 18 chapitres à 23.

On reconnaîtra, dans les reproductions que nous allons donner de quelques pages de cette version, la malice de maistre Alcofrybas. Mais on remarquera aussi que l'orthographe du livret est particulièrement défectueuse, ce qui peut faire supposer qu'il est la contrefaçon d'une édition disparue.

Il semble bien, en tous cas, que ce texte a précédé les *croniques admirables* (voir n° 7), dans lesquelles on retrouve un certain nombre de passages du *vroy gargantua*. Il aurait, par conséquent, paru en 1533 ou au commencement de 1534. La typographie semble lyonnaise. Les caractères ne sont pas uniformes, & la justification est variable : certaines pages pleines ont 35 lignes, tandis que d'autres en ont 36.

Ce qui paraît bien confirmer l'hypothèse d'une contrefaçon (mais contrefaçon d'un nouveau texte, authentique à notre avis), c'est la grande négligence de l'impression. La plaquette a dû être composée & tirée à la hâte.

L'histoire de Gargantua est, ici plus que dans les autres éditions des Chroniques, agrémentée par le récit des faits & prouesses de Merlin. On y relate une de ses aventures galantes qui est fort joyeuse. Mais il faut remarquer que l'auteur n'a pas encore donné pleine carrière à son génie, & que ce livret, s'il est bien de Rabelais, n'ajoute rien à sa gloire. Il essayait alors sa plume, & le principal intérêt qu'offrent à nos yeux ces essais est en ce qu'ils nous montrent le point de départ de son livre.

Brunet, qui reproduit dans le *Manuel* la description fournie par le catalogue Tross, semble tout disposé à attribuer ce texte à Rabelais, alors qu'il conteste (à bon droit, croyons-nous) l'authenticité des *croniques admirables*. Cette opinion peut étonner les lecteurs du *Manuel*, parce que les citations données par Brunet sont justement des passages que l'on retrouve, plus corrects, dans ces mêmes *croniques admirables*. Nos facsimilés en montreront quelques-uns qui ne se lisent nulle part ailleurs.

Voici la première page (verso du titre) :

Ods le cõmencement de ceste vraye croniqne vons denez scanoir cõme tesmoigne lescripture de plusieurs, Cronicqueurs
dont nous en laisserons aulchuns cõe Baguin andxe maistre
Jehã le maire q aultres sêblables lesquelz ne seruêt riê a p-
pos quãt a ceste psente histoire, Mais prandiõs Isaye le triste
Tristã de lõnops/ Huon de boxdeaulp Papot legoifre marti gros pied gtn
goiffe ragouget typfouart de canarie Lãcelot du lac, Et toples cheualiers de
la table rõde q aultres sêblables dont en ya assez pour approuuer la verite de
ceste psente histoire cõme verrez plus a plain,

¶ Comment au temps du bon roy artus estoit vng tresexpert nigro-
mencien quon appelloit Merlin,

Ous bons cheualiers q gêtilz hõmes vous deuez scanoir q au temps du
bon roy artus il estoit vng grãt philozophe q estoit expert en lart de ni-
gromãce plº que hõe du mõde leql iamais ne cessa de secourir lestat de noblesse
dõt il mérita p ces fais estre appelle pxice des nigromãciens Et fut nommé
Merlin engêdre sans pere humal car sa mere estoit nonnain q cõceupt dũg es-
pexit fantastique q la nuyt la vint illudez et en ceste illusion naturelle fut pro
duicte aultre semêce daitteurs q cõceupt ladicte nõnai lêfant q fut nõme merlî
Ledict merlin fist de grãs merueilles lesqlles sõt fortes a croxre a ceulp qui ne
les ont veues sedict merlin estoit du grant cõseil du roy artz q toutes les de-
mãdes quil faisoyt en la court dudict Roy luy estoyêt octroyees fust pour luy
ou aultres, Il garentit le Roy q plusieurs de ces baxds q gêtilz homme de
grãs perilz q dangiers il fist plusieurs grãs merueilles Entre lesqlles il fist
vne natiue de cinq cês tonneaulp q attoit vagãt sur terre aisi q vo en voyez
sur mer Et plusieurs aultres merueilles qui seroient trop plices a racõpter
cõme vous verrez plus a pain,

¶ Comment merlin dist au Roy artus qu il auroit beaucop de affaires contre ces ennemys,

¶ Apxes plusieurs merueilles faicies par merlin a sa louenge q au profit du
roy artz/ merlin dist Treschier q magnanime pxince veillez scanoir q vodau
rez beaucop daffaires cõtre voz ennemys pquoy sil vous plaist ie y veulp re
medier puis q ie suys a vostre seruice, Car tousiours ny pourray estre, Car
ie seray trõpe q detenu par femmes mais soyez certaiñ tãt q seray en mon
liberalarbitre ie vous gardexay de la main de voz ennemys/ Atant parle le
roy a merlin q lup dist Dea merlin n est il possible de euiter ce peril pour tout
mon royaulme nõ dit merlin pas pour tout le monde, Adonc dist le roy que il

L'histoire de « Merlin engendré sans père humain, car sa mère estoit nonnain
& conceupt d'un esperit fantastique qui la nuyt la vint illudez », est de la même
nature que les passages audacieux des premières éditions de *Pantagruel*, prudemment supprimés dans le texte définitif.

Le texte finit au verso du feuillet 𝖉ɪɪɪ au bas duquel commence la table,
qui s'achève au recto du feuillet suivant :

*Merlin fiſt vne nue qui les aporta du premier vol iusques es montaignes dentre
Sauoye, (�save les Allemaignes (ᴸ la print enuie de piſſez a gargātua q̄ piſſa trois
moys tous entiers six ious treize heures trois quarts et deux minutes, et la engendra
le fluue du rosne et plus de cinq cēs nauires et bapteaulx pour la peuplez, et la piſſa
si tresroydement que oncques puis ne ceſſa le rosne de courir comme vng carreau dar-
baleſte. de la merlin tranſporta gargantua en fairye ou eſtoit ia le roy artur ou ilz
viuent encore Et ſont grant chere Au chaſteau dauallon, Et sur ce point ie mesueille
pour boire,*

ℂ *Sensuyt la table de ceſte presente hiſtoire Et cronique de Gargantua,*

ℂ *Ou premier chappitre eſt parle des docteurs du liure de gargantua,*
Apres de lart et ſcience de merlin de la generacion diceluy (ᴸ de ſes vertus,
ℂ *Comment il auertit le roy artus des choſes aduenir (ᴸ comme il remedia pour
ledict roy,*
Des oſſemēs de deux bailleines dōt furēt crees les pere et mere de gargātua
ℂ *Comment il fit vne iument,*
ℂ *Comment il rompit les enchantemens*
ℂ *Comment gargantua fut engendre,*
ℂ *Comment ilz eurent des prouiſions, (ᴸ des larmes diceulx*
ℂ *De la fontaine, des poulatrices de la naiſſance (ᴸ baptiſemēt de gargātua*
ℂ *Comment ilz chercherent merlin et eſt apres la deſtrution des foretz de cham-
paigne Et de la beauſſe et des rochiers du mont Sainct michel Et de tombelaine,*
ℂ *Delorloge de rennes Et des yeux bieu,*
ℂ *De la mort de grant gozier (ᴸ galemelle des cloches de paris (ᴸ aultres choſes
ſingulieres des geans daniou,*
ℂ *Comment gargantua vint en la grant bretaigne de ſa maſſue des gos et magos.
de la ſerte du diſner,*
ℂ *Comment il fut veſtu de la liuree du roy artus,*
ℂ *De la gibeciere de gargātua pourquoy il nya nulz loups en angleterre*
ℂ *Des preparatifs de la guerre hirlendoys (ᴸ holendoys,*
ℂ *Du preſent des londriens,*
ℂ *Comment gargantua dora les murailles de londres*
Quatre chappitres des guerres de hollande (ᴸ hirlande,
ℂ *Le congie de merlin prins du roy (ᴸ le conseil qu'il donna,*
ℂ *Le congie de gargantua (ᴸ de ſon voyage et cōme en chemin il voulut prēdre
vng clocher pour faire la gaine de ſa maſſue,*
ℂ *De la montaigne noire (ᴸ des geans et aultres choſes*

cherche car iamais tu ne retourneras dont tu viens/mais maintenant serõt
venges les gos q magos/adõc le gean qui auoit la veue basse print vne grof
se massue de boys q cuidoit frapper gargantua et il frappa vng gros chesne
Alors gargantua le va prendre q luy plaqa les rains en la forme et maniere
que lõ plaieroit vne douzaine desguillettes q le mist en sa gibeciere/mais pre
mierement il luy demanda dont ileftoit venu et ou eftoint ces compaignons
Le geanluy respondit quil eftoit venu de la montaigne noire Et que le pe=
re des geans nomme gorge darain lauoit enuoye en la grãt bretaigne pour
deftruyre gargãtua le roy artur q sa table rõ de merlin q tout le pays general
lement Et comment dift gargantua ce gean de mafche mer de gorge darain
te a il enuoye iufques icy querir ta mort ie te prie dy moy au sõt les paiges q les
gos q magos qui te ont conduys Et me dys ou ie prendre le chemin pour al=
ler a cette montaigne noire Le gean dift ie nauois que vng paige que iay laif
se au pays des gos q magos ceulx qui mont conduyt sont icy bas en vne pre=
irie ne sont pas plus de cinq ou six cens quãt eft du chemin pour aller en la noire
mõtaigne il fault aller en iherusale au mõt sinap Et puys par les defers iuf
ques aux iudes/en la terre prebftre Ian et puys son voyt la noire montaigne
de plus de trois cens lieux Or bien dift gargantua/ tu en es quitte ton paige
tes gos q magos q ton gorge darin ne te voirõt iamais iufques a lheure que
tu seras appelle a tefmoigner le poypment du drap de pathelin Et lors ploya
le gean mais premierement en congnoiffance dhommaige Il luy fift baiser
la patremife de son brodier puys leftuye comme dit eft en sa gibeciere Et alla
soubdainement vifiter les gos q magos au bas de la montaigne qui lieuoint
les yeulx contre mont et bayoint la gueulle aux moufches regardãs quãt le
geant apporteroit gargantua mais illeur auint au contraire Car quãt gar
gantua les vit il ne fift que deftachez et desbouchez le trou de son moment et
va deflafchez vne si trefamoureuse sente de vent quilles renuersa tous mors
puys les serra et les mift tous en sa gibeciere puys les porta au roy artur le
quel eut grant ioye dauoir la depefche de se grant villain paftoquier et mer
cia fort gargantua de ce trefbel eyploict q luy donna en recompence vng mou
lin a vent dor maffif/et les voilles en eftoint de toilles dargent Gargantua
ce print a rire q dift quil vouffoit deuenir musnier,

¶ Comment merlin print congie du roy artus et des enseignemens
quil luy fift et comment angleterre seroit gouuerner apres luy?

VOus auez ouy au cõmencement de lhiſtoire comment merlin ſe com-
plaignyt au roy artur quil debuoyt eſtre deceu par femme oꝛ luy auint
la foꝛtune cõme voꝰ pourriez ouïr tꝛop eſt que merlin/ combien quil fuſt en-
gendꝛe ſans ſemence dhõme cõgneu touteſſoyꝰ il eſtoit naturel ſa fantaſye
luy pꝛint tout ſoubdainemẽt ꝗ demãde congie au roy artus lequel fut foꝛt dol
ſent car ceſtoit toꝛt ſon conſeil. Merlin luy diſt Sire ne voꝰ deſplaiſe iay vng
veage entrepꝛins ie ne ſcay ſi iamais te vous voſtre/ voꝰ auez a vous pꝛendꝛe
garde de ce ꝗ te vous dire ꝗ vous pꝛoſpererez en lamour de dieu et du monde
car ſi voꝰ auez lamour de dieu vous aurez celuy du mõde ꝗ ſoyez certain que
vous ne auez point lũg ſans lautre Sire gardez voꝰ du conſeil des ieunes et
ne vous y fiez point car conſeil de ieunes gens ſont attechemens de miſerables
ſeruitudes ne voꝰ accointes par trop de nouueaup creez car ilz vous menerõt
trop toſt pour ce faire grans, et paſſez les anciens ꝗ ne voꝰ y fiez qͤlque bien
quilz ſachent/ ne pnez en voſtre cõſeil ne en voz offices gẽs ꝗ voꝰ cognoiſtrez
auariciẽux ꝗ taſchẽt a faire leurs maiſons car cela appouriroit vous et toꝰ
voz reaulmes et ne ſeriez iamais ſouſtins ne bien voulũ de voz ſugetz pꝛenez
gens de voſtre ſang ꝗ leur monſtrez ſigne damour ꝗ leur faictes grans auan
tages Speciallement aup plus eppentez et quant vous trouuerez deceu
du conſeil de quelqunen qui vous ſerez affye mettez lay hoꝛs dauecꝗs voꝰ ou
voꝰ en ſerez tꝛõpe Sire croyez hardimẽt ꝗ nobles anciens de vꝛe ſang royal
ou yſſude groſſe ꝗ riche maiſon anciẽne ne foꝛdẽt iamais lacheté enuers vous
ne voſtre peuple ꝗ en ſerez plꝰ foꝛt plus pꝛiſe ꝗ redoublé des pꝛinces eſtãgers
car ſi voꝰ pꝛenez le cõſeil de nouueaup nez anobliz ou taſchãs de leſtre/ilz voꝰ
appouriront voꝰ ꝗ voz pays ꝗ voꝰ rendꝛont ſuget a tant dinfoꝛtunes ꝗ vous
ne ſcaurez de quel coſte voꝰ tournez ꝗ touſiours voꝰ endoꝛmirõt de flateuſes
louenges et ſi ſerez mocque ꝗ deſpꝛiſe des auſtres encoꝛe ay te vng point a voꝰ
dire combien que te lay bien eſcript en mes pꝛophetties que vous trouuerez en
voſtre ſegret du chaſteau de bꝛiſto iamais ny aura roy en la grãt bꝛetaigne ſi
obey ꝗ vous eſtes et ne regneront iamais que de deup vng ne ſoit mis a moꝛt
par la magnanimite du peuple/ qui Iamais vous eppꝛe ne ſouffrira ſup-
peditacion du Pꝛince et vous dy que le pays changera de nom Et tombera
en diuerſes mains de Pꝛinces et aurez le Nom ſeul dauoir eſte Roy de la
Brant Bꝛetaigne Et des bꝛetons Car en la fin ilz ſeront deffaictz/ des
cruelz de Dace qui ſeront Anglois Et ſes Roygs ſeront Roygs de la
terre Et non des gens Et adieu vous dys Si plus ne vous voy.

[Bibl. Nat., Rés. p. Y². 237.]

5. ℂ Les cronicques ‖ du Roy Gargantua, et qui fut ‖ son pere ℀ sa mere. Auec les mer= ‖ ueilles de Merlin, tranflatées ‖ de Grec en latin, et de latin en ‖ francoys. ‖ [Suit une figure.] (*S. l. n. d.*)

Petit in-8° goth. de 24 ff. non chiffr., sign. ℬ.-ℂ. (*le premier cahier n'eft pas signé*), *25 lignes à la page.*

La table commence au verso du titre & occupe en tout 4 pages; elle se termine par le titre du *Prologue capital,* dont le texte occupe le verso

du 3ᵉ feuillet. Au bas du 24ᵉ feuillet, recto, le mot *Finis,* & au verso, une gravure sur bois dont voici la reproduction :

Cette rédaction, en 23 chapitres, reproduit le texte des premières chroniques, avec des variantes empruntées au livret que nous avons décrit à l'article précédent. La plus importante est le *Prologue capital,* paraphrase du premier chapitre de ce livret (voir le cliché de la page 11).

Mais on n'y retrouve ni les variantes de la version de Juste 1533, ni la plupart des histoires nouvelles que relate le *vroy gargantua,* ce qui nous confirme dans l'hypothèse qu'une ou plusieurs éditions antérieures ont disparu entièrement.

Au premier abord, en comparant la typographie de ce petit livre avec celle des *croniques admirables* (voir nos clichés, au n° 7), on est tenté de croire que les deux plaquettes sont sorties des mêmes presses ; mais on ne tarde pas à constater de notables différences, surtout dans les majuscules. Les deux textes n'offrent d'ailleurs des ressemblances qu'aux premiers chapitres. Il se peut même que l'édition dont nous parlons ici ait paru après les *croniques admirables.* Nous la classons avant pour la seule raison que son texte s'éloigne moins de celui de la première édition.

Voici le facsimilé du *Prologue capital,* dont le titre est au bas de la page

précédente, & qui reparaît, à quelques différences près, en tête des croniques admirables [1] :

❡ Les cronicques

Pur demonstrer a chascun populaire les grādes z merueilleuses histoires du noble roy Gargātua iay bien voulu prendre la peine de translater ceste presente histoire de grec en latin : et de latin en bon francoys : qui traicte de sa natiuite / et qui fut son pere et sa mere / comme vous orrez cy apres. Pour le commencement de ceste vraye cronicque vous deuez scauoir que lescripture tesmoingne du plusieurs cronicqueurs dōt nous laisserons aucūs / comme Guaguin / Auore / z maistre Jehan le maire / et autres semblables lesquelz ne seruent de riens a propos de ceste presente histoire. Mais prendrions Tristan de Lyonnois / Ysaye le triste / Huon de Bordeaulx / Lancelot du lac / Artus de bretaigne / Guarin mesquin / z tous les cheualiers de la table ronde et autres semblables / dont en y a assez pour approuuer la verite de ceste histoire / comme verrez plus a plain.

❡ Comment au temps du Roy Artus estoit ung tresexpert Nigromancien que on appelloit Merlin. Chapitre premier.

Voici encore le 1ᵉʳ chapitre :

du roy Gargantua.

Ous bons cheualiers et gentilz hômes Vous deuez scauoir que au temps du bon Roy Artus / il estoit vng grât philosophe fort eppert en lart de Nigromance : plus que tous hômes du môde/ lequel iamais ne cessa de secourir lestat de Noblesse. Dôt il merita par ses faictz estre appelle prince des nigromanciens/ꜩ se nommoit merlin. Ledict Merlin fist merueilles fortes a croire : et estoit ledit Merlin du grât côseil du roy Artus : et les demandes quil faisoyt en la court du Roy luy estoyent ottropees fuft pour luy ou par autre.car il garêtit le roy ses barôs/ꜩ gêtilz hommes de grâs dâgers / ꜩ fist plusieurs merueilles entre lesꝗlles il fist vng nauire de cinq cêtz tonneaulp qui alloit vagât sur terre ainsi ꝗ vous en voyez sur la mer/ꜩ plusieurs autres longues a racompter comme vous verrez plus a plain.

Cômêt merlin dit au roy Artus ꝗ il auroit fort affaire contre ses ennemys.   Chapi.ii.

Des plusieurs merueilles/ faictes par Merlin a la louenge ꜩ au prouffit du roy Art9/Merlin luy dift:trefcher et magnanime Prince Vueillez

L'ouvrage se termine par les lignes suivantes :

> du roy Gargantua.
> adonc le geant print Vne groſſe maſſue de Boys
> cuydant frapper Gargantua : mais il frappa
> Vng gros cheſne lequel il abbatit. Alors ledict
> Gargantua le Va prendre ⌈ luy ploya les reins
> en la maniere que lon playeroit Vne douzaine
> deſguillettes :⌈ le miſt en ſa gibeciere/ ⌈ le porta
> tout mort a la court du roy Artus. Aiſi Veſquit
> Gargantua au ſeruice du roy Artus leſpace de
> deux cẽtz trois moys ⌈ quatre iours iuſtement.
> Et depuis fut es Italies a la guerre cõtre Vng
> autre treſredoubte puiſſant prince nõme Gali-
> maſſue. Et dela ſe pourſupuirent lung lautre
> iuſques en France par groſſes batailles : comme
> on peult Veoir au liure de Galimaſſue.

Finis.

Le seul exemplaire connu de cette édition, qui n'a pas encore été décrite, appartient à la Bibliothèque de Besançon. A cet exemplaire est joint celui d'une édition également non citée de *Panurge diſciple de Pentagruel* (voir n° 45). La typographie nous semble parisienne. (Peut-être Jean Bonfons.)

Ce texte a été reproduit, en 1675, à Troyes, chez Nicolas Oudot (voir n° 11), & en 1823, à Montbéliard, chez l'imprimeur Deckherr (voir n° 17).

[Bibl. de la ville de Besançon, 268.744.]

6. La grande & merveilleuſe vie du très puiſſant & redouté Roi de Gargantua, tranſlatée du grec en latin & du latin en françois. (*S. d.*)

Petit in-8°. goth. de 5 ff., dit le Manuel.

Édition en lettres gothiques, dont on ne connaît aujourd'hui que le titre, donné par le catalogue La Vallière (n° 3863). L'exemplaire, relié en maroquin rouge, s'est vendu 2 livres 10 sols en 1783.

7. ⊂ Les croniques ‖ admirables du puiſſant Roy Gargantua, en= ‖ ſemble comme il eut a femme la fille du Roy
de ‖ Utopie nōmee Badebec, de laquelle il eut vng ‖ filz
nomme Pantagruel lequel fut roy des dip ‖ ſodes ↄ des
Amanrottes, Et commēt il miſt a ‖ fin vng grant gean
nomme Gallimaſſue. ‖ (*S. l. n. d.*)

A la fin :

⊂ Cy finent les Cronicques admira= ‖ bles du puissant Roy gargantua.

Petit in-8° de 68 ff. non chiffr., sign. 𝔄.-𝔇iii., *à 27 lignes par page, car.
goth.*

Le texte commence au verso du titre par le *Prologue capital* dont voici la reproduction :

¶ Prologue capital.

Our demonstrer a chascun po,
pulaire les grãdes ⁊ merueilleu,
ses hystoires du noble Roy gar,
gantua iay bien Voulu predre la
peine de trãslater ceste psente hy,
stoire de grec en latin/et de latin
en bon francoys/qui traicte de sa natiuite ⁊ qui
furet ses pere ⁊ mere cõme Vo⁹ pourrez ouyr cy
apres. pour le commecemet de ceste Vraye cro,
nicque Vous debuez scauoir cõme no⁹ tesmoin,
gne lescripture de plusieurs cronicqueurs dont
nous en laisserons aucune/cõme guaguin/ an,
ore/maistre lehan le maire/ ⁊ plusieurs aultres
semblables lesquelz ne seruet de riens a propos
quant a ceste presente hystoire/ mais nous pren,
drions/tristan de lyonnoys/ysaye le triste /huon
de bordeaulx/tourdain de blanes/lancelot du lac/
guerin mesquin/parceual le galloys/ mabriam/
ogier le dannoys/les quatre filz hemon/ Et to⁹
les cheualiers de la table rõnde et aultres sem,
blables/dont on ya assez pour approuuer la Ve,
rite de ceste presente hystoire/ comme Vous Ver,
rez plus a plain.

¶ Comment au temps du bon roy artus
estoit Vng tresexpert nigromãcien que on
appelloit Merlin.

Les traits qui soulignent certaines phrases, dans cette page & dans la suivante, ont été anciennement tracés à l'encre sur l'exemplaire de Pierre Siderander, actuellement à la Bibliothèque Nationale.

Comme on le voit, ce *Prologue capital* est à peu près le même que celui de l'édition des *cronicques* dont un exemplaire est conservé à la Bibliothèque de Besançon & que nous décrivons plus haut (voir nº 5). *Artus de bretaigne* manque parmi les titres de romans de chevalerie énumérés ; par contre, cinq autres, *jourdain de blancs, parceual le galloys, mabriam, ogier le dannoys* & les *quatre filz hemon,* qui ne figurent pas dans l'autre édition, sont cités dans celle-ci. Le texte du livre est très différent. C'est une contrefaçon, augmentée, de l'édition décrite sous le nº 4.

On n'y retrouve pas les variantes de celle de 1533, & les passages ajoutés — à part les chapitres empruntés à *Pantagruel,* dont nous parlerons plus loin — ne rappellent que bien difficilement le joyeux esprit de maistre Alcofrybas.

Voici le premier chapitre, où l'on reverra, légèrement modifiée, l'histoire de la naissance de Merlin. La « nonnain » est ici *vne ieune fille deuotte :*

Ous bons cheualliers et gentilz hommes vous debuez scauoir que au téps du roy artus il estoit vng grant philofosphe lequel estoyt treseppert en lart de nigromancie plus que nul homme du monde/ lequel ne cessa iamais de secourir lestat de noblesse : dont il merita par ses faictz estre appelle le prince des nigromanciens lequel fut nomme merlin/ Il fut engendre sans pere humain : Car sa mere estoit vne ieune fille deuotte : laquelle cóceupt dung esperit fantasticque qui la nupct la vint illuder/et en ceste illusion naturelle fut produicte aultre semece dailleurs ꝗ alozs conceupt ladicte ieune fille lenfant qui fut nomme merlin : Ledict merlin fist de grádes merueilles lesquelles sont vng peu fortes a croire a ceulx qui ne les ont veues/Ledit merlin estoit du grant côseil du bô roy art⁹/ꝗtoutesles demádesꝗl faisoit en la court audit roy artus luy estoient accordees ꝗ octropees fuft pour luy ou pour aultres il garentift le roy ꝗ plusieurs aultres ses barons ꝗ gentilz hommes de grans perilz et dangiers : ꝗ fist plusieurs grandes merueilles entre lesquelles il fist vne nauire de mil cinq cens tonneaulx laquelle alloit vagant sur terre ainsi que vo⁹ en voyez aller sur la mer / ꝗ fist plusieurs aultres merueilles lesꝗlles seroyent trop prolixes a rac

A ii.

L'ouvrage est composé de 41 chapitres; le texte se termine au verso de l'avant-dernier feuillet sur cinq lignes. Le feuillet suivant est occupé, au recto, par une gravure sur bois représentant Gargantua sonnant de la trompe au haut d'une tour, &, au verso, par une autre vignette montrant Grandgosier couronné comme un roi de carreau & à cheval sur sa grande jument, avec Gallemelle en croupe. Nous reproduisons page 26 ces deux figures.

L'exemplaire de la Bibliothèque Nationale porte sur la première feuille de garde une inscription manuscrite qui, si elle est authentique,

ce que l'on peut mettre en doute, prouverait que l'édition a été imprimée en 1534 au plus tard :

« Je suis a Pierre Sideran- ‖ der d'Argentine aultre- ‖ ment dicte Straſbourg.

« Acheté[1] a Paris ‖ Lan Mil, cinq cens ‖ trente & quatre. »

Il y a lieu de penser que cette version a été composée à Paris à cause des nombreux passages où il est fait allusion à des rues, à des quartiers ou à des monuments parisiens; mais on ne saurait partager l'opinion de P. Lacroix qui la donne avec *certitude* à Rabelais. En effet, après avoir reproduit avec plus ou moins de détails nouveaux l'histoire du *vroy gargantua,* le récit s'interrompt pour raconter en trois chapitres la naissance & l'enfance de Pantagruel; ces trois chapitres sont pris, à quatre petites variantes près, au *Pantagruel* de Rabelais, qui venait de paraître à Lyon, & ne sont autres que les chapitres 2, 3 & 4 de ce livre. L'interpolation, qui n'est d'ailleurs nullement justifiée par le contexte, nous semble, à elle seule, prouver la contrefaçon. On ne comprendrait pas pourquoi Rabelais se serait fait concurrence à lui-même, d'autant plus qu'il avait déjà, en 1533, publié au moins deux éditions de *Pantagruel* & deux éditions des *Chroniques.* P. Lacroix est obligé, pour appuyer son opinion, de recourir à un échafaudage d'hypothèses & il paraît croire, à la fin de son argumentation, qu'il a raisonné, non pas sur des conjectures, mais sur des faits acquis & certains. « On sait », dit-il, « qu'à la fin de février 1534, on donna à Rabelais un successeur à l'Hôtel-

---

[1] L'auteur du *Manuel* a lu *ageté,* & cette faute de lecture a été consciencieusement reproduite par tous les commentateurs qui ont eu à parler après lui du volume qui nous occupe.

« Dieu (de Lyon), parce qu'il s'était absenté deux fois sans congé. *On nous per-* « *mettra de supposer qu'une des deux absences qui firent perdre à Rabelais sa place de* « *médecin d'hôpital avait pour cause un voyage à Paris.* » D'où il résulte, suivant P. Lacroix, « qu'arrivé sans aucune ressource, forcé de vivre d'emprunts & d'aumônes », il imagina de céder à quelque libraire, en y ajoutant trois chapitres du *Pantagruel* « alors sous presse à Lyon », une paraphrase des *Chroniques*.

L'histoire du géant est ici suivie d'une nouvelle, celle de Gallimassue, qui occupe les huit derniers chapitres ; le livret se termine par une pièce de sept vers & une conclusion.

Sur la foi de Brunet & de Paul Lacroix, nous pensions que l'on ne connaissait qu'un seul exemplaire des *croniques admirables* (celui de Pierre Siderander, que nous citons plus haut), quand nous avons eu l'agréable surprise d'en trouver un autre, en fort bon état dans sa reliure en maroquin citron, mais aux tranches couvertes d'une respectable couche de poussière — ce qui prouve qu'il n'avait pas été consulté depuis longtemps — à la Bibliothèque de l'Arsenal. .

Voici les facsimilés des trois dernières pages du texte :

got de paille / puis se pzint a courir tant quil
peult dioict a Troys pour en faire Ung pze=
sent aux troyens pour les Uenger des maulx
quil leur auoit faict dauoir ainsi boute le feu
en leur Uille. Et quant les Tropes se Uirent
ilz en furent bien ropeulx (z pzierent gargan=
tua q son plaisir fust de le mettre a mozt/ La=
quelle chose il fist pour accomplir leur Uoule
te/car il pzint gallimassue par les iabes (z en
donna si grat coup de la teste côtre Ung grat
chasteau qu'estoit a troys lieues hozs la Uille
du coste des Bourguygnons quil se tua et aba
tit Une grant partie du chasteau quat (z quat
Et ainsi mourut ledict Gallimassue par les
mains du puissant Roy Gargantua/lequel
se fist enterrer aupz dudict chasteau/ qui sou=
loit estre Ung fozt beau lieu (z plaisant/mais
depuis q gallimassue y fut enterre il ny eut
personne qui osast demourer dedans/car les
pers de gallimassue y reuict toutes les nuictz
Lequel y faict Ung merueilleux bzupt/ telle=
ment quil semble a aulcuns que ce soyent les
dyables qui sont au chasteau/mais Uous pou
es scauoir pour tout Uzay que ce nest aultre
chose que lesperit de gallimassue qui reuieut
Je Uous eusse dict plus auant des faictz de

gargantua / mais cela faict Merlin qui bien
scauoit commēt il auoit besongne le vint querir (& le transporta en faerie ou estoit ia asse le
bon Roy Artus / auec sa seur Morgain / ogier
le dannois / (& Huon de Bordeaulx / ou ilz viuēt
encores (& font grant chere au chasteau dauallon / (& sur ce point ie men voys voyre.

¶Grans (& petis lisez bien ceste hystoire
Je vous requiers / (& en faictes memoire
Racomptant tous les faictz de gargantua
A tout iamais / lequel les payens tua
Vous ny verrez mot qui ne soit pour rire
Lecteurs lisez bien on vous escoutera
Tenez ce faict mensonge sans mal dire.

R mes bons amys ce se-
roit trop longue chose
pour vous racōpter tou-
te sa vie en ce petit volume / car elle est si tresgrā-
de (& si tresfructueuse que
on nen scauroit trouuer
la fin / Pource mesdictz
seigneurs il vous plaira de prendre en gré ce
petit que iay peu traire en Francoys dauec le
J.iii.

Grec et Latin / Pource epcusez moy ce le lan-
gaige est trop rude ou trop rural / Car ie lay
eptraict au mieulx que iay peu faire (& con-
gnoistre de sa vie (& legēde selon la vraye verite.

¶Cy finent les Cronicques admirables du puissant Roy gargantua.

Le recto & le verso du dernier feuillet sont occupés par les deux figures dont voici la reproduction :

Ce texte a été réimprimé en 1872, dans le *Cabinet du Bibliophile* de Jouaust, par M. Paul Lacroix.

[Bibl. Nat., Rés. Y². 2129. — Arsenal, B.-L., 14775.]

8. La vie admirable du puiſſant Gargantua, enſemble la natiuité de ſon fils Pantagruel. Dominateur des Alterez. Auec les faiƐtz merueilleux du diſciple de Pantagruel. Enſemble une lettre patente de nouueau adiouſtée. Le tout veu & corrige de nouueau. 1546. On les vend à Paris en la rue Neufue Noſtre Dame a l'enſeigne SainƐt Nicolas.

Pet. in-8° de 75 + 49 ff. non chiffr., signés A-Kiij—Kiv–Qij; 24 lignes à la page.

Cette réédition des *croniques admirables,* que nous n'avons pas vue, est signalée par Regis [t. II, p. CXLV], & présente, selon ce bibliographe, un certain nombre de variantes (plusieurs changements, plusieurs suppressions). L'adresse indiquée est celle de Jean Bonfons. (Voir G. Brunet, *Eſſais...*, p. 27-31.)

Au verso du titre, se voit le dizain *Amys leƐteurs qui ce livre liseƶ,* du véritable *Gargantua,* auquel plusieurs passages sont empruntés, au cours du texte.

L'ouvrage se termine, au reƐto du 75ᵉ feuillet, signé Kiij, par les lignes suivantes, remplaçant les 7 vers & la conclusion des *croniques admirables :*

Ie vous euſſe dit plus auāt des faiƐtz de Gargantua, mais suffise vous quāt a present et ne laiſseƶ à boire.

La seconde partie, — les *voyages & navigations de Panurge* — dont le titre est au verso du 75ᵉ feuillet, occupe ensuite 49 feuillets. (Voir n° 54.)

9. Le très éloquent Pandarnassus, fils du vaillant Galimaſſue, qui fut tranſporté en Faerie par Oberon, lequel y fit de belles vaillances, puis fut amené à Paris par son père Galimaſſuë, là où il tint conclusions publiques, & du triomphe qui lui fut fait après ses disputations. *Lyon, Olivier Arnoullet,* in-8°.

Cet ouvrage, dont le titre est rapporté par Du Verdier, dans sa *Bibliothèque françoise* (au mot Pandarnassus), est aujourd'hui perdu. « C'est, dit Nicéron, une mauvaise imitation du Gargantua de Rabelais. » Le titre semble indiquer que c'est plutôt une imitation des *croniques admirables.*

Bien que ce texte soit perdu depuis deux siècles, le bibliophile Jacob (M. Paul

Lacroix) annónçait en 1858, dans le prospe&tus de la *Bibliothèque Gauloise* (Paris, Adolphe Delahays, 1858, in-8°), page 13, la prochaine apparition, dans cette colle&ion, d'un volume intitulé les *Imitateurs de Rabelais*, dans lequel devait figurer, à la suite d'autres opuscules : *Le très éloquent Pandarnaßus, fils du vaillant Gallimaßue,* etc. Il y a lieu de déplorer que la *Bibliothèque Gauloise* n'ait pas tenu sa promesse. Peut-être aussi n'y avait-il là, de la part du bibliophile Jacob, qu'une fallacieuse annonce commerciale.

10. **Les Chroniques du Roi Gargantua, cousin du très redouté Galimassue, & qui fut son père & sa mère, avec les merveilles de Merlin.** *Troyes, Jean Oudot,* in-16, sans date.

In-16 de 32 feuillets, y compris la table, dit le Manuel.

Titre donné par le catalogue La Vallière (n° 3869). L'exemplaire, en maroquin rouge, s'est vendu 1 livre 16 sols en 1783. Suivant M. A. Assier (*La Bibliothèque Bleue,* p. 11), ce livret serait sorti des presses de Jean Oudot 1er, vers 1596.

11. LES ‖ CHRONIQUES ‖ DV ROY GARGAN- ‖ tua coufin du tres redoute ‖ Galimaſſüe, & qui fut ‖ fon pere & fa mere. ‖ *Auec les merueilles de Merlin, trans-* ‖ *late de Grec en Latin, & de* ‖ *Latin en François.* ‖ A TROYES ‖ chez Nicolas Oudot, rüe noftre Dame, ‖ au Chappon d'Or couronné. 1675.

In-16 de 32 ff. non chiffr.

Au verso du titre, se lit le huitain suivant :

L'AVTHEVR A ‖ fon Liure

Va petit liure picque marche,
Double le pas, & loing f'eftend,
Fait te voir en chacune marche,
Pour donner joye & paße-temps
Si aucuns en font mal-contens,
Paße outre & n'écoute leur dire,
Car aujourd'hui tel eft le temps,
L'vn veut pleurer, l'autre veut rire.

C'est une copie de l'édition conservée à la Bibliothèque de Besançon (voir nⁿ 5).

[Arsenal, B.-L., 14776.]

12. Les Chroniques du roy Gargantua cousin du redouté Galimassue, & qui fut son père & sa mère; avec les merveilles de Merlin, traduit du grec en latin, & du latin en français, par Jeanivet, historiographe. *Grenoble, Fr. Champ.*

S. d., in-12 de 36 p.

Nous ne trouvons la mention de cette édition que dans le catalogue de Salvaing de Boissieu, conseiller du roi (1600-1683), n° 630. La bibliothèque, qui s'est vendue en 1897, à Grenoble, avait été augmentée par les descendants de Salvaing de Boissieu.

Le *Manuel* indique une édition portant le même titre & datée de *Grenoble, Gasp. Cabanel,* 1730, in-12 de 36 pages; il ne mentionne pas le nom de l'historiographe Jeanivet.

13. LES ‖ CHRONIQUES ‖ DU ROI ‖ GARGANTUA. ‖ *Auec les merveilles de Merlin, tranflatez ‖ de Grec en latin, & de Latin ‖ en François.* ‖ A ROUEN, ‖ chez JEAN OURSEL l'aîné rüe Ecuyère vis- ‖ à-vis la rüe du Petit puis, à l'Enseigne ‖ de l'Imprimerie du Levant.

In-12 de 24 pages chiffrées.

L'approbation, qui occupe la dernière page, est signée *Le Pesant* BRUNEL & datée du *douze décembre 1709.*

[Arsenal, B.-L., 14774.]

14. Les CHRONIQUES ‖ du roi ‖ GARGANTUA ‖ avec les merveilles de Merlin, translatée ‖ du grec en latin, et du latin en françois. ‖ A Rouen ‖ chez la veuve Oursel rue Ecuyere ‖ à l'imprimerie du Levant ‖ Avec permission.

In-12 de 24 p. chiffrées.

L'approbation, qui occupe le verso du dernier feuillet, est datée du 30 avril 1735.

[Bibl. Nat., Rés. Y². 2142.]

15. Nous placerons ici, sous un seul numéro, plusieurs imitations populaires des *grandes Cronicqs* & des *croniques admirables,* dont il a paru un grand nombre pendant tout le courant du xviii° siècle, soit à Paris, soit à Troyes, soit dans d'autres villes de province.

LA VIE DU FAMEUX ‖ GARGANTUAS, ‖ LE PLUS ‖ TERRIBLE GÉANT ‖ *QUI AIT JAMAIS* ‖ PARU SUR LA TERRE. ‖ *Traduction nou-velle, dreſſée ſur un ancien manuſ-* ‖ *crit, qui ſ'eſt trouvé dans la biblio-tèque du Grand Mogol.* ‖ A TROYES, ‖ chez GARNIER, Impri-meur-Libraire, ‖ rue du Temple. ‖ Avec Permission.

> *S. d., in-8° de 46 p. plus 1 f. contenant au r° l'*Extrait de la permission, *avec la date du 19 mai 1739, & blanc au v°.*

Nous en possédons une autre édition (Privilège du 19 mai 1738), également en 46 pp. + 1 f., *A Troyes, chez Jean Antoine Garnier,* etc., dont le titre annonce *Gargantuas* (sic) comme *les* (sic) *plus terrible géant,* etc.

Gustave Brunet (*Eſſais d'études bibliographiques sur Rabelais,* p. 32) en signale deux autres, l'une du même nombre de pages, dont le privilège porte la date du 12 juillet 1728 (Taschereau, 1686), l'autre (Privilège du 15 juin 1738), en 24 feuillets, à la fin de laquelle on promet que *si le public s'accommode de cette première partie, on travaillera avec plaisir à la traduction des autres.* Cette phrase, selon G. Brunet, est la seule chose qui différencie l'édition des précédentes.

Une autre édition, imprimée *à Troyes, chez la veuve Jacques Oudot & Jean Oudot fils, imprimeur libraire au Temple,* porte un privilège daté du 1ᵉʳ décembre 1715 (Arsenal, B.-L., 14773 *bis*).

Le catalogue Lormier (première partie, n° 528) signale une *Vie du fameux Gargantuas...,* s. d., in-8° de 53 p. plus 1 f. non chiffr. & 2 ff. blancs, *A Troyes, & se vendent à Paris, chez Jean Musier, marchand libraire, rue du petit pont.* Une autre édition, in-8°, avec le même titre & la même rubrique, a 63 pages chiffrées & une page blanche. Il n'y a pas de privilège (Arsenal, B.-L., 14773).

Une autre, in-8°, plus correcte au point de vue orthographique, a paru, sans date (vers 1800), *à Lille, chez Mᵐᵉ Ve. Dumortier, impr. Lib., rue des Man-neliers.* 40 pages. Il n'y a pas de privilège.

Le catalogue Guillin d'Avenas (n° 116) en signale une, datée de 1800, in-12 de 48 p., *A Bruyères, chez la veuve Vivot.*

Toutes ces plaquettes sont généralement mal imprimées, sur grossier papier à chandelle.

16. Abrégé des Chroniques de Gargantua, Cologne, chez Longin.

> *In-12 de 24 pages.*

Nous empruntons ce titre à Gustave Brunet (*Eßais d'études bibliographiques*, p. 33), qui donne une analyse de cette imitation du XVIIIe siècle.

« *Le paßage tant soit peu libre*, dit-il, *relatif à la conception de Gargantua, eft scrupuleusement conservé dans cet extrait pitoyable qui se termine brusquement au compte que fait le héros de ses 3,009 prisonniers, & un dont il a très involontairement caußé la mort*...

« *Gargantua se trouve fils du géant Briarée & de la géante Gargantine : il vient à Paris, visite l'Observatoire & les Invalides, éprouve un accident sur le Pont-Neuf, il dévore une de ses tantes, Mme La Valée, mais ce morceau trop gros l'étouffe, il le rejette de son eftomac.*

« *Il faut, chaque soir, quatre quintaux de poivre pour aßaisonner son souper; son gobelet, qu'il vide d'un trait, contient treize barriques. Manger un bœuf entier n'eft qu'un jeu pour lui; il a le tort d'étrangler les cuisiniers qui ne réußißent pas à point, lorsqu'il commande une sauce nouvelle.*

« *Le neuvième chapitre tourne au sentiment; Gargantine vient reprocher à son fils sa conduite blâmable, il se frappe la poitrine, jure de se corriger &, pour écarter les tentations qu'amène l'oisiveté, il se met à conftruire un beau château. Il porte sur son dos les blocs les plus pesants &, sans effort, déracine les plus gros arbres. A la fin du quinzième chapitre, il tue 30,600 loups, circonftance que nous notons parce qu'elle se retrouve dans* La Vie admirable *(de Jean Bonfons, 1546, voir n° 8); le chapitre huit contient une allusion aßez vive à la vie désordonnée du roi & à la misère du peuple; d'ailleurs, nous en convenons avec plaisir, rien dans ce livret ne vient effaroucher le chafte lecteur.* »

Cette analyse de Gustave Brunet peut se rapporter également à l'édition donnée par Jean Musier, dont un exemplaire, que nous citons plus haut, est conservé à la Bibliothèque de l'Arsenal (14773).

17. HISTOIRE ‖ DU FAMEUX ‖ GARGANTUA, ‖ Dans laquelle on verra son origine surprenan- ‖ te, sa naissance merveilleuse, ses prodi- ‖ gieux faits pendant ses voyages, & ses ac- ‖ tions éclatantes au service du roi Artus, ‖ dans toutes les victoires qu'il a remportées ‖ sur ses ennemis. ‖ AUGMENTÉE du superbe Mansolé ^(sic) que ce Prince ‖ fit élever à sa mémoire. ‖ *Dernière Edition, revue, corrigée & mise* ‖ (en) *un plus beau français que les précédentes.* ‖ MONTBELIARD, ‖ CHEZ DECKHERR, IMPRIMEUR. ‖ 1823.

In-8 de 32 pages, fig. sur bois.

Le verso du titre est occupé par un frontispice, montrant l'enchanteur Merlin & le roi Artus. Quatre autres gravures ornent cette plaquette, qui reproduit,

chapitre par chapitre, avec une fidélité relative, les *cronicques* conservées à la Bibliothèque de Besançon (voir nº 5). Le texte est par conséquent tout autre que celui des éditions signalées au nº 15. Il est suivi, ici, d'une pièce curieuse, intitulée : *Pompe funèbre de Gargantua,* qui semble avoir été inspirée par la mort récente de Napoléon Iᵉʳ, & par la préoccupation que l'on avait, en 1823, de ramener ses cendres en France. C'est la description des obsèques du géant :

« . . . *Le jour de la cérémonie étant venu, on se disposa à conduire la pompe funèbre dans une grande prairie. Le général des armées du royaume parut d'abord à la tête de la cavalerie. Ils étaient tous habillés de noir, avec de grands crêpes traînans, la lance baißée ; tous les chevaux caparaçonnés de même, marchant d'un pas lent & mesuré : les trompettes rendaient un son lugubre, sourd & ininterrompu, & à diverses reprises, & capable d'inspirer de la tristeße aux âmes les plus dures. Suivait l'infanterie, conduite par son colonel-général, armes traînantes ; les tambours, couverts de drap noir, ne rendaient pas un son plus agréable que les trompettes. . .*

« . . . *Mais tout cet appareil, quelque somptueux qu'il fût, n'était rien en comparaison de ce qui suivait, & de la machine où était le corps. Cette machine était environnée de deux cents pages & de cinq cents jeunes gentils hommes, portant de grands flambeaux de cire blanche, & un mouchoir de l'autre main, dont ils eßuyaient leurs larmes. Ils marchaient à pied, au signal du maître des cérémonies, monté sur un cheval d'eßpagne ; tous ces jeunes-gens se tournaient vers le mort, & par leurs geßtes, leurs regards, leurs cris & leurs pleurs, marquaient leur douleur & leur tristeße. Ces cris tendres étaient suivis des hurlements de cent cinquante pleureurs, dont les habits bizarres & à longues queues traînantes de six aunes, ne donnaient pas moins de frayeur que les hurlements. . .*

« . . . *Partout on voyait des devises à la gloire de l'illußtre mort, relevées en or, ses victoires & ses ennemis terraßés ; enfin, rien n'y manquait. . . »*

[D'après l'exemplaire de M. Léon Dorez.]

LES DEUX PREMIERS LIVRES

ET LA PANTAGRUÉLINE PROGNOSTICATION

Pantagruel, qui est devenu, du vivant même de son auteur, le second livre du roman, a précédé *Gargantua* dans l'ordre de la publication. Nous le croyons, malgré l'opinion contraire de M. Burgaud des Marets, qui s'appuie sur une interprétation contestable du début du chapitre Ier du premier livre (voir son édition, t. I, p. 83, note 1). La sagacité du docte commentateur nous semble ici en défaut. Alcofrybas, à notre avis, renvoie ses lecteurs, pour connaître la généalogie de son héros, au livre *déjà publié* de *Pantagruel* que, d'ailleurs, il vient de citer dans le prologue comme un ouvrage dont le titre est bien connu de ses « bons disciples ». Ce passage devrait être une preuve suffisante, corroborée par le fait qu'aucune édition de *Gargantua,* antérieure à 1534, n'est parvenue jusqu'à nous, alors qu'avant cette date nous savons que *Pantagruel* a été imprimé au moins six fois. Sans doute, plusieurs éditions des deux livres peuvent avoir entièrement disparu. Mais n'est-il pas significatif que, tandis que *Pantagruel,* donné pour la première fois à Lyon, selon toute probabilité à la fin de 1532, était, dès l'année suivante, contrefait au moins quatre fois à Paris, il ne nous soit parvenu, de cette époque, en fait de *Gargantuas,* que des contrefaçons des *Chroniques* ? D'autre part, la réédition, corrigée & augmentée par l'auteur, de ces *Chroniques,* & imprimée par F. Juste en 1533, dans le même format & avec les mêmes caractères que la seconde édition originale de *Pantagruel* (voir n°s 3 & 23), ne donne-t-elle pas à penser que le véritable *Gargantua* n'était pas encore rédigé à ce moment ?

Nous avons estimé qu'il était raisonnable de ne pas séparer la *Prognostication pantagruéline* des deux premiers livres, & nous en signalons les différentes éditions dans ce chapitre, à leur place chronologique.

———

18. **Pantagruel.** ‖ Les horribles et eſpouēta= ‖ bles faictz ꝛ proueſſes du treſrenōme ‖ Pantagruel Roy des Dipſodes, ‖ filz du grand geāt Gargan= ‖ tua, Cōpoſez nouu-‖ elle= ‖ ment par maiſtre ‖ Alcofrybas ‖ Naſier. ‖ ☾ On les

vend a Lyon en la maison ‖ de Claude nourry, dict le
Prince ‖ pres noſtre dame de Confort. (*S. d.*)

Petit in-4° de 64 ff. non chiffr., sign. Aij-Qiiij, *caractères goth.,* 29 *lignes
à la page.*

Le verso du titre est blanc. Le *Prologue de Lauteur* commence au feuillet Aij.

¶Prologue de Lauteur.

Resilluftres ⁊ trefcheualeureuɣ champiõs gentilʒ hommes ⁊ aultres/qui voluntiers vous adonnez a toutes gentilleffes et honneftetez/ Vous auez na gueres veu/leu/ et fceu les grãdes ⁊ ineftimables chronicques de lenozme geant Gargantua/⁊ comme vzays fideles les auez creues tout ainfi ɋ texte de Bible ou du fainct Euãgile/⁊ y auez maintesfoys paffe voftre téps auecques les honozables dames et damoifelles/leur en faifans beauɣ ⁊ longs narrez/alozs que eftiez hozs de propos : dõt eftes bien dignes de grãd louége . Et a la miéne volunte ɋ vng chafcũ laiffaft fa ppze befoigne ⁊ mift fes affaires ppzes en oubly/affin de y vacquer entterement fans ɋ fon efpzit feuft de ailleurs diftraict ny empefche tufques a ce ɋ lon les fceuft par cueur/affin que fi daulture lart de ipzimerie ceffoit/ou en cas que tous liures periffét/au téps aduenir vng chafcun les puiffe bté au net enfeigner a fes enfans: car il y a plus de fruict que paraduenture ne penfent vng tas de gros taluaffiers tous croufteleuez/qui entendent beaucoup moins en ces petites ioyeufetez que ne faict Raclet en Linftitute . ¶Jen ay congneu de haultz ⁊ puiffans feigneurs en bõ nõbze/qui allans a chaffe de groffes beftes/ou voller pour faulcon:fil aduenoit que la befte ne feuft rencontree par les bzifees/ou que le faulcon fe mift a planer/voyant fa pzaye guaingner a tyze deffe/ilz eftoiét bien marryz/cõme entendez affez : mais leur refuge de recõfozt ⁊ affin de ne fe mozfondz eftoit a recoler les ineftiA ij

Le texte est divisé, à part le *Prologue,* en 23 chapitres (en réalité 24, le chiffre ix étant répété), plus une conclusion de vingt lignes, suivie du mot *finis.* Il n'y a pas de table.

C'est la première édition connue du *Pantagruel.* On pense généralement qu'elle a été imprimée en 1532, peu de temps après les *grandes & inestimables Cronicqs*

(nᵒ 1). Elle est remarquable par sa correction & son élégance typographiques. J.-Ch. Brunet, qui l'étudie longuement dans ses *Recherches*. . . (pages 13-45), reproduit toutes les variantes qu'elle offre, comparativement aux éditions suivantes.

ſa pȏme.Et ce faict Pātagruel ſe pfoꝛce de rȇdꝛe ſa goꝛge/
ꝗ facilſemēt ſes mtſt deⱨoꝛs/ꝗ ne mȏſtroiēt e� ſa guoꝛge eꝝ
pſus quūg pet eꝝ ſa Voſtre/ꝗ ſa ſoꝛtirēt ⱨoꝛs ȏ ſe²s pilſuſes
ioyeuſemēt.Jſ me ſouuenoit quand ſes Gꝛegeoys ſoꝛtirēt
du cⱨeuaſ eꝝ Tꝛoye. Et p ce moyeꝝ fut guery ꝗ reduyt a ſa
pȓmiere cȏuaſeſcēce. Et de ces pilſuſes daratꝝ eꝝ aue₃ Vne
eꝝ Oꝛſeās ſus ſe cſocⱨter de ſeſgſiſe de ſaincte Croiꝝ.

OR meſſieurs Vous aue₃ ouy Vng cȏmencemēt de
ſⱨtſtotre ⱨoꝛrtficque de mȏ maiſtre ꝗ ſetgȓr Pāta
gruel.Jcy te ſeray fiꝝ a ce pȓmier ſture: car ſa teſte
me faict Vng peu de maſ/ꝗ ſens bē ꝗ ſes regiſtres de moꝝ
ceruêau ſȏt ꝗſque peu bꝛouſſe₃ de ceſte purꝝe de Septēbꝛe.
    Vous aure₃ ſe reſte de ſⱨiſtotre a ces foires de Fꝛācfoꝛt
pꝛocⱨatnemēt Venātes:ꝗ ſa Voꝰ Verre₃ cȏment iſ trouua ſa
pterre pⱨtſoſopⱨaſſe/cȏmēt iſ paſſa ſes mȏts Caſpies/cȏ
mēt iſ nautga p ſa mer Atⱨſāticꝗ ꝗ deſſtt ſes Cantbaſſes
ꝗ cȏꝗſta ſes iſſes de Perſas.Cȏmēt iſ eſpouſa ſa fiſſe du
roy de Jnde dit Pꝛeſtre Jeⱨā:Cȏment iſ cȏbatit cȏtre ſes
diabſes/ꝗ feiſt bꝛuſſer cinq cⱨābꝛes dēfer/et rȏptt.iiii.dē₃
a Lucifer ꝗVne coꝛne au cuſ.Cȏmēt iſ Vtſita ſes regtȏs de
ſa ſune/pour ſcauotr ſt a ſa Vertte ſa ſune neſtoit pas entie
re:mais ꝗ ſes femmes eꝝ auotēt.iii.cartters eꝝ ſa teſte. Et
miſſe auſtres petttes ioyeuſette₃ toutes Vertttabſes:ce ſȏt
beauꝝ teꝝtes deuāgtſſes eꝝ fꝛācoys. Bȏ ſotr meſſieurs/
parndȏnate my/ꝗ ne pēſe₃ pas tāt a mes fauſtes ꝗ Vous ne
pēſe₃ bē es Voſtres.

Cſtnts.

Nous renvoyons le lecteur à ce passage des *Recherches*. . ., qui est certainement un des plus importants de l'ouvrage, & que nous avons eu l'occasion de citer en partie en tête de notre facsimilé du *Pantagruel* de Dresde (en collaboration avec Léon Dorez, pages XXVI-XXXII de l'Introduction). J.-Ch. Brunet a, le premier, constaté les

différences considérables de *style* qui existent entre les éditions primitives des deux premiers livres & le texte définitif. Dans les premières, la langue & l'orthographe sont plus simples & se rapprochent davantage de celles d'aujourd'hui. Rabelais, en remaniant son ouvrage, semble les avoir compliquées intentionnellement.

Le seul exemplaire connu de cette édition est incomplet du feuillet Aiiij. Il appartient à la Bibliothèque Nationale, qui l'a acquis à la vente du prince d'Essling, pour la somme de 660 francs.

[Bibl. Nat., Rés. Y². 2146.]

19. Pantagruel ‖ ℂ Les horribles ⅋ espouētables ‖

faictz ⅋ prouesses du tresrenō ‖ me Pātagruel roy des Di ‖ psodes, filz du grant ‖ geant Gargātua, ‖ Cōposez nouuel ‖

lemēt par mai= ‖ ſtre Alcofry ‖ bas Naſier. ‖ ℭ On les vend au palais a ‖ Paris en la gallerie par ou ‖ on va a la chancel-lerie. (*S. d.*)

In-8° de 104 ff. non chiffr., signés 𝔄.-𝔑., *caractères goth., 23 lignes à la page.*

L'adresse indiquée sur le titre est celle du libraire Jean Longis, & les caractères sont les mêmes que ceux des *Motz dorés de Caton,* imprimés, le premier tome en 1530 & le second en 1533, par Denis Janot pour ce libraire.

Le *Prologue* commence au verso du titre, & le volume se termine par une page & demie de table. Voici la reproduction du 103ᵉ feuillet, verso :

> De pnōe dit preſtre Iehan. Comment iſ com
> batit côtre leſ dyabfes/et fiſt bꝛufler cinq cɧã
> bꝛeſ denfer et rompit quatre dentz a Lucifer
> et ꭒne come au cuf. Commēt iſ ꭒiſita leſ re
> gionſ de fa fune pour ſcauoir ſi a fa ꭒerite fa
> fune neſtoit paſ entiere. Maiſ que ſeſ fem≠
> meſ en auoient troiſ cartierſ en fa teſte / et
> mille petiteſ ioyeuſetez touteſ ꭒeritableſ/ce
> font beaufꝓ teꝑteſ deuangifeſ en francoyſ.
> Bon ſoir meſſieurſ/pardonnate my / et ne
> penſez paſ tant a meſ faulteſ que ꭒouſ ne
> penſez bien ee ꭒoſtreſ.
> 　　　℄Enſuyt fa table.
> 　　℄E foꝛigine ⁊ antiquite du graut Pan
> tagruef. 　　　　　　℄Chapitre. i.
> 　　　℄De fa natiuite du treſredoubte pã
> tagruef. 　　　　　　℄Chapitre. ii.
> ℭ Du dueif ɋ mena Gargantua de fa moꝛt
> de ſa femme Badebec. 　　℄Chapitre. iii.
> ℭ De fenfance de pãtagruef. 　chaꝑ. iiii.
> ℭ Deſ faictz du nobfe Pantagruef en ſon
> ieune aage. 　　　　　℄Chapitre. ꝟ.
> ℭ Côment Pãtagruef encôtra ꭒng ſymo≠

Cette contrefaçon parisienne, fort élégamment imprimée, reproduit, avec un assez grand nombre de coquilles, le texte de l'édition de Claude Nourry.

Comme cette dernière, elle est divisée en 23 chapitres (en réalité 24, le chiffre IX étant répété), plus la *Conclusion.*

J.-Ch. Brunet (*Recherches*, p. 49 & suiv.) estime qu'elle a été imprimée en 1533 au plus tard, « avant, dit-il, qu'ait pu parvenir à Paris la petite édition du même livre imprimée à Lyon par François Juste » (voir n° 23).

L'auteur des *Recherches* relève les incorrections fréquentes de ce texte, & les passages de la version originale qui y ont été altérés, ainsi que ceux qui y ont été remplacés par d'autres, pour des raisons de prudence, à une époque où, à l'instigation de la Sorbonne, l'autorité sévissait avec tant de violence contre les imprimeurs de Paris.

C'est ainsi, par exemple, qu'au vingt & unième chapitre (coté XX), où Epistémon raconte son séjour aux enfers, dans la liste des grands personnages dont il décrit la vie nouvelle, l'imprimeur parisien a substitué *Ganimedes* au *pape Jules,* le *roy Gadiffer* à *Nicolas pape tiers,* le *Boßu de Suabe* au *pape Alexandre, Roboaſtre* à *Charlemagne, Obéron* au roi *Pépin.*

A la fin du même chapitre, figurent deux illustres individus dont il n'était pas fait mention dans l'édition de Claude Nourry :

Le tors de perdrac, grand roſtißeur de saulcißes.
Darnant lenchanteur se congnoißoit fort bien à acouſtrer des merlus.

Presque toutes ces modifications reparaissent dans les autres contrefaçons parisiennes dont nous allons parler, & qui sont vraisemblablement des copies de celle-ci.

L'édition de Longis est aujourd'hui extrêmement rare, & nous croyons qu'on n'en connaît que trois exemplaires.

L'un figure dans la *Notice sur les Rabelais de M. Bordes* (Tours, Delis; 1890), page 10, n° IV, où il est indiqué comme relié par Trautz-Bauzonnet en maroquin rouge doublé de maroquin bleu.

Le second fait partie de la bibliothèque de feu M. le baron James de Rothschild (n° 1508). Nous devons à l'obligeance de M. Émile Picot d'avoir pu en prendre des photographies. Il a été acquis en 1870 à la vente Potier (n° 1381), & provenait des ventes : Prince d'Essling (n° 340), Coppinger, Clinchamp, Montesson, Solar (n° 2105). Il est relié en maroquin rouge à compartiments (Trautz-Bauzonnet).

Un troisième exemplaire, en maroquin rouge (reliure anglaise), a figuré en 1869 au catalogue Potier (n° 330). Il provenait de la bibliothèque de Charles Nodier (n° 858), & avait appartenu à La Monnoye, qui avait écrit sa devise, *A Delio nomen,* sur le titre.

20. Pantagruel ‖ ℭ Les horribles ⅞ eſ ‖ pouentables faitz et ‖ proueſſes du treſre= ‖ nõme Pantagruel ‖ Roy des Diſſodes ‖ filz du grant geant ‖ Gargantua : Cõpo ‖ ſes

nouuellement p ‖ maiſtre Alcofribas ‖ Naſier. ‖ M. D. xxx. iii. (1533).

In-8° de 84 ff. non chiffr., signés A.-Lii, *caractères goth., à 28 lignes par page.*

Au verso du titre, commence le *Prologue de lauŭeur*. Le texte, en 24 chapitres, exaŭement chiffrés, se termine au reŭo de l'avant-dernier feuillet par les mots :

Cy finent les horribles & espouen ‖ tables faiŭz & proeſſes du tres

renō ‖ me Pantagruel roy des Dipſodes ‖ filz du grant geant Gargantua. ‖ Nouuellement imprime.

Le verso & le feuillet suivant sont occupés par la table, à la fin de
laquelle est figuré un pélican, marque des Marnef.

❡ Comment Pantagruel desfist les trois cēs
Geantz armez de pierre de tailſe ⁊ Loupgarou
ſeur capitaine.   Chapitre.pp.
❡ Comment Epiſtemon qui auoit ſa teſte trē⁊
chec fut guery habiſſemēt par Panurge/ ⁊ des
nouuelſes des diables ⁊ des damnez.   ch.ppi.
❡ Comment Pantagruel entra en ſa Biſſe de
Amourottes / ⁊ comment Panurge marpa ſe
roy Anarche et ſe feiſt crpeur de ſauſce Bert.
    Chapitre.   ppii.
❡ Comment Pātagruef de ſa ſangue couuriſ
toute Bne armee/et de ce que ſacteur Beit en ſa
Bouche.   Chapitre.ppiii
❡ Comment Pantagruef fut maſade/et ſa fa
con comment iſ guerit.   Chapitre. ppiiii.

    ❡ Fin de ſa Table.

Le même oiseau est représenté dans la bordure supérieure du titre,
&, à gauche & à droite, dans cette bordure, se lisent les lettres I.$^{D.}$M.-
E.$^{D.}$M., initiales de Jean & Enguilbert de Marnef.

L'auteur du *Manuel* pense que cette contrefaçon a été imprimée à Poitiers.
M. de Montaiglon, avec plus de vraisemblance, la dit imprimée à Paris. Jean
& Enguilbert de Marnef avaient, en effet, en 1533, des presses dans les deux
villes. Le fils de ce dernier, nommé aussi Enguilbert, se fixa définitivement à
Poitiers en 1550, soit dix-sept ans plus tard. (Voir LA CAILLE, *Histoire de l'im-
primerie,* pages 93-94.)

On sait, en outre, que les Marnef, parents du libraire Jacques Bouchet, de Poitiers, ont, avant 1550, signé avec lui des livres qu'il éditait. (Par exemple les *Epiſtres morales & familières du Trauerseur,* 1545, in-16, que nous signalons, Appendice, n° xxvII.)

La présente édition est faite sur la contrefaçon imprimée par Denis Janot pour Jean Longis (n° 19), dont elle reproduit le plupart des incorrections.

L'auteur du *Manuel* a remarqué, cependant, que, au cours de l'impression, les Marnef ont dû avoir communication de l'édition de Claude Nourry, & qu'ils s'en sont utilement servis pour corriger quelques fautes, particulièrement dans les dernières feuilles, & pour remplir un certain nombre des lacunes de ladite contrefaçon.

Mais, comme l'imprimeur de cette dernière, ils ont soigneusement évité de faire figurer des noms de rois & de papes, dans la liste des illustrations rencontrées par Epistémon aux enfers (chapitre XXI, exactement coté, le 30ᵉ du texte définitif).

Cependant, comme l'observe J.-Ch. Brunet, on voit, justement en ce chapitre, qu'ils connaissaient l'édition de Claude Nourry. Dans celle-ci, le passage relatif à Jean Le Maire de Belges est rédigé de la manière suivante :

« Je veiz maistre Jehan le Mayre qui contrefesoit du pape, et a tous ces
« pouures roys et papes de ce monde faisoit baiser ses pieds : et en faisant du
« grobis. »

Denis Janot l'avait massacré comme suit :

« Je veis Jehan le Maire qui contrefaisoit de ce monde faisant baiser ses pieds,
« et en faisant du grobis. » .

Les Marnef, tout en évitant de se compromettre, rendirent un sens à la phrase, en donnant des équivalents aux mots *roys* & *papes :*

« Je veiz Jehan le Maire qui contrefaisoit du *pardonneur,* et a tous ces pauvres
« *disciples subiects* de ce monde faisoit... »

J.-Ch. Brunet a, d'ailleurs, relevé avec soin, dans ses *Recherches* (p. 60-64), toutes les variantes de cette édition des Marnef. Ce qui la caractérise particulièrement, remarque-t-il, ce sont des additions faites dans le premier chapitre, & surtout dans le second, & que l'on ne retrouve dans aucune autre édition.

En voici le détail :

Chapitre premier, après les mots : *le redoublant a cinq ou a six foys par le corps,* on lit, dans l'édition qui nous occupe :

et carre a laduenant, car deux radʒ de front chascun une hallebarde au col euſſent pu facilement marcher & paſſer deſſus.

Plus bas, après : *qui engendra Eteon,* on lit :

qui engendra Badeloury, qui tua sept vaches pour leur manger le foye.

Nous donnons, dans les deux facsimilés qui suivent, la reproduction de la plus importante de ces additions, celle du chapitre second. Elle commence, à la troisième ligne du premier cliché, par : *Une aultre plus grant aduenture,* & va jusqu'à : *quil eſtoit sailly de son corps,* à la vingtième du second.

M. de Montaiglon (*Rabelais,* t. III, p. 221), après avoir cité cette variante, ajoute :

« *En face de ce ſot Gulliver, qui tient dans une dent creuse de Gargantua, qui veut s'en venger, & cela avec un os de jambon, en face de ce vomiſſement groſſier, en face de ce ver qui voulait piquer le cœur, & qui reſſort de l'eſtomac, il n'y a pas, je crois, de doute poſſible ; ce n'eſt qu'une mauvaise & groſſière imitation de l'aventure des pèlerins du premier livre, &, dans ce livre même, du voyage d'Alcofrybas dans la bouche de Pantagruel.* »

Il est à noter que le *premier livre* n'avait pas encore paru, en 1533. Mais il est question de la dent creuse du grand géant dans les *croniques admirables.*

fir de ceſte eauſee et en Boire a plain goubet trou
uerent que ce neſtoit que ſaulmeure pire et plus
ſallee que neſt leaue de la mer. Dne aultre plus
grant aduenture arriua ceſte ſepmaine au geant
Gargantua. Car Dng meſchant DeſtiBouſter
cɧarge de deup grandz pocɧes de ſel auecques
Dng os de iamBon quil auoit cacɧe en ſa giBeſſi
ſiere entra deBans la Boucɧe du pauure Gar
gantua/lequel dormoit la Boucɧe ouuerte a cau
ſe de la grant ſoif quil auoit. Ce mauuais gar
ſon eſtant entre la deBans a geſte grant quans
tite de ſel par le palais et gouſier duBit Gargan
tua lequel ſe Doyant tant altere et nauoit aucun
remeBe pour eſtainBre iceſte alteration et Soif
quil enBuroit/de grant raige eſtrainct et ſerre ſi
fort ſes dentz et ſes faict ɧeurter ſi ruBement lu
ne contre lautre quil reſſembloit que ce feuſſent
Bataiſtz de moulins. Et ainſi que le gaſlant ma
deſpuis dict et racompte (auquel on euſt facille
ment eſtouppe le cul dung Bopteau de fain) de
paour quil eut ſe laiſſa cɧeoit comme Dng hom
vne mort a haBandonna ſes deup ſacz plains de
ſel dont il tourmentoit ſi fort le pauure Gargan
tua/ Leſquelz furent ſouBBainement tranſgloux
tis et aBiſmez. Ledit gaſlant ruenu de paſmoy
ſon tara quil ſen Bengeroit. Lors a mis la main
en ſa giBeſſiere et tira Dng gros os de Jambon
fort ſalle/ auquel eſtoit encores le poil long de

> deux grandz piedz et quattre doigz / Et par
> moult grant pic se mect bien auant en la gorge
> dudit Gargantua. Le pauure homme plus aise
> re quil nestoit parauant et sentant le poil dudict
> os de iambon qui luy touchoit au cueur fut con
> trainct de vomir et getter tout ce quil auoit de-
> dans le corps que dix huyt Tumbereaulx neuf
> sent sceu trainer. Le compaignon qui estoit mu-
> ce dedas lune de ses dentz creuses fut contrainct
> de desloger sans trompette/ lequel estoit en si pi-
> teulx ordre que tous ceulx qui le veoient en o-
> uoient grant horreur. Gargantua adrecant sa
> veue contre bas aduisa se maistre Caignar diet
> qui se tournoit et viroit de dans celle grant ma-
> re taschant se mettre hors/ Et pensa en luy mes-
> mes que cestoit quelque ver qui lauoit voulu
> picquer au cueur/ et fut bien ioyeulx quil estoit
> sailly de son corps : Et par ce que en ce propre
> iour nasquit le tresrenomme Pantagruel son
> pere luy imposa tel nom. Car panta en grec
> vault autant a dire comme tout et gruel en
> langue hagarene vault autant a dire com-
> me altere / Voulant inferer que a lheure de sa
> terrible natiuite le monde estoit tout altere. Et
> voyant en esperit de prophetie quil seroit quel-
> que iour dominateur des alterez. Ce que luy
> fut monstre a ceste heure mesmes par autre si-
> gne plus euident/ car a lors que sa mere Bade-

Enfin, le deuxième chapitre se termine de la façon suivante (nous soulignons les phrases nouvelles) :

«Il est ne a tout le poil, *le dyable la chie en vollant*, il fera choses mer-ueilleuses, & sil vit il aura de laage. *Ceulx sont descenduz de Pantagruel qui boyuent tant au Soir, que la nuyt sont contrainctz de eulx lever pour Boire & pour estaindre la trop grand soif & charbon ardant que ilz ont dedans la gorge. Et ceste soif se nomme Pantagruel pour souuenance et memoire dudit Pantagruel.*»

J.-Ch. Brunet, dans ses *Recherches* (p. 58-59), se demande si l'on peut avec vraisemblance attribuer ces passages à Rabelais, & croyant, comme nous l'avons vu, que l'édition a été imprimée à Poitiers, il s'exprime comme suit :

« *Ces additions. . . sont-elles vraiment de Rabelais? S'il est permis de le croire, c'est seulement à cause du séjour qu'avait fait précédemment le célèbre écrivain à Ligugé, près de Poitiers, & des relations qu'il avait conservées avec Jehan Bouchet, poète & historien,*

alors résidant à Poitiers, relations conſtatées par une aſſez longue épitre en vers de Rabe-
lais à Bouchet. »

On pourrait objeƈter que le séjour de Rabelais à Ligugé remonte à l'année 1525
environ, & que rien n'autorise à penser qu'il y retourna en 1533. En tous cas,
le fait seul que l'édition des Marnef reproduit, comme l'a remarqué Brunet lui-
même, la plupart des incorreƈtions de celle de Longis, prouve qu'elle n'a pas été
donnée par Rabelais, & les nouveaux passages en cause peuvent être sans hési-
tation considérés comme apocryphes, d'autant plus qu'ils ne se retrouvent dans
aucune autre édition de *Pantagruel.*

Bec lenfantoit et que les ſaiges ſfemmes atten$
ßoient pour le recepuoir yſſirent premier de ſoŋ
Bentre ßoiyante et ßuyt tregeniers chaſcuŋ ti/
rant par le ſicol Ung mullet tout charge de ſel/
apies leſquel$ ſortirent neuf dormaßaires char/
gez de iambons et langues de Beuf fumees: ſept
chameauly chargez danguilletres/puis Bingt et
cinq chartetees de poreauly/daulx/doignons et
de Ciuot$/ce qui eſpoucnta bieŋ leſdictes ſaiges
femmes/mais les aucunes dentre elles diſoient
ßoicy bonne piouiſioŋ/cecy neſt que boŋ ſigne
ce ſont aguillons de Bin.Et comme elles caquet
toient de ces menu$ piopos entre elles ßoicy ſoi
tit ßantagruel tout Belu comme ßng ours dont
diſt ßne delles en eſperit piopheticque . Il eſt ne
a toutle poil/le dyable la chie eŋ ßollant / il fera
choſes merueilleuſes/et ſil Bit il aura de laage.
Ceulx ſont deſcenda$ de ßantagruel. qui boy/
uent tant au ßoir que la nuyt ſont contrainct$
de eulx leuer pour ßoire et pour eſtainðie la
trop grant ſoif et charboŋ arðant que il$ ont de
ßans la goige . Et ceſte ſoif ſe nomme ßanta/
gruel pour ſouuenance et memoire duðit ßaŋ
tagruel.

¶ Du dueil que mena ßar/
gantua de la mort de ſa fem/
me ßaðeßec.

¶ Chapitre.iii.

Gustave Brunet (de Bordeaux), qui possédait un exemplaire, incomplet des premiers feuillets, de cette édition (il est aƈtuellement à la Bibliothèque Nationale),
publia en 1844 une *Notice sur une édition inconnue de Pantagruel* (in-8° de 36 pages),
où il la signalait en lui attribuant une date plus ancienne.

Il existe, heureusement, de la version des Marnef, un exemplaire complet, le

seul que l'on connaisse. Cet exemplaire, auquel est jointe une *Pantagruéline pro-gnoſtication pour lan mil D.XXX.III.* (voir n° 27), avait été donné pour 3 livres à la vente de La Vallière (n° 3866), en 1783. Il passa successivement dans les biblio-thèques Mac Donald & A. Bertin, avant d'être acquis, pour 1890 francs, par la Bibliothèque Nationale, en 1841.

[Bibl. Nat., Rés. anc. Y². 819 c. (ex. de G. Brunet), & Rés. Y². 2147 (ex. complet de La Vallière).]

21. Pantagruel ‖ ℭ Les horribles et eſpouen= ‖ tables fai�joⱬ et proueſſes ‖ du treſrenomme Pan= ‖ tagruel roy des

Di= ‖ pſodes, filz du grāt ‖ geant Gargan= ‖ tua, Compoſez ‖ nouuellement ‖ par maiſtre ‖ alcofrybas ‖ Naſier. (*S. d.*)

In-8° de 104 ff. non chiffr., sign. Ꙗ.-Ꙋ., caract. goth., à 23 lignes par page.

Le Prologue de l'acteur commence au verso du titre. 23 chapitres (en réalité 24, à cause de la répétition du chiffre ix), plus la conclusion.

Cette contrefaçon imprimée, vraisemblablement à Paris, sur un papier médiocre, reproduit page pour page, ligne pour ligne, celle de Longis (voir n° 19), à l'exception du verso du 7ᵉ feuillet & du recto du 8ᵉ du cahier 𝔐, où une ligne supprimée en tête de la première de ces deux pages a modifié la justification.

Le seul exemplaire que l'on en connaisse est à la Bibliothèque Nationale. Il provient de la bibliothèque de Huet, dont il porte l'ex-libris & les armes en or, sur les plats de sa reliure en veau fauve.

[Bibl. Nat., Rés. Y². 2143.]

22. **Pantagruel. Les horribles et efpouentables faictz et prouesses du trefrenomme Pantagruel roy des Dipsodes, filz du grāt geant Gargantua, compofez nouuellement par maiftre Alcofrybas Nafier. On les vend à Paris au bout du pont des meusniers, à l'enseigne Sᵗ-Loys. (*S. d.*)**

In-8° de 104 ff.

L'adresse indiquée ici est celle de Guillaume Bineaulx.

Cette édition, qui semble être une reproduction de la précédente, est signalée par Gustave Brunet (*Eßais,* p. 1), qui la cite « sans l'avoir vue », d'après une note de M. Kopitar, & ajoute que le seul exemplaire connu est conservé à la Bibliothèque impériale de Vienne.

Nous avons fait écrire, à ce sujet, au directeur de cette Bibliothèque qui, en date du 29 août 1903, a répondu que la plus ancienne édition de Rabelais que possède la Bibliothèque impériale de Vienne, est celle des *Œuvres,* de 1553. Il faut en conclure que, depuis 1841, date où fut publié l'ouvrage de Gustave Brunet, l'exemplaire aura disparu.

23. **Pantagruel.** ‖ ɪᴇsᴠs ᴍᴀʀɪᴀ ‖ LES HORRI- ‖ ʙʟᴇs ᴇᴛ ᴇsᴘᴏᴠ- ‖ uentables faictz et prouesses ‖ du trefrenōme Pantagruel, ‖ Roy des Dipfodes, Filz du ‖ grāt geant Gargantua, Cō ‖ pofe nouuellement par mai= ‖ ftre Alcofrybas Nafier. ‖ ❡ Augmēte & Corrige frai= ‖ chement, par maiftre Jehan ‖ Lunel, docteur en theologie. ‖ ᴍ.ᴅ.xxxɪɪɪ. (1533) ‖ On les vend a Lyon, en la ‖ maifon de Francoys Jufte. ‖ Demourant

deuant noſtre ‖ Dame de Confort. (*Suit le monogramme F. J. de l'imprimeur.*)

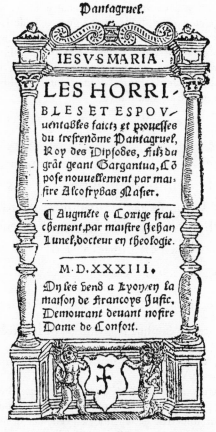

Petit in-8° allongé de 88 feuillets inexaĉtement chiffrés de 2 à 95, le dernier non chiffré, avec verso blanc, caraĉt. goth., 32 lignes à la page.

Le *Prologue de Lauteur* commence au verso du titre. Le texte, qui suit celui de Claude Nourry, avec quelques variantes & de nombreuses co-quilles, est divisé en 24 chapitres, inexaĉtement numérotés. Le chiffre x manque ; par contre, trois chapitres portent le n° IX. Le dernier est chiffré XXIII. Les chapitres XIX & XX ne sont pas cotés (ils le sont à l'*indice*).

Les fautes de foliotation sont les suivantes : le 12ᵉ feuillet (4ᵉ du cahier ẞ) est coté 2. — Le 40ᵉ (8ᵉ du cahier ₵) est coté 38 ; par suite, il n'y a pas de feuillet coté 40. — Le 70ᵉ (6ᵉ du cahier ℑ) est coté 78, & il n'y a pas de feuillet coté 70. — Le 72ᵉ (8ᵉ du cahier ℑ) est coté 80,

& la numérotation suit jusqu'à 95; il n'y a donc pas de feuillets portant les chiffres 71 à 79.

Au milieu du 87ᵉ feuillet (chiffré 95), recto, le mot *Finis*; puis : *Senſuyt lindice des Matieres princi=* ‖ *pales cōtenues au pſent liure par chaſ=* ‖ *ſcun Chapitre.* Cet *indice* occupe la fin du feuillet & le recto du suivant, qui se termine par : *Cy finiſt lindice de ce preſent liure.*

Cette édition, la seconde donnée par l'auteur, n'est connue que par un seul exemplaire que conserve, depuis 1768, la Bibliothèque royale de Dresde. Il est relié avec un exemplaire, également unique, mais incomplet du titre, des *Chronicques du grant Roy Gargantua,* Lyon, 1533 (voir n° 3) & un exemplaire incomplet de 2 feuillets (le titre & le feuillet blanc correspondant) de la *Pantagrueline prognoſtication pour l'an 1535* (voir n° 28). Le volume, qui était autrefois relié en velours noir, avait appartenu au comte d'Hoym (n° 2569), à la vente duquel, en 1738, il fut acquis pour 7 livres 1 sol par le comte de Brühl. La bibliothèque de ce dernier fut achetée en 1768 par le Gouvernement saxon, pour la somme de 50,000 thalers, & c'est ainsi que le *Pantagruel* de Juste 1533 entra à la Bibliothèque royale de Dresde.

Sur le verso blanc du dernier feuillet, une inscription manuscrite apprend que l'exemplaire était, en 1570, entre les mains d'un nommé Anthoyne Aubin.

Ce qui, malgré ses nombreuses fautes typographiques, donne un intérêt tout particulier à cette seconde édition originale, c'est que, publiée vraisemblablement pour les petites bourses, alors que celle de Claude Nourry était plus luxueuse, elle renferme quelques passages hardis, que ne contenait pas la première, & qui n'ont pas tous été conservés dans les suivantes. Ce sont des allusions malicieuses aux formules ecclésiastiques ou des attaques contre la Sorbonne, par exemple, sur le titre, les mots JESVS MARIA, & la mention de *maiſtre Jehan Lunel docteur en théologie* qui est nommé comme ayant *corrigé fraichement* ce texte profane.

On voit ici, pour la première fois, au chapitre IX, le *discours anglais* de Panurge.

Ce n'est qu'en 1830 que l'attention des bibliophiles fut attirée sur ce petit volume, par Ebert (*Allgemeines bibliographisches Lexicon,* t. II, n° 18513). Karl Falkenstein le décrivit en 1839 (*Beschreibung der Königlichen öffentlichen Bibliothek zu Dresden,* p. 496) &, sur ces indications, Gottlob Regis en donna une collation dans le tome II de son Rabelais allemand (t. II, p. 1289-1316).

Pendant plus de soixante ans, les bibliographes & éditeurs français de Rabelais se contentèrent de la description & de la collation de Regis. Or, il se trouve que toutes deux sont inexactes & incomplètes, de même que celles d'Ebert & de Falkenstein.

Grâce à l'obligeante intervention de M. Léon Dorez, bibliothécaire au département des manuscrits de la Bibliothèque Nationale, il nous a été donné de pouvoir consulter à Paris, en avril 1903, ce précieux livret, que la Bibliothèque de Dresde lui a confié, avec la plus grande libéralité, pendant trois mois.

Avec la collaboration de M. Léon Dorez, nous en avons publié un facsimilé

phototypique complet, qui a paru à la librairie du *Mercure de France,* le 20 décembre 1903 (un vol. petit in-8° allongé, tiré sur papier vélin d'Arches, à 250 exemplaires numérotés, dont 50 hors commerce). La réédition est précédée d'une introduction qui a été reproduite dans *l'Art* de décembre 1903.

Au moment où ce facsimilé complet venait de paraître, MM. Paul Babeau, Jacques Boulenger & H. Patry commençaient à publier, le 23 décembre, dans la *Revue des Études rabelaisiennes,* une reproduction en caractères ronds du même texte gothique. La publication a été achevée en juin 1904.

Pantagruel filz du grant

toit comme vng maſſon, faict de coup‑
peaulx, q̃ nul narreſtoit deuãt luy quil
ne ruaſt par terre,dõt ala rupture de ces
harnoys pierreux fut faict vng ſi horri‑
bletumulte q̃l me ſouuint, quãt la groſ‑
ſe tour de beurre qui eſtoit a ſainct Eſtie
ne de Bourges,fondit au ſoleil.Et Pa‑
nurge enſemble Carpali q Euſthenes
ce pendant eſgorgetoyẽt ceulx qui eſtoy‑
ent portez par terre.Faictez voſtre com‑
pte q̃l nẽ eſcappa vng ſeul,q a veoir Pã
tagruel ſembloit vng faulcheur, qui de
ſa faulx (ceſtoit Loupgarou) abbatoit
lherbe dung prẽ (ceſtoyent les geane).
Mais a ceſte eſcrime, Loupgarou per‑
dit la teſte,et ce fut quant Pantagruel
en abbatit vng,qui auoit nom Riflan‑
douille,qui eſtoit arme a hault appareil
ceſtoit de pierres de gryſon,dont vng eſ‑
clat couppa la gorge tout oultre a Epi‑
ſtemõ: car aultremẽt la plus part dẽtre
eulx eſtoyẽt armez a la legiere ceſtoit de
pierre.de tuffe,et les aultres de pier
re ardoyzine.Finablement voyant que
to⁹ eſtoyẽt mors geita le corps de Loup‑
garou tant quil peuſt contre la Ville, et
tomba comme vne grenoille,ſus le ven
tre en la place mage de ſa dicte Ville : et
en tombant du coup tua vng chat briu‑
le,vne chatte mouillee,vne canne petie‑
re,et vng oyſon bride.

Roy Gargantua. 85

Comment Epiſtemon, qui auoit
la teſte trãchee,fut gery ba‑
Billemẽt par Panurge.
Et des nouuelles
des diables,
q des dã
nes.

Eſte deſconfite gygantale para‑
cheue Pãtagruel ſe retira au lieu
des flaccons,et appella Panur‑
ge et les aultres, leſquelz ſe rendirent a
luy ſains et ſaulues,excepte Euſthenes
qung des geans auoit eſgratigne quelq̃
peu au viſaige,aiſſi quil ſe gorgetoit.Et
Epiſtemon qui ne cõparoit point.Dõt
Pantagruel fut ſi dolant quil ſen vou‑
lut tuer ſoymeſmes,mais Panurge luy
diſt.Dea ſeigneur attendez vng peu, et
nous le chercherõs entre les mors, q ver
rõs la verite du tout.Ainſi dõcques cõ
me ilz chercboyent,ilz le trouuerent tout
roidde mort et ſa teſte entre ſes bras toute
ſanglãte.Dont Euſthenes ſeſcrya.Ha
male mort,tu nous as touſſu le pl⁹ par‑
faict des hõmes.A laquelle voix ſe le‑
ua Pãtagruel au plus grant duell quã
veit iamais au monde,mais Panurge
diſt.Enfãs ne pleures point,il eſt enco‑
res tout chault,ie vous le gueriray auſ
ſi ſain quil fut iamais.Et ce diſat print
la teſte q la tint ſus ſa braguette chaul‑
demẽt quelle ne print vent,q Euſthenes

24. PANTAGRVEL ‖ ΑΓΑΘΗ ΤΥΧΗ ‖ LES HORRI= ‖ BLES FAICTZ ‖ & proueſſes eſpouē ‖ tables de PAN= ‖ TAGRVEL ‖

roy des Dipſodes, ‖ compoſes par M. ‖ ALCOFRIBAS ‖ abſtracteur de quin ‖ te eſſence. ‖ M.D.XXXIIII. (1534). [*S. l. (Lyon,
Françoys Juſte*).]

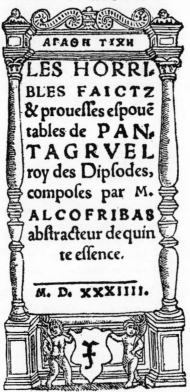

Petit in-8° allongé de 88 ff. chiffr. plus 3 non chiffr. & 1 f. blanc, sign. A-M.
caract. goth., 32 lignes à la page. Le cahier M *n'a que 4 feuillets; les
autres en ont 8.*

Au verso du titre, paraît pour la première fois le dizain de *M. Hugues
Salel a lauteur de ceſtui livre,* suivi des mots : *Vivent tovs bons Pantagrueliſtes.*
    Le *Prologue de lauteur* occupe ensuite les feuillets 2 & 3. Le texte, qui
commence au feuillet 4, est divisé en 29 chapitres (le chapitre x est
coté IX, erreur qui est rectifiée dans l'*Indice*), & va jusqu'au feuillet 88,
verso. Les trois feuillets non chiffrés contiennent la *Conclusion* (qui ne

4

figure pas à l'*Indice des matieres contenues en ce prefent liure*) et l'*Indice,* qui occupe la moitié du reƈto & le verso de l'avant-dernier feuillet.

La *Conclufion* est ici augmentée pour la première fois d'un long passage, commençant par : *Si me diƈtez : maiftre. . .* & se terminant par : *ne vous fiez iamais en gens qui regardent par un partuys. Finis.*

Le texte est également augmenté de nombreux passages. Les mots réputés *irréligieux,* qui seront supprimés dans les éditions définitives, sont ici maintenus pour la plupart, & Rabelais en a même ajouté d'autres. Ainsi, au chapitre XVII (le XIVᵉ de l'édition précédente), après les mots : *Aufi eft-ce chose vile & la laiffe à ces maraulx de fophiftes,* il ajoute : *Sorbillants, Sorbonagres, Sorbonigenes, Sorbonicoles, Sorboniformes, Sorbonisecques, Niborcisans, Borsonisans, Saniborsans.*

Cette énumération, qui a été conservée par l'éditeur de 1537 (voir nº 36), par Dolet (voir nº 41) & par Claude La Ville (voir nᵒˢ 84 & 85), a été supprimée dans le texte définitif.

L'édition qui nous occupe — la troisième originale — est sortie, comme la précédente, des presses de Françoys Juste, dont elle porte le monogramme dans un encadrement, au bas du titre. Elle est fort rare, & M. de Montaiglon écrivait en 1870 (t. III, p. 217) :

« *J.-Ch.* Brunet en pofédait le seul exemplaire connu. *M.* Jannet, à qui il avait bien voulu le communiquer, en a relevé toutes les variantes (dans son édition elzévirienne, 1858, tome I), *pour la première fois.* Je les lui emprunte, & les autres les lui emprunteront comme moi, d'autant plus que le nom de l'acquéreur n'eft pas connu, & que par suite, on ne sait où il a pafé & où il se trouve. »

M. de Montaiglon a dû être rassuré, en mars 1894, lorsque la vente Lignerolles révéla où avait passé l'exemplaire de Brunet (Lignerolles, nº 1781, acquis en 1860 à la vente Solar, nº 2104). Il avait pu, d'ailleurs, précédemment, lors de la vente Sunderland, constater qu'il existait dans le monde un autre exemplaire de la même édition, joint au *Gargantua* de 1535 (voir nº 32). C'est ce dernier exemplaire, qui a figuré au *Bulletin de la librairie Morgand* en mars 1883, puis dans la bibliothèque de M. Bordes, & qui fait aujourd'hui partie de celle de feu M. le baron James de Rothschild, que nous avons consulté, grâce à l'obligeance de M. Émile Picot. — Bibliothèque du Musée Condé, nº 1638.

Au sujet de la devise ΑΓΑΘΗ ΤΥΧΗ, qui se lit sur le titre, voir Appendice, nº X.

25. Pantagrueline ‖ prognofticatiō certaine veritable ⁊ ĩfalible pour lā mil. D.XXXIII. nouuellemēt compofee au pro= ‖ fit ⁊ aduifemēt de gēs eftourdis et mufars de nature p mai= ‖ ftre Alcofribas architriclin dudict Pantagruel ‖ ☾ De nōbre dor non dicitur, ie nen trouue point cefte annee ‖

quelque calculation que ien aye faict, passons oultre, q̄en
asi ‖ sen defface en moy, qui nen a sy en cherche. Verte
foliū. (*S. l.*)

Pantagrueline

prognosticatiō certaine veritable ⁊ isalible pour
lā mil. D. xxxiii. nouuellemēt composée au profit ⁊ aduisemēt de gēs estourdis et musars de nature p maī-
stre Alcofribas architriclin dudict Pantagruel

De nōbre dor non dicitur / ie nen troue point ceste annee
quelque calculation que ien aye faict / passons oultre / den asi
sen defface en moy / qui nen a sy en cherche. Verte foliū.

Petit in-4° de 4 ff. non chiffr., caract. goth., 36 lignes à la page.

Le texte commence au verso du titre. Il se termine par ces mots :
& ſy pl⁹ ‖ en ſcauez nen dittez mot, mais attēdez la venue du boyteux. ‖ ℭ Finis.

ueront en Bſance auecques pſante de Serapḣʒ/et eſcaiʒ au
ſoleil/Touteffoys ſus le milieu de Leſte/ſera a redoubter
qſque Benue de puſſes nopʒes et cḣeuſſons de ſa deuiniere.
Adeo nicḣil eſt ey omni parte beatū. Mays il les fauḋra Bʒi₂
der à foʒce de collations Beſpertines.

ℭ Italie/Romanie/Naples/Lecile/demeureront la ou el₂
les eſtoient lay paſſe. Ilʒ ſongeront bien pʒofundemēt Bers
ſa fin du Lʒareſme/ʒ reſuerōt qſqs foys Bers le haulſt du io².

ℭ Alemaigne/Souiſſe/Saxe/Straſbourg ʒc. pʒofiteront
ſilʒ ne faillent. les poʒteurs de rogatōſes doiBuent redouB₂
ter.et ceſte ānee ne ſe y fōderōt pas Beaucop de āniuerſaires.

ℭ Heſpaigne / Caſtille/Poʒtugal/Arrḣgoy/ſeront bien
ſubiectʒ a ſoubḋaines alteratiōs/ʒ craindront de mourir biē
foʒt autant les ieunes/que les Bieulx/et pourtant ſe tiēdrōt
cḣaudement et ſouuent cōpteront leurs eſcuʒ/ſilʒ en ont.

ℭ Auſtricḣe/Hongrye/Turquie/par ma foy mes bons fil
lotʒ ie ne ſcay comment itʒ ſe porteront/ et bien peu mē ſou₂
cye Beu la Bʒaue entree du Soleil ey Capʒicoʒnus/ ʒ ſy plᵈ
ēy ſcauez ney dittez mot /mais attēdeʒ la Benue du Boyteux.
ℭ Finis.

　　Cette édition, dont on ne connaît que l'exemplaire conservé à la Réserve de la
Bibliothèque Nationale (Y². 2125), joint aux *grandes Cronicqs* (n° 1), passe
pour la première. Elle semble avoir été imprimée à Lyon à la fin de 1532, immédiatement après le *Pantagruel* de Claude Nourry (n° 18). La vignette qui suit
le mot *finis* est la marque de François Juste, mais sans le monogramme imprimé en
rouge que l'on remarque dans l'écusson, à la fin du *Gargantua* de 1535 (voir n° 32).

26. Pantagrueline ‖ Prognoſticatiō certaine veritable ⁊ ĩfa ‖ lible pour lā mil. D.xxxiii. Nouuellemēt ‖ cōpoſe au prouffit ⁊ aduiſement de gens ‖ eſtourdis ⁊ muſars de na‑ ture p maiſtre Al ‖ cofribas architriclin dudict Pātagruel. ‖ ❧ De nōbre dor nō đr : ie nē trouue point ‖ ceſte annee quelq calculatiō q̄ iē aye faiĉt : ‖ paſſos oultre : q̄ en a ſi ſen defface en moy : ‖ qui nen a ſi en cherche. Uerte folium.

Pantagrueline

Prognoſticatiō certaine veritable ⁊ ĩfa lible pour lā mil. D.xxxiii. Nouuellemēt cōpoſe au prouffit ⁊ aduiſement de gens eſtourdis ⁊ muſars de nature p maiſtre Al cofribas architriclin dudict Pātagruel.

❧ De nōbre dor nō đr : ie nē trouue point ceſte annee quelq calculatiō q̄ iē aye faiĉt paſſos oultre : q̄ n a ſi ſen defface en moy qui nen a ſi en cherche. Uerte folium. ·⁖

Petit in-4° de 4 ff. non chiffr., 37 lignes à la page, caraĉt. goth.

C'est le même texte que celui de l'édition précédente. L'impression est très serrée & contient un grand nombre de fautes typographiques.

[On n'en connaît qu'un exemplaire, conservé à la Bibliothèque Nationale, Rés. Y². 2149.]

27. ꙮ Pantagrueline ‖ pnoſticatiō certaine veritable ꝗ infalible ‖ pour lan mil.D.xxxiii. nouuellement cō= ‖ poſee au proffit ꝗ aduiſemēt de gēs eſtour= ‖ dis ꝗ muſars

de nature par maiſtre Alco= ‖ fribas architriclin dudict Pantagruel. ‖ ⊂ De nombre dor non dicitur, ie nen trou ‖ ue point ceſte annee quelque calculation q̄ ‖ ien ay faict,

passons oultre, qui en a ſi ſen ‖ defface en moy, qui nen a
ſi en cherche. ‖ Verte folium.

Petit in-4° de 8 ff. non chiffr., sign. Ai.-Bij, le v° du dernier blanc. Car.
goth., 24 lignes à la page.

Le texte commence au verso du titre; il suit celui de la première
édition. La typographie nous semble parisienne.

[Le seul exemplaire connu est à la Bibliothèque Nationale, relié à la
suite du *Pantagruel* des Marnef (voir n° 20), sous la cote Rés. Y². 2147
(La Vallière, n° 3866).]

28. ΑΓΑΘΗ ΤΥΧΗ ‖ PANTAGRVELI= ‖ ne prognoſtication, certaine, ‖ veritable, et infalible, pour ‖ Lan M.D.xxxv. Nou= ‖

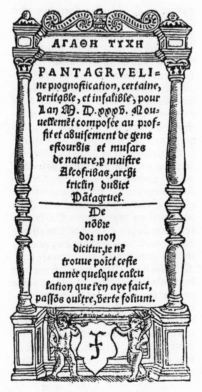

uellemēt compoſée au prof= ‖ fit et aduiſement de gens ‖
eſtourdis et muſars ‖ de nature, p maiſtre ‖ Alcofribas, archi ‖

triclin dudict ‖ Pātagruel. ‖ De ‖ nōbre ‖ dor non ‖ dicitur, ie nē ‖ trouve poīct ceſte ‖ année quelque calcu ‖ lation que i'en aye faict, ‖ paſſōs oultre, verte folium. (*Suit le mono-gramme de Françoys Juſte.*)

     Petit in-8° allongé, de 8 ff. non chiffr., le dernier blanc, caract. goth., 32 lignes à la page.

Le verso du titre est blanc.

Voici le facsimilé de la première page (2ᵉ feuillet, recto) :

Cette édition a été imprimée à la fin de 1534, par François Juste, pour faire suite au *Pantagruel* de cette date (voir n° 24). Les six chapitres du texte primitif

y sont augmentés de quatre nouveaux, pour les quatre saisons de l'année. Le dernier se termine par les mots : . . . *doresnavant on lict.* Les éditions suivantes ajoutent la phrase énigmatique :

> *O o poulailles faictes vous vos nids tant hault ?*

L'exemplaire de la bibliothèque J. de Rothschild, que nous avons pu consulter grâce à l'obligeance de M. Émile Picot, a le titre imprimé en noir. Celui qui était joint à l'exemplaire de Lignerolles est indiqué au Catalogue (t. II), comme ayant un titre imprimé en rouge & noir.

On remarquera que la disposition typographique du titre rappelle la forme d'un sablier. Peut-être est-ce intentionnel ? Peut-être aussi est-ce le manque de place qui aura fait supprimer, avant les mots *paſſons oultre,* la jolie phrase : *qui en a ſi ſen defface en moy, qui nen a ſi en cherche,* qu'on lit sur les éditions précédentes. Quoi qu'il en soit, cette phrase n'a pas été rétablie depuis.

[Lignerolles, n° 1781. — Musée Condé, 1648 (titre en noir). — J. de Rothschild (*acquis après la publication du Catalogue par M. Émile Picot*). — Le *Pantagruel* de Dresde (Françoys Juste, 1533) est suivi d'un exemplaire de cette *Prognoſtication,* incomplet du titre & du feuillet blanc correspondant.]

Nous mentionnerons les éditions subséquentes de la Prognostication *dans les articles qui concerneront celles de* Pantagruel *ou des deux premiers livres auxquelles elles sont jointes.*

29. Les Horribles faicts et prouesses espouuentables de Pantagruel, roi des Dipsodes, composés par maistre Alcofribas, abstracteur de Quintessence, plus la Grande Prognostication pantagrueline, nouuellement composée, imprimée en 1534.

In-12 (?), *caract. goth.*

Ce titre est ainsi libellé dans le catalogue Gaignat, n° 2156, & l'on ne sait où a passé l'exemplaire, qui s'est vendu 5 livres 10 sols à la dispersion de la bibliothèque de ce collectionneur. Il n'est pas certain que le rédacteur du catalogue ait copié fidèlement & il s'agit peut-être de l'exemplaire de Juste 1534 suivi d'une *Prognoſtication.* En tout cas, on ne connaît pas d'édition de ce dernier opuscule intitulée la *Grande Prognoſtication pantagrueline.*

30. Pantagruel ‖ ΑΓΑΘΗ ΤΥΧΗ ‖ ❦ Les horribles faictz ‖ et proueſſes eſpouen= ‖ tables de Pantagruel : ‖ Roy des Dipſodes, cō= ‖ poſez par M. Alcofri= ‖ bas abſtracteur de quin ‖

te eſſence. ‖ M.D.xxxv. (1535) ‖ ℂ On les vend à Lyō, en la maiſon ‖ qui fut du feu Prince, par Pierre de ‖ ſaincte Lucie : pres noſtre dame de ‖ Confort.

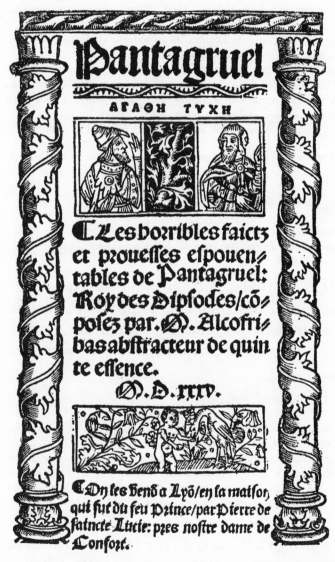

Petit in-4° de 72 ff. non chiffr. (?), caraćt. goth., 29 lignes à la page. Le v° du dernier feuillet blanc.

Au verso du titre, le dizain d'Hugues Salel :

**⸿Dizain de M͑. Hugues Salel
a Lautheur de cestuy Liure.**

**⸿Si pour mesler prouffit auecq doulceur
On met en pris ſng Autheur grandement/
Priſe ſeras/de cela tiens toy ſœur:
Ie le congnoys:car ton entendement
En ce liuret ſoubz plaiſant fondement
Lutilite a ſi treſbien deſcripte/
Quil meſt aduis que boy ſng Democrite
Riant les faictz de noſtre ſie humaine:
Or perſeuere/& ſi nen as merite
En ces bas lieux:lauras en lhault dommaine.**

⸿Viuent tous bons Pantagruelistes.

Le *Prologue de Lautheur* commence au feuillet suivant. Le texte suit l'édition de Juste 1534. Il est divisé en 28 chapitres (exactement 29, le chiffre IX étant répété; l'erreur se retrouve à la table).

Cette édition, qui a échappé jusqu'ici aux bibliographes français de Rabelais, est représentée par un exemplaire appartenant au British Museum, où il est entré sous le règne de George III (1760-1820). La typographie est fort élégante & correcte. Comme on le voit sur le facsimilé du titre, Pierre de Saincte Lucie a utilisé certains bois de son prédécesseur Claude Nourry (*le feu Prince*). Les deux colonnes de la bordure présentent toutefois quelque différence avec celles qui ornent le titre de la première édition. (Voir page 34.)

L'exemplaire du British Museum est dans une reliure anglaise de la fin du XVIIIe siècle, en veau fauve, à compartiments à froid, le centre des plats plus foncé que le reste & portant de chaque côté, en or, les armes de George III. Il mesure 171 millimètres sur 109 &, avec la reliure, 176 millimètres sur 116. Les marges supérieures ont souffert du couteau du relieur, mais le texte n'est pas atteint. Bien que les feuillets ne soient pas chiffrés, l'*indice* renvoie à une foliotation qui correspond à la disposition des pages. Peut-être le relieur, en rognant la marge supérieure, a-t-il fait disparaître la foliotation. Peut-être aussi, dans ce cas, existait-il un titre courant qui a disparu en même temps. L'exemplaire, en tous cas, n'a gardé aucune trace de cela. Sur un des feuillets de garde, on a collé le portrait de Rabelais par Chauveau (voir Appendice, n° XVI).

Voici les dernières pages de cette édition :

que ne fuffiez grandement faige de nous efcripze ces bal
ſtuernes et plaiſantes mocquettes . Je vous refponds.
que vo⁹ ne leſtes gueres plus/de vous amufer a les lire.
Touteffoys ſi pour paſſetemps joyeux les liſez/comme
paſſant temps les eſcripuoys/vous ꝗ moy ſommes plus
dignes de pardon quŋ grand tas de Sarrabouittes/Ca⸗
gotz/Eſcargotz/ Hypocrites/ Caffars/ſrapars/Botis.
neurs et auſtres telles ſectes de gens/ꝗ ſe ſont defguiſez
comme maſques pour tromper le monde. Car donnans
entêdze au populaire cômuŋ/quilz ne ſont occupez ſi noŋ
a contemplation et deuotion/eŋ iuſnes et maceration de
la ſenſualite:ſinoŋ vzayemêt pour ſuſtenter ꝗ alimêter la
petite fragilite de leur humanite:au contraire ſont chiere
dieu ſcait quelle: et Curios ſimulant/ſeð Bacchanalia
viuût.Vous le pouuez lire eŋ groſſe lettre ꝗ enlumineure
de leurs rouges muzeaux/et ſentre a poulaine/ſinoŋ
quând ilz ſe parfument de Soulphze.Quant eſt de leur
eſtude/elle eſt toute côſommee a la lecture de ſiures Pan⸗
tagruelicques:noŋ tant pour paſſer temps joyeuſement/
que pour nuyze a quelcuŋ meſchâtement/ſcauoir eſt/arti⸗
culant/monozticulant/tozticullant/culletant/couilletât/
ꝗ diabliculant. Ceſt a dire calumniant. Ce que faiſans
ſemblent es coquins de villaige qui fougent ꝗ eſcharbot⸗
tent la merde des petitz enfans eŋ la ſaiſoŋ des ceriſes et
guignes/pour trouuer les noyaulx/et iceulx vendze es
dzogueurs qui ſont lhuyle de Maguelet. Jceulx fuyez/
abhozriſſez/ꝗ haiſſez autant que ie foys/ꝗ vous eŋ trou⸗
uerez bîê ſur ma foy.Et ſi deſirez eſtre bons Pâtagrueli⸗
ſtes(ceſt a dire viure eŋ paix/ioye/ſante faiſâs touſiours

grand (here)ne Vous fie3iamais en gens qui regardent
par Vn pertuys.

TELOS.

℃Sensuyt lindice des matieres prin=
cipales contenues au present liure/par
chascun chapitre.
℃Et premierement.

                              e iij

trouerſe meruetlleuſemēt obſcure ⁊ difftctſe ſt iuſtemēt
que ſoŋ iugement fut dtt pluo admtrable que cellup de
Solomoŋ. Chapttre.tp.   folio.ppj.

❡Cōment les ſeigneurs de Baſſecul ⁊ Humeßeſne play
doyent deuant Pantagruel ſano aduocatz. Chapt=
tre.p.   fo.ppttj.

❡Cōment Pantagruel donna ſentence ſur le dtfferent
des deup ſetgneurs. Chapttre.pj.   fo.ppßtj.

❡Cōment Panurge racōpte la mantere qutl eſchappa
de la matŋ des Turcqs. Chapttre.ptj.   fo.pptpj.

❡Cōmēt Panurge enſetgne ßne maniere btē nouuelle
de baſttr les muratlles de Parts. Cha.ptij. fo.ppp.

❡Des meurs et cōdtttons du cauteleup Panurge. Cha
pttre.ptttj.   fo.ppptttj.

❡Comment Panurge gatgnoit les pardons/⁊ martott
les ßtetlles/et des ptoces qutl eut a Parts. Chapt=
tre.pß.   fo.pppßtj.

❡Cōment ßŋ grand clerc de Angleterre ßoulott arguer
contre Pantagruel/⁊ fut ßatncu par Panurge. Cha=
pttre.pßj.   fo.ppptp.

❡Comment Panurge fctſt qutnaud Langloys/qut ar=
guopt par ſtgnes. Chapttre.pßtj.   fo.ptij.

❡Cōment Panurge fut amoureup dune haulte dame
de Parts/⁊ du tour ⁊l luy fctſt. Cha.pßttj. fo.pttttj.

❡Comment Panurge fctſt ßng tour a la dame Part=
ſiane / qut ne fut potnct a ſoŋ aduentaige. Chapt=
tre.ptp.   fo.plßtj.

❡Comment Pantagruel parttt de Parts ouyant nou=
uelles que les Dtpſodes enuahtſſoyēt le pays des

¶ Cy finiſt ſindice de ce preſent ſiure.
s iiij

31. Gargantua. . .

Petit in-8° allongé de 100 ff. non chiffr., car. goth., de 33 lignes à la page.

La plus ancienne édition connue de *Gargantua,* qui forme le premier livre des *Œuvres de Rabelais,* n'est aujourd'hui représentée que par un seul exemplaire, incomplet de deux feuillets : celui du titre, & celui qui lui correspond, le 8ᵉ du premier cahier. La typographie est la même que celle de l'édition de Françoys Juste 1535 ; l'encrage en est toutefois plus net & l'on voit à certaines corrections que l'exemplaire sans titre appartient à une édition antérieure, qui peut avoir paru la même année, ou, plus probablement, l'année précédente.

Cet *unicum* a été découvert à Turin, en 1852, par le marquis de la Garde. Il était alors relié avec le *Pantagruel* de Juste 1534, & les *Fantastiques batailles* de la même date & du même imprimeur (voir Appendice, n° XXXII). Acheté par M. de La Roche Lacarelle (première vente, n° 328), il a appartenu depuis à M. Solar (2103), & a passé, à la vente de ce dernier, à la Bibliothèque Nationale.

En 1852, séparé des deux livrets auxquels il était joint, il avait été recouvert d'une reliure de maroquin noir gaufré.

J.-Ch. Brunet, qui le signale dans ses *Recherches* (Additions), le donne comme un in-24 allongé. C'est in-8° allongé, qu'il faut dire ; complet, il doit avoir 100 feuillets non chiffrés, signés 𝔄-𝔫., à 33 lignes par page. Chaque cahier a 8 feuillets, le dernier en a 4. Le verso du dernier feuillet n'a que 31 lignes, avec, au bas, le mot *Finis.* Nous en donnons ci-dessous la reproduction. La marque de Juste, qui se trouve à la fin de l'édition de 1535 (voir n° 32), manque ici.

Les lettres ornées sont les mêmes dans les deux éditions, ainsi que les petits caractères gothiques qui ont servi à Juste pour imprimer *Pantagruel* en 1533 & 1534 (voir n°ˢ 23 et 24). Il n'y a pas de table, & le texte est divisé en 56 chapitres.

Les variantes de cette édition ont été relevées par Brunet (*Recherches,* Additions), par Jannet & par Montaiglon. Elles sont de deux sortes & consistent, soit en fragments de phrases que l'on ne retrouve dans aucune édition, soit en ce que Rabelais a rédigé ce texte dans la première manière de son style, comme les deux premières éditions de *Pantagruel.*

Dès l'édition suivante, de même que dans le *Pantagruel* de 1534, il devait adopter les formes grammaticales nouvelles sur lesquelles J.-Ch. Brunet a attiré l'attention. (Suppression des explétifs : «Alcibiade *en un* dialogue», qui devient, dès 1535 : «Alcibiade, *on* dialogue» ; — «Minerve *ne* naquist elle pas», qui devient : «Minerve naquist elle pas» ; — «commencza *de* lamenter» : «commencza lamenter», etc.)

Ce fait pourrait indiquer que l'édition qui nous occupe a été publiée au plus tard en 1534, *avant* le *Pantagruel* de cette date, mais postérieure-

ment au *Pantagruel* de 1533, puisque, comme nous l'avons remarqué plus haut, Rabelais publiait, en même temps que ce dernier, une édition *augmentée* des *Chroniques,* vraisemblablement pour y être jointe. On peut douter qu'il eût pris la peine de revoir & corriger ce petit opuscule, si, à ce moment, le véritable *Gargantua* avait déjà paru.

Par se sainct Bueil de leternel seigneur
De ces trauaulx soiẽt refaictz en Bon
La Berra lon p certaine sciẽce (Beur
Le Bien ĕ fruict qui sort de patience
Cõ de cil qui plꝰ de peine aura souffert
Au parquant, du lot pour lors offert
Plus recepura, Ô que est a reuerer
Cil qui pourra en fin perseuerer.
¶ La lecture de cestuy monumẽt par:
acheuee Gargantua souspira pfonde
ment, ĕ dist es assistans. Ce nest pas
de maintenant que les gẽts reduictz a
la creance euãgelicque sont persecutez.
Mais bien heurcup est cestuy q̃ ne se=
ra scandalize,ĕ qui tousiours tẽdra au
But/ au Blanc que dieu par son cher en=
fant nous a prefix,sans par ses affe=
ctiõs charnelles estre distraict ny diuer
ty.Le Moyne dist.Que pensez vous
en Bostre entendement estre par cest
enigme designe ĕ signifie? Quoy,dist
Gargantua.le decours ĕ maintiẽ de
Berite diuine.Par saict Godcran(dist
le Moyne)ie pense que cest la descri=
ption du ieu de paulme.ĕ que la ma=
chine ronde est lesteuf. ĕ ces nerfz ĕ
Boyaulx de Bestes innocentes,sont les
racquestes.ĕ ces gentz eschauffez ĕ de=
Batans,sont les iours.La fin est que
apres auoir bien trauaille,ilz sẽbont
repaistre,ĕ grand chiere.
FINIS.

(*Verso du dernier feuillet.*)

Parmi les mots ou fragments de phrases qui ne se trouvent pas ailleurs ou qui ont été modifiés, notons le passage suivant du chapitre VIII : «*Si le prince le veult & commende : cil qui en commendant ensemble donne & pouuoir & scauoir*», remplacé, en 1535, par : «*Si le Dieu me saulue le moulle du bonnet cest le pot au vin comme disoit ma mere grand*», & cette variante du chapitre X : «*Comme la paste dedans la mest de nostre pays*». (L'édition de 1535 dit : «Comme *un magdaleon dentraict*».)

Les noms propres en *us* (*Atheneus, Porphyrius,* etc.) ont ici leur ter-
minaison latine, alors que le texte de 1535 les francise (*Athene* [pour
Athénée], *Porphyre*). Cette particularité vient à l'appui de ce que nous
proposons plus haut : notre édition a dû paraître *avant* le *Pantagruel*
de 1534, puisque, dans ce dernier, Rabelais adopte déjà la nouvelle
graphie pour les noms latins du premier chapitre (en *us* dans le *Pantagruel* de 1533).

Pour plus de détails, nous renvoyons le lecteur aux Additions des
Recherches de Brunet, & nous nous contenterons de donner le facsimilé
du chapitre XVI, où se trouvent plusieurs variantes. (Les jurons *pote de
christo, foy de gentilhomme, par sainct Vit;* les phrases : «*ou (pour mieulx dire)
de la stupidite* des Roys de France», & «pour veoir si *ie ny feroys pas de
beaulx placquars de m...*».)

---

cbere lye auecques ſes gẽs, ꝗ ſenqueſtãt
quelz gens ſcauens eſtoiẽt pour foꝛs en
ſa Bille:ꝗ quel Bin on y Beuuoyt.

**¶ Comment Gargantua paya ſa
Bien Benue es Pariſiens:ꝗ cõmẽt il
pꝛint les groſſes clocßes de legliſe no
ſtre dame. Cßapt.ꝓBj.**

Delques iours apꝛes
quilz ſe feurent refrai
cßiz,il Biſita la Bille: et
fut Beu de tout le mon
de ẽ gꝛanꝺe aꝺmira
tion. Car le peuple de
Paris eſt tant ſot,tant Babault,ꝗ tant
inepte de nature:qun Baſteleur,Bn poꝛ
teur de rogatõs,Bn mulet auecques ſes
cymbales,Bn Bielleup on mylieu dun
carrefou aſſemblera plus de gens, que
ne ſeroyt Bn Bon pꝛeſcßeur euangelicꝗ.
Et tant moleſtemẽt le pourſupuiꝛẽt:ꝗl
feut cõtrainct ſoy repoſer ſuꝛ les tours
de legliſe noſtre dame. Oﬦ ꝗl lieu eſtãt,
ꝗ Boyant tant de gens a lentout de ſoy:
diſt cleremẽt. Je croy que ces marrou
fles Bolent que ie leur paye icy ma Bien
Benue ꝗ mon pꝛoficiat. Ceſt raiſon. Je
leur Boys donner le Bin. Maïs ce ne ſe
ra que par rys. Loꝛs en ſoubꝛyãt deſia
cßa ſa Belle Bꝛaguette:ꝗ tirant ſa men
tule en laïr,les compiſſa ſy aigrement,
quilen noya deup cens ſoïpanté nïlle,

quatre cens dip ꝗ Buyt. Sans les fem
mes ꝗ petitz enfans. Quelque nombꝛe
dyceulp euaꝺa ce piſſeffoꝛt a legierete
des pieds. Et quand furẽt au plꝰ ßault
de luniuerſite,ſuans,touſſans,cracßãs
ꝗ ßoꝛs ꝺßaleine,cõmencerẽt a renier et
iurer,ſes plagues dieu. Je renye dieu,
ﬧrandïene Beꝫ tu Ben,ſa merꝺe,po caß
de Bious,das dicß gots ſeyꝺen ſcßenꝺ,
pote de cßꝛiſto,Bentre ſainct Quenet,
Bertus guoy,par ſaïct ﬁacre de Bꝛye,
ſainct Treignant,ie foys Beu a ſainct
Tßibauꝺ,Paſques dieu,ie Bon iour
dieu,le diaßle mẽpoꝛt,foy de gentilßo
me,Par ſainct Andouïlle,par ſainct
Guoꝺegrin ꝗ feut martyꝛꝫe de pomes
cuyttes,par ſaïct ﬁoutin lapoſtre,par
ſainct Bit,par ſaincte mamye,nous ſõ
mes Baïgnez par rys.Dont feut depuis
la Bille nõmee Paris,laquelle au par
auant on appelloyt Leucece. Comme
dict Straßo.liß.4. Ceſt a dire en grec
Blancßette, pour les Blancßes cuyſſes
des dames dudict lieu . Et par autant
que a ceſte nouuelle impoſition du nom
tous les aſſiſtans iurerent cßaſcun les
ſainctz de ſa paroiſſe:les Pariſiens, ꝗ
ſont faictz de toutes gens et toutes pie
ces, ſont par nature et Bons iureurs et
Bons iurïſtes:ꝗ quelque peu oultrecuy
ꝫez.Dont eſtime Joannus de Barꝛã
co liß20.de copioſitate reuerentiarum,
que ſont dictz Parrßeſiens en Grecïs

sine,ceſt a dire fiers en parler. Ce faict
conſydera les groſſes cloches queſtoiēt
eſōktes iours:& les feiſt ſonner-Bië har=
monieuſement. Ce ā faiſant ſuy Bint
en penſee quelles feruiroient Bien de cã
panes au coul de ſa iument, laquelle il
Bouloyt renuoyer a ſon père toute char
gee de fromaiges de Brye et de harans
frays. De faict les emporta en ſon lo=
gys. Ce penſant Bint ẽn commendeur
iambonnier de ſainct Antoine pour fai
re ſa queſte ſuille: lequel pour ſe faire en
tendre de loing,et faire trembler le lars
ou charnier les Bouluf emporter furti=
nement. Mais par honeſtete les laiſſa
non par ce ālles eſtoiēt trop chauldes,
mais par ce quelles eſtoiēt quelque peu
trop peſantes a la poïtee. Cil ne feut
pas celluy de Bourg. Car il eſt trop de
mes amys. Toute la bïlle feut eſmeue
en ſedition, ꝗme Bous ſcauez que a ce iͅſ
ſont tant faciles,que les nations eſtrã
ges ſeſbahiſſent de ſa patience,ou (pour
mieulx dire)de ſa ſtupidïte des Roys de
france,leſquelʒ aultrement par Bonne
iuſtice ne les refrenent: Beuʒ ſes incoue=
niens ꝗ en ſoïꝛēt de iour en iour. Pleuſt
a dieu,que ie ſceuſſe lofficine en laquelle
ſōt foꝛgeʒ ces ſchiſmes & monopoles,poꝛ
Broïr ſi le ny ferоys pas de Beaulx pſac
quars de merde. Croyeʒ ꝗ ſe lieu on ꝗl
cōuint ſe peuple tout ſoſfre & babaſine,
feut Soꝛbone,ou loꝛs eſtoit, maintenãt

neſt plus,ſoꝛacle de Luccte. La feut pꝛ
poſe ſe cas,ꝗ remonſtre ſincōueniēt des
cloches franſpoꝛtees. Apꝛes auoir Bien
ergote pro & contra,feut concluß en Ba
ralipton,ꝗ ſon enuoiroyt ſe plꝰ. Bieulx
ꝗ ſuffiſant de ſa faculte theoſogale Bers
Gargantua pour ſuy remonſtrer lhoꝛ=
riBle inconuenient de ſa perte dyceſſes
cloches. Et nonoBſtant ſa remonſtran
ce daulcuns de luniuerſite, ꝗ alleguoiēt
que ceſte charge mieulx competoyt a Bn
oꝛateur, quë a Bn theologien, feut a ceſt
affaire eſleu noſtre maiſtre Janotus de
Bꝛagmardo.

¶ Comment Janotus de Bꝛagmar=
do feut ennuoye pour recouurir de
Gargantua les groſſes cloches.
¶ Chapt.p̄Bij.

Aiſtre Janotus tonßu a
la Ceſarine,ꝗ Beſtu de ſõ
lyupipion theologal,ꝗ Biē
antißote ſeſtomach ō cou
ſignac de four, et eau Be
niſte de caue/ſe franſpoꝛta au ſogys de
Gargantua,touchant dauãt ſoy troys
Bedeaulx a rouge muʒeau, & trainnant
apꝛes cinq ou ſiↄ maiſtres inertes Bien
crotteʒ a pꝛofit de meſnaige. A ſentree
les rencōtra Ponocrates:ꝗ eut frayeur
en ſoy les Boyant ainſi deſguiſeʒ, ꝗ pen
ſoyt ꝗ feuſſent quelques maſques boꝛ

C'est dans ce texte, au chapitre xxi (le 23ᵉ du texte définitif), que le
«sçavant medecin de celluy tems», choisi par Ponocrates pour corriger
la «vitieuse manière de vivre de Gargantua», est nommé *Seraphin
Calobarsy,* anagramme de *Phrançoys Rabelais.* L'auteur a changé ce nom
en celui de *Maiſtre Theodore* dès l'édition suivante. (Brunet a lu *Calobar*
au lieu de Calobarsy.)

[Bibl. Nat., Rés. Y². 2126.]

32. GARGANTVA. ‖ ΑΓΑΘΗ ΤΥΧΗ ‖ LA VIE ‖ INESTIMA= ‖ BLE
DV GRAND ‖ Gargantua, pere de ‖ Pantagruel, iadis cō= ‖ poſee
par L'abſtra= ‖ ǎeur de quite eſѐce. ‖ *Liure plein de* ‖ *pantagruelifme* ‖ M.D.XXXV. ‖ On les vend a Lyon, chés ‖ Fräcoys

Juſte, deuāt noſtre ‖ Dame de Confort. (*Suit le monogramme de F. Juſte.*)

Petit in-8° allongé de 102 ff. non chiffr., le verso du dernier, blanc, sign.
A-N., *car. goth., 33 lignes à la page.*

Au verso du titre, se trouve le dizain *Aux lecteurs,* suivi des mots :
VIVEz IOYEVX. Le *Prologue* commence à la page suivante (A_{ii}) &
occupe en tout 5 pages. Il n'y a pas de table.

Cette édition suit le texte en 56 chapitres de la précédente. Brunet en a relevé,
dans ses *Recherches* (pages 72 & suivantes), les passages antisorboniques qui de-
vaient être plus tard modifiés ou supprimés par Rabelais, dans son texte définitif,
& qui se trouvaient déjà dans l'édition antérieure.
Nous avons dit, à l'article précédent, que la version dont nous parlons ici

était rédigée suivant la nouvelle manière grammaticale adoptée par notre auteur à partir du *Pantagruel* de 1534. On pourra le constater en confrontant le facsimilé de la fin, que voici, avec celui que nous avons donné à la page 67.

Car les grans eaux dont oyez deuiser
Feront chascun sa retraicte aduiser.
Et touteffoys deuant le partement
On pourra veoir en lair apertement
Laspre chaleur dune grãd flãme espuse.
Pour mettre a fin les eaux ¢ letrepuse.
Refte en apres que yceulx trop obligez,
Penez/laffez/trauaillez/affligez/
Par le sainct vueil de leternel seigneur
De ces trauaulx soient refaicts en bon
La Serra a son par certaine sciẽce (heur:
Le bien ¢ fruict qui sont de patience:
Car cil qui plus de peine aura souffert
Au parauant,du lot pour fo:s offert
Plus recepira, que est a reuerer
Cil qui pourra en fin perseuerer.
¶ La secture de cestuy monument par=
acheuee Gargantua souspira profondé=
mẽt,¢ dist es assistans. Ce nest de main=
tenant que les genfs reduicts a la crean=
ce euangelicque font persecutez. Mais
bien heureux est cestuy qui ne sera scan=
dalizé, ¢ qui touliours tendra au But/ au/
Blanc que dieu par son cher filz nous a
prefix,sans par ses affections charnel=
les estre distraict ny diuerty : Le Moy=
ne dist. Que pensez vous en voltre en=
tendement estre par cest enigme designé
et,signifie : Quoy,dist Gargãtua,le de=
cours ¢ maintien de verité diuine . Par
sainct Goderan(dist le Moyne)ie pense
que cest sa description du ieu de paulme:
¢ que la machine ronde est lesteuf, et ces

nerfz et boyaulx de bestes innocẽtes,font
les racquettes , et ces gentz eschauffez et
debatãs, font les ioueurs. La fin est que
apres auoir bien trauaissẽ,ilz vont repai
stre,¢ grand chiere.

FῺ 90 ῺS.

On voit aussi qu'un certain nombre de coquilles ont été corrigées, par exemple, à l'avant-dernière ligne, le mot *ioueurs,* bien écrit ici (*iours,* dans l'édition précédente), etc.

Par contre, de fréquentes fautes typographiques qui n'étaient pas dans le premier texte se sont glissées dans celui-ci, ainsi que des erreurs de numérotation : les chapitres xxxi & xxxii sont chiffrés xxvi & xxvii.

[Bibl. Nat., Rés. Y². 2130. — Musée Condé, 1637. — J. de Rothschild, ex. joint au *Pantagruel* de 1534, que nous mentionnons plus haut, nº 24. — Lignerolles, 1781 (Cat. Brunet, 422, Solar, 2104).]

33. LA VIE ‖ inestimable ‖ du grand Gargantua, ‖ pere de Pātagruel, ‖ iadis cōpoſée par ‖ L'abſtraĉteur ‖ de quinte ‖ eſſen= ‖ ce. ‖ Liure plein de pantagrueliſme. ‖ m.d.xxxvii. (1537) ‖ On les vend a Lyon chés Fran ‖ coys Juſte, deuant noſtre ‖ Dame de Confort.

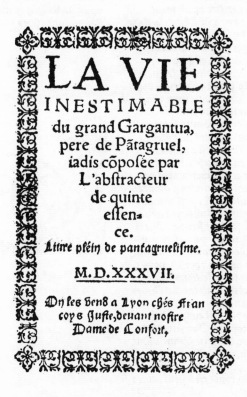

In-16 carré de 119 ff. chiffr., le vᵒ du dernier blanc, plus un f. blanc. Car. goth., fig. sur bois, 24 lignes à la page.

Cette édition, imprimée avec les mêmes petits caractères gothiques que les précédentes données par Juste, mais dans un format différent, est ornée de deux vignettes sur bois, l'une en tête du *Prologue*, & l'autre en tête du 1ᵉʳ chapitre. Le texte y est divisé, comme dans l'édition de 1535, en cinquante-six chapitres, mais il est, typographiquement, fort peu soigné, & contient de nombreuses coquilles, comme on pourra s'en rendre compte en examinant nos facsimilés.

Au verso du titre, le dizain *Au lecteurs,* suivi des mots VIVEZ IOYEVLX :

Au Lecteurs.

Amis lecteurs qui ce liure lisez,
Despouillez bous de toute affection.
Et le lisants ne bous scandalisez,
Il ne contient mal ne infection.
Bray est qu'icy peu de perfection.
Bous apprendrez, si non en cas de rire.
Aultre argument ne peut mon cueur lire,
Boiant se dueil, qui bous mine z consome,
Mieulx est de ris que de larmes escripx,
ô urce que rire est le propre de l'home.

VIVEZ IOYEVLX.

Le *Prologue de L'autheur* commence feuillet 2 & occupe cinq pages.

Le premier chapitre, précédé d'un bois que l'on retrouve dans plusieurs autres productions de F. Juste, débute comme suit au verso du cinquième feuillet :

C De la genealogie z antiquité
de Gargantua.
Chapitre.j.

IE bous remectz a la grande chronicque Pantagrueline recongnoistre la genea= logie z antiquité, dont nous est benu Gar gantua. En icelle bous entedrez plus au log comment les Grans nasquirent en ce mode: commet diceulx par lignes directes yssit Gar gantua pere de Pátagruel: et ne bous fasche ra, si pour le present ie me deporte. C Bien q la chose soit telle, q tát pl⁹ seriot remebrée, tát pl⁹ elle plairoit a bos seigneuries: come bo⁹ auez

sautorité de Platô in Philebo et Gorgia et de Flacce, qui dict estre aulcuns propos tel que ceulx cy. q pl⁹ sont delectables, quád pl⁹ souuêt sont redictz. Pleust a dieu qu'n chascû sceust aussi, certainemêt sa genealogie, depuis larche de Noé iusqs a cest age. Je pese q plusieurs sont auiourd'huy empereurs, roys, ducz, prin= ces, z papes, en la terre, lesqlz sont descêduz de quelques porteurs de rogatons z de coustretz. C Comme au rebours plusieurs sont ligneup de l'hostiarie suffreteup z miserables: lesquelz sôt descêdus de sang z ligne de grádz roys z empe reurs: attêdu l'admiral trâsport des regnes z empires, des Assyriês es Medes, des Medes es Perses, des Perses es Macedones, des Macedones és Romains, des Romains es Grecz, des Grecz, es frácoys. Et pour bous donner a entêdre de moy qui parle, ie cuyde que soye descêdu de quelq riche Roy ou prin ce on temps iadis. Car oncques ne beistes homme, qui neust plus grande affection d'e= stre Roy et riche que moy, affin de faire plus grand chere, et pas ne trauailler, et bien enrichir mes amis, z tous gens de bien

[Bibl. Nat., Rés. Y². 2133 (Solar, n° 2106). — Mme de Pompadour, n° 1940. — Lacarelle, 1re vente, n° 329. — Guy Pellion, n° 542.]

34. LES HORRIBLES ‖ faiɕts & proueſſes eſpouē= ‖ tables de PANTA= ‖ GRVEL, roy des ‖ Dipſodes, compoſez ‖ par feu M. ALCO ‖ FIBRAS, ‖ abſtraɕteur ‖ de quinte ‖ eſſen= ‖ ce. ‖ M.D.XXXVII. (1537) ‖ On les vend a Lyon, Chez ‖ Francoys Juſte, deuant ‖ noſtre dame de ‖ Confort.

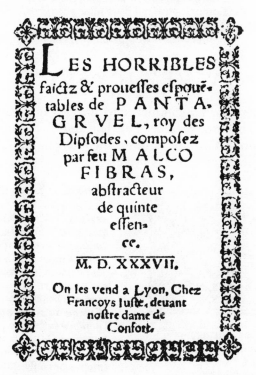

Petit in-16 carré de 103 ff., chiffr. plus 1 f. blanc. Car. goth., 24 lignes à la page, grav. sur bois.

Le texte est en 28 chapitres, chiffrés 29; le chiffre x est répété, de même que le chiffre xxviii. Par contre, le chiffre xxiv manque.

Au verso du titre, se lit le *dizain de M. Hugues Salel à l'autheur de ceſtuy liure,* dizain qui est suivi des mots : VIVENT ‖ TOVS BONS ‖ PANTA-GRVELISTES.

Le *Prologue* se termine au reĉto du feuillet 4, par les 16 lignes que
voici. On y remarquera, à la fin, deux phrases qui ne se lisent qu'ici,
celle qui commence à la 6ᵉ ligne :

Ly bons dieux (ℓ ly bos homs, mieulx vauldroit boyre iusques a caros,

& celle qui commence à la ligne 14 :

qui ne me entend, ie me entens. He dehayt. Beuuons la petite foys, par grace.

ricqueracque, auffi menu que poil de Baccße,
tout renforcé de Bif argent Bous' puiffe
entrer au fonßement,g comme ﬤo⸗
Some g Gomorße puiffie3 fom
Brr en foulpßir, en feu et
en aByfme, Ly Bons
dieuɯ g ly Bôs
Bome,
mieulɯ Baul⸗
Broit Boyre iufques g.
caros : en cas que Bous
ne croye3 fermemêt tous ce que
le Bous racôpterayen ceſte pꝛefenfe
eßronique, qui ne me entenß, ie me entens,
ﬤe deßayt. ßeuuons fa petite foys,
par grace,
                        а fiij

Ce texte, qui suit celui du *Pantagruel* de 1534, avec quelques variantes & de
nombreuses coquilles, a été imprimé sans doute en même temps que le *Gargantua*
que nous avons décrit à l'article précédent, & nous sommes en présence de la
première édition colleĉtive connue.

L'*indice* commence au verso du feuillet 101, & va jusqu'au verso du 103,
où il occupe 2 lignes, suivies de

℃ *Cy finiſt lindice de ce
prefent liure.*

Vient ensuite 1 feuillet blanc, & le titre suivant :

PANTAGRVELINE ‖ prognoſtication, certaine, veritable, ℓ infalible, pour Lan M.D.xxxvii. (1537) Nouuellement com= ‖
.pofée au puffit aduisement de gens eftour= ‖ dis ℓ mufars
de nature, p maiſtre Al ‖ cofribas, architriclin dudict Pāta ‖

gruel. De nōbre dor non dicitur, ‖ ie nē trouue poïct ceste année ‖ q̄lq̄ calculation que i'en ‖ aye faict passons ‖ oultre, verte ‖ folium.

Petit in-16 carré de 9 ff. non chiffr., sign. Aij, *caraċt. goth., 24 lignes à la page.*

Le texte de la *Prognoſtication,* qui commence au verso de ce titre, est ici complet, & se termine par :

O o poulailles, faites vous vos nids tant haut?

Imprimé avec les mêmes caraċtères que les deux parties précédentes, il renferme, comme elles, un grand nombre de coquilles.

[Bibl. Nat., Rés. p. Y^2. 164. L'exemplaire est joint au *Gargantua* de la même date; il a été relié en tête.]

35. Gargantua. ‖ M.D.XXXVII. (1537). [*S. l.*]

Gargantua.

M. D. XXXVII.

Au verso :

La vie inefti ‖ MABLE DV GRAND ‖ GARGANTVA, PERE DE ‖ Pantagruel, iadis compo= ‖ fee par Labftraĉteur de quinte eſſence. ‖ Liure plein de Pantaveruelifme. ‖ Au Leĉteurs. (*Suit le diẓain.*)

In-16 carré. 128 ff. chiffr., grav. sur bois. Car. ronds, 27 lignes à la page.

Le texte est en 56 chapitres. Il se termine, au verso du feuillet 128, par 9 lignes, suivies des mots : LA FIN DE GARGANTVA. Il n'y a pas de table.

Nous pensons, avec Brunet, que cette édition, très élégamment imprimée en caraĉtères ronds, sort des presses de Denis Janot. Elle est en tout cas parisienne. Le texte, en effet, présente une singularité : les prétérits, à la troisième personne du pluriel, sont en *arent,* au lieu de *èrent,* — «à la Parisienne», comme dit Le Duchat. C'est ce texte qui a été suivi par Dolet (voir nᵒˢ 40 & 41) & plus tard dans l'édition de Valence 1547 (voir nᵒ 84).

Les vignettes ne sont pas toujours en rapport avec le texte; quelques-unes sont empruntées à l'histoire de *Psyché;* d'autres aux *Métamorphoses d'Ovide;* d'autres aux *Fables d'Esope.*

A ce livret se joint le suivant, qui sort des mêmes presses, & qui présente les mêmes particularités graphiques.

36. Pantagruel. ‖ M.D.XXXVII. (1537).

Pantagruel.

M. D. XXXVII.

Au verso :

Pantagruel, ‖ ROY DES DIPSO= ‖ DES, RESTITVE A SON ‖ naturel, auec ſes faiĉtz & proueſſes ‖ eſpouentables : compoſez par ‖ feu M. ALCOFRIBAS ‖ abſtraĉteur de quin= ‖ te eſſence. ‖ DIZAIN DE M. HV= ‖ GVES SALEL A LAVTEVR DE CE LIVRE. (*Suit le dizain.*)

> *In-16 carré de 106 ff. chiffr., plus 3 non chiffr. pour la fin du texte & la table, & 10 ff. chiffr. plus 1 f. blanc pour la* Pantagrueline Prognoſtica-*tion. Car. ronds, 27 lignes à la page, fig. sur bois.*

Même typographie élégante. Le *Pantagruel* est ici en 32 chapitres, par suite du dédoublement du chapitre XXI de l'édition de 1534, en XXII & XXIII, & du dernier chapitre, le 28ᵉ (coté 29) de l'édition de 1534, formant, dans la présente édition, les chapitres XXXI & XXXII.

A la suite du *Pantagruel* :

Pātagrue ‖ line Prognoſtication, cer ‖ taine, veritable, & infallible. ‖ Pour Lan. M.D.XXXVIII. (1538) ‖ Nouuellement compoſée au ‖ proffit & aduiſement de gens ‖ eſtourdis & muſars de nature, ‖ Par Maiſtre ALCOFRIBAS ‖ Architriclin dudict pātagruel. ‖ De nombre Dor non dici= ‖ tur, Ie nē trouue point ce ‖ ſte annee quelque calcu ‖ lation que ien aye ‖ faict, paſſons oul= ‖ tre. Verte fo= ‖ lium.

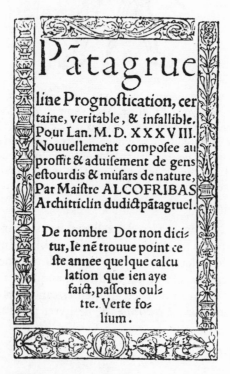

Au verso de ce titre, on a reproduit le bois qui orne la première page du *Pantagruel* précédent.

Le texte commence au recto du second feuillet. Il est ici complet, & se termine par :

O o poulailles, faites vous vos nidʒ tant hault?

Le verso du dernier feuillet est occupé par une vignette que Brunet a retrouvée, légèrement modifiée, dans une édition parisienne de Marot (*Manuel,* t. III, col. 1450), & que voici :

L'auteur des *Recherches* pense à tort que cette édition a été faite, pour le *Gargantua,* sur celle de Lyon, Fr. Juste, 1537 (voir n° 33). C'est une erreur ; les deux textes présentent de nombreuses différences. Il ajoute que, pour le *Pantagruel,* on a dû suivre une autre édition lyonnaise de 1537, puisque le texte est ici en 32 chapitres, alors que dans la version donnée par Juste cette année-là, il est divisé en 29 (28). La chose est possible ; mais Brunet s'empresse de reconnaître qu'il n'a jamais vu cette autre édition lyonnaise de 1537. Nous ne la connaissons pas davantage.

[Bibliothèque Nationale (les deux livres, tous deux avec la date de 1537), Rés. Y². 2131-2132 (Solar, 2107). — Bibliothèque de Besançon (le *Gargantua,* incomplet du titre). — La Bibliothèque royale de Munich possède un exemplaire de cette édition, auquel est joint un *Difciple de Pantagruel* de 1538 imprimé avec les mêmes caractères & qui est la première édition connue *avec date certaine* de ce livret (voir n° 46).]

37. Pantagruel. ‖ M.D.XXXVIII. (1538).

Édition identique à la précédente ; la date seule diffère. Elle est mentionnée par J.-Ch. Brunet, qui en possédait un exemplaire (Cat., n° 423).

Trois éditions des deux premiers livres ont été imprimées à Lyon en 1542. Nous les décrivons dans l'ordre où nous pensons qu'elles ont été publiées. Il est probable que celle de Dolet a suivi de très peu celle de Juste.

38. La vie treshor ‖ rificque du grand Gargan ‖ tua, pere de Pantagruel ‖ iadis cōpofee par M. ‖ Alcofribas abftrac= ‖ teur de quinte ‖ effence. ‖ ☙ ‖ Liure plein de Pantagruelifme. ‖ M D XLII (1542) ‖ On les vend a Lyon chez Francoys ‖ Jufte, deuāt noftre dame de Cōfort.

La vie treshor

rificque du grand Gargan
tua, pere de Pantagruel
iadis cōpofee par M.
Alcofribas abftrac⸗
teur de quinte
effence.

Liure plein de Pantagruelifme.

⸻

·M. D. XLII.·

On les vend a Lyon chez francoys
Jufte, deuāt noftre dame de Cōfort.

In-16 de 155 ff. chiffr. & 1 f. blanc. Car. goth., fig. sur bois, 24 lignes à la page.

Au verso du titre, l'avis *Aux Lecteurs.*

Le *Prologe de Lauteur* commence au feuillet suivant. Le texte est divisé en LVIII chapitres.

Le feuillet 155, verso, porte, au bas :

Imprime a Lyon par Frā⸗ ‖ coys Jufte.

C'est ici l'édition considérée par Brunet — & l'opinion a été admise par tous les commentateurs du XIXe siècle — comme la dernière édition du *Gargantua,* publiée par l'auteur lui-même. Tout en reconnaissant que Rabelais a pu, à l'avance, préparer une copie corrigée pour Françoys Juste, nous ferons remarquer qu'il ne lui a pas été possible de surveiller l'impression, puisque, en 1542, il voyageait depuis plus de deux ans à la suite de Guillaume du Bellay.

En fait, ce texte, très augmenté & prudemment purgé des passages qui sentaient par trop le fagot, est bien celui que l'auteur avait définitivement arrêté. Mais l'édition, qui est fort belle — à cause du papier sur lequel elle est tirée, car on l'a imprimée avec les mêmes caractères que les éditions populaires sorties précédemment des presses de F. Juste — contient un grand nombre de coquilles. Nous relevons celles qui ont été corrigées dans l'édition de Pierre de Tours sans date (voir n° 86), que nous pensons être, pour les deux premiers livres, la dernière qui ait été donnée par Rabelais.

Comme le texte des deux éditions est le même, on pourra objecter que des coquilles corrigées ne prouvent pas forcément l'intervention de l'auteur. Non, certes; mais la nature des corrections peut la démontrer. Et si l'on veut bien examiner attentivement la collation qui va suivre, on partagera sans doute notre opinion. Ces observations se rapportent également au *Pantagruel* décrit ci-après.

FRANÇOYS JUSTE 1542.	PIERRE DE TOURS S. D.

PROLOGUE.

. . .combien que les *dictans* ny pensasse	*dictant*
. . .*Est cela* juste heure	*est-ce la* juste

CHAP. II.

. . .Courrez y tous : & *a* larme *cennez*	*à* larme *sonnez*

CHAP. III.

. . .et in autent. *restituit*	et in autent. *de restitut*

CHAP. V.

. . .*resieumer* on propre lieu	*resieunet*
. . .et *si nous* presente, pour le moins future	*sinon*
. . .la pierre dicte αϛϐεϛ'ιοϛ	ἄϛϐεϛ'ιοϛ

CHAP. VI.

. . .Dieu me le *pardoïet*	*pardoint*
. . .ne emburelucocquez iamais *vous* espritz	*voz*
. . .tout le *chapite* de Pline	*chapitre*

FRANÇOYS JUSTE 1542. PIERRE DE TOURS S. D.

CHAP. VII

...quatorze cens deux pipes neuf *poters* *potées*

CHAP. VIII.

...comme amplement a *declarer* *declaire*

CHAP. IX.

...qui par raisons manifestes *contenant* les lecteurs *contentent*

CHAP. X.

...Et nest ceste signifiance par imposition
   humaine *institue* *instituée*
...que nulle autre *blancge* *blanche*

CHAP. XI.

...bailloit souuent *au* mouches *aux*

CHAP. XII.

...Luy mesmes d'vne grosse traine fist un
   chaual pour la chasse *cheual*

CHAP. XIII.

...demoiselle *que* les portoit *qui*
...lequel torchecul trouuas tu *meilleu* *meilleur*
...retraict *au* fianteurs *aux*
...dist Gargantua dun *couruer* *couurechief*
...dun *leuure* d'un *leurre*

CHAP. XVI.

...a trauers *decaz*, de la, par cy *de çà*

CHAP. XVIII.

...que on les menast au *recraist* du goubelet *retraict*

CHAP. XX.

...Baudet, *quon* supponit *quomodo*
...prochaines *Celendes* grecques *Calendes*

6.

FRANÇOYS JUSTE 1542.   PIERRE DE TOURS S. D.

CHAP. XXII.

(Dans ce chapitre, des jeux de Gargantua, partout, sauf en deux passages (*aux combes, aux allouettes*), l'article *au* est au singulier, alors que le substantif est au pluriel.)

    L'article est partout *aux* devant les substantifs au pluriel.

...a vendre *louoine*   *l'auoine*

...au *fault* villain   *faulx*

CHAP. XXIII.

...*ſecouroit* les dens auecques   *s'eſcuroit*

...tant verdement de tous *pies* reſerroit   *picꝫ*

CHAP. XXIIII.

...epigrammes en latin : puis *le*   *les*

...*baſtiſoit* plusieurs petitz engins   *baſtiſſoient*

CHAP. XXV.

...*finablement* les aconceurent, & *couſterent* de leurs fouaces   *finalement... ouſterent*

CHAP. XXVI.

...estoyt par *le* contrée   *la*

CHAP. XXVII.

..combien que la peste y feust par la plus grande part des *moiſons*   *maiſons*

...dont vient cela *meſſiers*   *meſſieurs*

...commencerent *esgourgeter*   *esgorgeter*

CHAP. XXVIII.

...que frère Jean des *entommeurs*   *entommeures*

CHAP. XXX.

...demāda au meusnier de *laſtat* de Pichrocole   *l'eſtat*

...Au lendemain matin, se *tranſparta*   *tranſporta*

CHAP. XXXII.

...*auant* a vos gens comme a moi   *autant*

FRANÇOYS JUSTE 1542.   PIERRE DE TOURS S. D.

CHAP. XXXIII.

...toute la *Guale*   *Gaule*
...prendrons *Candide*   *Candie*
...long & *pereilleux*   *perilleux*

CHAP. XXXVI.

...*demoureroit* empetre   *demouroit*

CHAP. XXXVIII.

...se tinrent hors les meules de fes dents *les* mieulx   *le*
     que faire peurent
...en une trape quon avoit *faice*   *faicte*

CHAP. XXXIX.

...*tient* en *souppant* (dans le titre)   *tint* en *soupant*
...i'ay *recouurer* un gentil leurier   *recouvert* (On sait que Rabe-
                             lais avait adopté cette
                             forme, pour *recouvré*.)

CHAP. XL.

...quil feut des *premieres* a la foyre des nez   *premiers*

CHAP. XLI.

...feut conclud que enuiron la minuict ilz *sortirent*   *sortiroient*
...*quil* se reposeroient   *qu'ilz*
...superfluitez & *exercemens*   *excremens*
...toutes foys a *leus* plaisir   *toutefois* à *leur*

CHAP. XLII.

...car je *nay* adiouste   *n'y*
...le cheual *bondoit* en auant   *bondist*

CHAP. XLIII.

...gringorienne que des *estoilles*   *estolles*
...tournant bride ne veirent *porsonne*   *personne*

CHAP. XLIIII.

...monsieur le posteriour, vous aurez sur vos
    pesteres   *posteres*

FRANÇOYS JUSTE 1542.	PIERRE DE TOURS S. D.
. . . monsieur labbe *suteur*	*futeur*
. . . et je te rends (diſt le *moynt*)	*moine*
. . . *pericarane*	*pericrane*
. . . *meutre*	*meurtre*

CHAP. XLV.

. . . & les voyant tous *faultz*	*faulfz*
. . . a bancqueter *ioyeument*	*ioyeuſement*

CHAP. XLVI.

. . . laquelle encores que cogneuſſiez, *doibuez*	*vous deuez*

CHAP. XLVII.

. . . les paƈtes quils luy *auoient*	*enuoyoient*
. . . tant bien *inſtruiƈt*	*inſtruiƈtz*
. . . aussi *meschante* est toſt cogneue	*meschanceté*
. . . *Hiſtiueau*	*Haſtiveau*
. . . les nouvelles de ces oultrages feurent sceues par toute *larme*	*l'armée*

CHAP. XLVIII.

. . . mettant les *susdiƈtes* du couste de la montee	*subsides*
. . . moyne auoit occupe *la* passaige	*le*

CHAP. L.

. . . de honneſtete *gratieuſete*	*gracieuse*
. . . transport *ſignee,* scelle et	*ſigné*

CHAP. LI.

. . . de tous leurs *intereſt*	*intereſts*
. . . grands *pontz,* grands bassins	*potz*

CHAP. LII.

. . . Si vous *semblez* que ie vous aye faiƈt	*semble*
. . . conspiration *mutus*	*mutue*
. . . infensées, *maleficies*	*maleficiées*
. . . tant hommes que *tant* femmes	que femmes

FRANÇOYS JUSTE 1542. PIERRE DE TOURS S. D.

CHAP. LIII.

...yssue en *un* grande salle *une*
...les diuers *eſtagnes* *eſtaiges*

CHAP. LIIII.

...*Hypoccites* *Hypocrites*
...*vons* abus meſchans (à la fin de la strophe) au *voʒ*
    premier vers : *voʒ abus*
...en *vous* coquemars *voʒ*

me il a eſté. Liſeʒ le ſeptieſme de ſa natu.
relle Hiſtoire, capi.iij.q̃ ne meñ taBuſieʒ
plus ſenten∂ement.

Comment le nom fut impoſé a
Gargantua: et comment
il Humoit le piot.
Chap. Biij.

Le Boñ Hõme Grandgouſier
Beuuant,q̃ ſe rigoſlant auec=
ques les auſtres enten∂it le
cry Boirible que ſon fils auoit
faict entrant eñ lumiere de ce mon∂e,
quãs il Braſmoit deman∂ant,a Boyre,

39. Pantagruel, ‖ Roy des Dipſodes, reſtitue ‖ aſon naturel, auec ſes faictz ‖ & proueſſes eſpouenta ‖ bles : cõpoſez
par feu ‖ M. Alcofribas ‖ abſtracteur ‖ de quinte ‖ eſſence. ‖
M.D.XLII. (1542) ‖ On les vend a Lyon chez Francoys ‖ Juſte,
deuāt nr̄e Dame de Cõfort.

In-16 carré de 147 ff. (les deux derniers non chiffr.), plus un f. blanc. La Pantagrueline Prognostication commence au 135e feuillet, non chiffr., verso blanc. 24 lignes à la page, car. goth., grav. sur bois. Sign. A-T, par huit (le dernier cahier n'a que 4 ff.).

Pantagruel,

Roy des Dipſodes, reſtitue aſon naturel, auec ſes faiⱥtz & proueſſes eſpouenta bles: cõpoſez par feu M. Alcofribas abſtraⱥeur de quĩte eſſence.

M. D. XLII.

Õ ſes Bẽd a Lyon chez francoys Juſte, deuãt nſe Dame de Cõfort.

Le texte est divisé en 34 chapitres (les deux derniers portent par erreur les chiffres XXXII & XXXIII). Le verso du titre contient le *Dizain de Maistre Hugues Salel a lauteur de ce Liure*. Le *Prologue de lauteur* commence au recto suivant.

Le 64e feuillet est chiffré 54.

Il n'y a pas de table.

A la fin du *Pantagruel* (feuillet 134, verso) :

Fin des Cronicques de Panta= ǁ *gruel, Roy des Dipſodes reſti=* ǁ *tuez a leur naturel, auec ſes* ǁ *faiⱥs & proueſſes eſpoũeta* ǁ *bles : cõpoſez par feu* ǁ *M. Alco- fribas ab* ǁ *ſtraⱥeur de quĩ* ǁ *te eſſence.*

Le 135e feuillet, non paginé (7e du cahier R), porte au recto le titre que voici :

Pantagrueli ǁ ne Prognoſtication, cer= ǁ taine, ueritable,

& infalli=‖ ble. Pour Lan perpetuel. ‖ Nouuellemeut cōpoſee au ‖ prouffit & aduiſement de ‖ gēs eſtourdis & muſars de ‖ nature, Par Maiſtre AL=‖ COFRIBAS Archi=‖ triclin dudict Pantagruel. ‖ Du nōbre Dor non dicitur, Ie nen trou=‖ ue point ceſte annee q̄lque calculation ‖ que ien aye faict, paſſons oultre. ‖ Verte folium.

Pantagrueli

ne Prognoſtication , cer⸗
taine , ueritable , & infalli⸗
ble. Pour Lan perpetuel.
Nouuellemeut cōpoſee au
prouffit & aduiſement de
gēs eſtourdis & muſars de
nature , Par Maiſtre AL⸗
COFRIBAS Archi⸗
triclin dudict Pantagruel.

Du nōbre Dor non diçitur, Ie nen trou⸗
ue point ceſte annee q̄lque calculation
que ien aye faict, paſſons oultre.
Verte folium.

Le verso du titre est blanc. Le texte, qui commence au feuillet suivant, chiffré 136, occupe 10 feuillets & une page, au milieu de laquelle,
le mot *Finis*. Le verso est blanc, ainsi que le feuillet qui termine le
cahier ℞, de quatre feuillets seulement.

De même que pour le *Gargantua* de la même édition, nous relevons ici les
coquilles du *Pantagruel,* corrigées dans l'édition de P. de Tours, s. d.

FRANÇOYS JUSTE 1542.	PIERRE DE TOURS S. D.

PROLOGUE.

. . . ouyr lire *quelques page* du dict liure	*quelque page*
. . . cent mille *paneres* de beaulx diables	*panerées*
. . . fin feu de *ricquracque*	*ricqueracque*

FRANÇOYS JUSTE 1542.   PIERRE DE TOURS S. D.

CHAP. I.

...quarante quarantaines de *muyctz*   *nuyctz*
...car de cela me *vieulx ie* curieusement guarder   *veulx-ie*
...qui sont *bien* espouvantables   qui sont *cas* bien
...Es aultres tant *croſſoyt* le nez   *croiſſoit*
...Gemmagog qui fut *ienuenteur* des souliers   *inuenteur*
    apoulaine

CHAP. II.

...celluy qui la *deſtribuoit* a quelcun   *diſtribuoit*
...son pere luy imposa tel *non*   *nom*

CHAP. III.

...chasse *ses* chiens, souffle ce feu   *ces*

CHAP. IIII.

De *lenfant* de Pantagruel   *l'enfance*
...les dentz luy estoient desia tant crues & *fortifies*   *fortifiées*
...comme un *Cormaran* feroit un petit poisson   *Cormoran*

CHAP. V.

...Geoffroy de *Lusignam*   *Lusignan*
...a Montpellier ou il trouua fort *bon vins*   fort *bon vin*

CHAP. VI.

...*transfertons* la Sequane   *transfretons*
...Je croys *qui* nous forge icy   *qu'il*
...ou requiesce *se* corpore   *le*
...je te feray *eschorcher* le renard   *escorcher*
...a ceste heure *parle* tu naturellement   *parles*

CHAP. VII.

...Parisiensis super *grogiasitate*   *gorgiasitate*
...Rostocostoiambed anesse, de *mōſtarda*   *mouſtarda*
...mule du pape ne mange qu'a *ces* heures   *ses*
...*horrarum canonicarun*   *horarum canonicarum*
...de batisfolagiis *principiū*   *principum*

FRANÇOYS JUSTE 1542.	PIERRE DE TOURS S. D.
. . . Callibistratorium caffardie, *actore* M. Jacobo	*autore*
. . . *Lacoduoir* de vieillesse	*L'acoudoir*
. . . & quod *fripponnantores*	*friponnatores*

CHAP. VIII.

. . . le *souurai* plasmateur	*souuerain*
. . . de present a difficulté seroys ie *creu* en la pre- miere classe	*receu*
. . . toutes disciplines sont *restitues*	*restituées*
. . . de *precpteurs* tresdoctes	*precepteurs*
. . . qui ne sera bien *exploy* en lofficine de Minerue	*expoly*
. . . lesquelles ie navoys *continues* comme Caton	*contemnées*

CHAP. IX.

Nous ne relevons, dans ce chapitre, qui est celui des *Discours de Panurge,* que trois des fautes les plus évidentes. Les passages en langues étrangères sont terriblement martyrisés (peut-être à dessein) dans les deux éditions.

. . . estez vous la respondit Epistemon, *Geincoa*	*Genicoa*
. . . mais *dicte* nous ce que vouldrez	*dictes*
. . . Ientens *se* me semble dist Pantagruel	*ce*

CHAP. X.

. . . consentirent *tout* ces conseilliers	*tous*

CHAP. XII.

. . . se *deliner,* iouer du luc	*dodeliner*
. . . *saluant* touiours les lardons	*saulūat*

CHAP. XIIII.

. . . *quelque* aultres Baschatz	*quelques*
. . . Et ou sont *il,* dist Epistemon	*ilz*

CHAP. XV.

. . . ce que dit *Agesilace*	*Agésilas*
. . . signifiant quil *neust* muraille	*n'est*
. . . dont le Lyon cloppant tant *couru* & tracassa	*courut*
. . . jamais *emousché* ne sera	*esmouché*
. . . troys piedz, & quarree *noin* ronde	*non*

FRANCOYS JUSTE 1542.   PIERRE DE TOURS S. D.

CHAP. XVI.

...au *demaurant* le meilleur filz   *demourant*
...composé de force *haily*   force de *ailz*
...*gtaterons*   *glaterōs*
...*qlz* gettoit sus les robes   *qu'il*
...femme folle & la messe   *à* la messe
...& se *rebaſſit* jusques aux espaules   *rebraſſit*
...& les *faiſſoit* esternuer   *faisoit*

CHAP. XVII.

...en leur baillant le premier *dernier*   *denier*
...diliges dominum & dilige   *id eſt* dilige
...sinon *quil* feussent quelque peu fenduz par   *qu'ilz*
    deuant
...Jeuz un *aulttre* procez   *aultre*
...quelque formalité de la relation du *seigneur*   *sergent*

CHAP. XVIII.

...comme ia bien *aprercoy*, tu tiens le premier ranc   *aperçoy*
...& les ay faictz quinaulx et *miſt* de cul   *mis*
...A quoi respondit *Thumaſte*   *Thaumaſte*
...Vrayemēt, dist *Thaumaſtre* c'est tres bien *lict* *Thaumaſte... dict*

CHAP. XIX.

...Et si Mercure, dist *Laaglois*   *l'Anglois*
...dedans la bouche, le *seruant* bien fort   *serrant*
...ses deux mains *lyez* en forme de peigne   *lie*

CHAP. XX.

Le titre manque.   *Comment Thaumaſte ra-*
                                                     compte les vertuz & scauoir
                                                     de Panurge.

...le vrays *pays* & abisme de Encyclopedie   *puys*

CHAP. XXI.

...dont les petitz enfans alloyent à la *muoſtarde*   *mouſtarde*
...delectable a vous, *honneſtement* à vostre lignee *honneſte*
...que nous *fiſſons* vous & moy vn transon de   *fiſſions*
    chere lie
...vn larron me les a *couppés*   *couppées*

FRANÇOYS JUSTE 1542.   PIERRE DE TOURS S. D.

CHAP. XXII.

...lycisque orgoose *en* laquelle il lya   *orgoose, laquelle*
...y feirent un *rouſseau* de leurs vrines   *ruyſseau*

CHAP. XXIIII.

...en frotta un coing de cendres d'un *nic* de Aron-   *nid*
   delles
...Ses cheueulx estoient fort *grand*   *gra̅d{*}
...par les isles *de Phees*   *des Pheées*
...prouesses des vaillans capitaines *a* champions *&* champions

CHAP. XXV.

...& Epistemon qui estoit sur le *tillaɛt*   *tillac*

CHAP. XXVI.

...de noz *badignoinces*   *badigoinces*

CHAP. XXVIII.

...debuoient avoir au lendemain *s'aſsault*   *l'aſsault*
...Car *il appeloit* son uademecum   *il l'appeloit*
...Seroit-ce bon que ie *enclaoſse* toute leur artillerie   *enclouaſse*

CHAP. XXIX.

...& frappe a tors & a trauers, & ne regarde point
  au il vous donnera malencontre   *ou*

CHAP. XXX.

...adonc *noɛtoya* tres bien de beau vin blanc le col   *nectoya*
...*Ataxerces*   *Artaxerces*
...se voulent esbattre sur l'eau comme *sont* les bas-   *font*
   tellieres de Lyon
...& aultres menuz *droiɛt*   *droiɛt{*}

FRANÇOYS JUSTE 1542. PIERRE DE TOURS S. D.

CHAP. XXXI.

...tant pleine de habitans *quil* ne peuuent *qu'ils*

CHAP. XXXII.

...que quand Pantagruel *basloit* *baisloit*

CHAP. XXXIII.

...quatre quintaux de *Scammones* Colophoniaque *Scammonée*

CHAP. XXXIIII.

...es coquins de village qui *sougent* & escharbottent *fougent*

Fn.136

Au Liseur Beniuole Salut &
Paix en Jesus le Christ.

COnsiderant infinis abus estre
perpetrez a cause dũ tas de Pro
gnosticatiõs de Louain faictes
a l'ombre dun Verre de Bin, ie Vous en ay
presétement calculé Vne la plus sceure
& Veritable que seut oncques Veue, com
me lexperiéce Vous le demõstrera. Car
sans doubte Veu que dict le Prophete
Royal, Psal.5.a Dieu. Tu destruy-
ras tous ceulx qui disent mensonges, ce
nest legier peché de mentir a son escient
& abuser le pauure mõde curieux de sca

[La Bibliothèque Nationale (Rés. Y². 3134-3136) possède un exemplaire de cette édition, réunissant le *Gargantua* & le *Pantagruel* auxquels on a joint le *Disciple de Pantagruel* de Denis Janot, sans date (n° 47). — L'exemplaire de l'Arsenal, *Pantagruel* seulement (B.-L., 14772), est relié avec les *Navigations de Panurge* de P. de Tours 1543. — La Vallière, 3864 & 3867. — De Ruble, 431. — Clinchamp, 446. — Solar, 2108. — Double. — Cigongne, 1844 (Chantilly, 1639 & 1640). — Firmin Didot. — Taschereau, 1645. — Guyot de Villeneuve, 1007 & 1008. — Lacarelle, 2ᵉ vente, 341, 342, 343. — Yemeniz, 2376.]

40. *LA* ‖ Plaiſante, & ‖ IOYEVSE ‖ hiſtoyre du grand ‖ Geant Gargantua. ‖ *Prochainement reueue, & de beaucoup* ‖ *augmentée par l'Autheur meſme.* ‖ A LYON, ‖ Chés Eſtienne Dolet. ‖ 1542.

LA
Plaiſante, &
IOYEVSE
hiſtoyre du grand
Geant Gargantua.

Prochainement reueue, & de beaucoup
augmentée par l'Autheur meſme.

A LYON,
Chés Eſtienne Dolet.
1542.

*Pet. in-8°, caractères ronds, de 282 p. chiffr., plus 1 f. non chiffr. & 2 ff.
blancs, grav. sur bois. Le f. non chiffr. contient au r° l'achevé d'imprimer, & au v° la marque de Dolet (Silvestre, 910).*

D O L E T,
Preferue moy, o' Seigneur,
des calumnies des
hommes.

Le titre donne un spécimen des petits bois taillés au couteau qui
ornent cette jolie production des ateliers de Dolet.

Le verso contient le dizain *Aux lecteurs.*

Le texte, en 56 chapitres, suit l'édition parisienne de 1537 attribuée
à Denis Janot (voir n° 35), sans modification sensible. On a même
respecté la forme des prétérits en *arent,* au lieu de *èrent.*

L'annonce du titre suivant laquelle l'*Autheur mefme* aurait *reueu &
augmenté* ce texte ne saurait être prise au sérieux. Nous avons déjà fait
remarquer que Rabelais était alors en voyage. On ne retrouve, d'ailleurs,
ici, aucun des passages nouveaux qui caractérisent l'édition de Juste parue
la même année, peu de temps auparavant, ou presque simultanément,
pensons-nous, puisque, dans son tirage de 1542, Juste n'a pas encore
protesté contre la concurrence de Dolet, comme devait le faire bientôt
son successeur Pierre de Tours (voir n°ˢ 42 & 44).

Le *Gargantua* est suivi de :

41. **Pantagruel,** ‖ ROY DES DI- ‖ PSODES, RESTI-
TVÉ ‖ à fon naturel : auec fes faictz, & ‖ proueffes efpouuentables : ‖ compofés par feu M. ‖ ALCOFRIBAS ab- ‖ ftracteur
de ‖ quinte ‖ effen- ‖ ce. ‖ *PLVS* ‖ Les merueilleufes nauigations ‖ du difciple de Pantagruel, ‖ dict Panurge. ‖ A LYON, ‖
Chés Eftienne Dolet. ‖ 1542.

Petit in-8° de 350 p. plus 1 f. blanc au r°, & contenant au v° la marque de Dolet; caract. ronds, grav. sur bois.

Pantagruel,

ROY DES DI-
PSODES, RESTITVE'
à fon naturel: auec fes faictz,&
proueffes efpouuentables :
compofés par feu M.
ALCOFRIBAS ab-
ftracteur de
quinte
effen-
ce.

PLVS

Les merueilleufes nauigations
du difciple de Pantagruel,
dict Panurge.

A LYON,
Chés Eftienne Dolet,
1542,

Au verso du titre, le *dixain de M. Hugues Salel à l'autheur de ce livre.* Le texte, qui suit celui de l'édition parisienne de 1537 & 1538 (voir n° 36), est divisé en trente-deux chapitres.

La page 231 se termine par :

Fin des Chronicques de PANTA- ‖ GRVEL, Roy des Dipfodes, refti- ‖ tués à leur naturel, auecq fes ‖ faictz, & proueffes espo= ‖ uentables : compofés ‖ par feu M. ALCO= FRIBAS, ab= ‖ ftracteur ‖ de quinte effence.

Au verso, page 232, le titre de la *Pantagrueline Prognoftication,* dont le texte va jusqu'à la page 251, terminée par ces mots :

Fin de l'horrible & merueilleuse histoire du preux & redoubté cheualier Pantagruel.

Le verso de la page 251 est blanc. La page 253 est occupée par le titre suivant :

Le Voyage, ‖ ET NAVIGA- ‖ tion que fiſt Panurge, di- ‖ ſciple de Pantagruel, aux is- ‖ les in congneues, & eſtran- ‖ ges : & de pluſieurs choſes ‖ merueilleuſes difficiles à ‖ croire, qu'il dit auoir ueues : ‖ dont il faiɛt narration en ‖ ce preſent volume : & plu- ‖ ſieurs aultres joyeulſetés ‖ pour inciter les lec- ‖ teurs & au- ‖ diteurs à rire.

Au verso du titre, page 254, commence le *Prologue.* Le texte des *Navigations,* qui suit celui de l'édition de 1538, va jusqu'à la page 350. La page suivante est blanche, & porte au verso la marque de Dolet. (Voir n° 48.)

Brunet remarque avec raison (*Recherches,* p. 83), que Dolet n'a pas eu besoin de soustraire l'exemplaire *eſtant ſous preſſe* en 1542 chez son confrère de Lyon, comme celui-ci le lui reproche (voir notre facsimilé, page 100), puisqu'il a copié, pour les deux premiers livres & les *navigations de Panurge,* sans y rien modifier, le texte de l'édition parisienne de 1537 & 1538.

[Bibl. Nat., Réserve Y². 2144-2145. — Arsenal, B.-L., 14771. — Taschereau, 1647. — Potier, 1382. — Clinchamp, 447. — Solar, 2109 & 2110. — J. de Rothschild, 1509. — Guyot de Villeneuve, 1009.]

Nous avons dit plus haut que l'édition de Juste 1542 a dû paraître peu de temps avant celle de Dolet. Cette dernière a été suivie, peut-être de celle que nous allons décrire, ou peut-être de celle dont nous parlons au n° 44, c'est-à-dire d'un nouveau tirage de l'édition de Juste, précédé d'un carton, avec la date 1542 (voir la citation de M. A. Tilley, à la fin de l'article 44), tirage dont notre n° 42 serait, dans ce cas, une copie.

42. ☾ Grāds Anna= ‖ les ou croniques ‖ Treſ-ueritables ‖ des Geſtes merueilleux du grand ‖ Gargantua ⟨ʔ Pantagruel ‖ ſon filz. Roy des Dipſo= ‖ des : enchronic-quez par ‖ feu. Maiſtre Alco ‖ fribas : abſtra ‖ ɛteur de quin ‖ te eſſen= ‖ ce. ‖ 1542. (*S. l.*)

Petit in-8° carré de 120 ff. non chiffr., le dernier blanc, sign. 𝕬.-𝕻.*, car. goth., 26 lignes à la page.*

**CGrãds Anna-
les ou croniques
Tresueritables**
des Gestes merueilleux du grand
Gargantua z Pantagruel
son filz. Roy des Dipso-
des: enchroniquez par
feu. Maistre Alco
fribas: abstra
cteur de quin
te essen-
ce.

1 5 4 2.

A.l.

Au verso du titre commence un avis de l'imprimeur au lecteur, dont nous allons donner la reproduction *in extenso*. Certains bibliographes, notamment Brunet, ont cru voir dans ce factum, vraisemblablement dirigé contre Étienne Dolet, la main de Rabelais. C'est avoir une bien piètre opinion de son style. Il nous est impossible, en tous cas, de partager ce sentiment. L'édition sort probablement des presses de Pierre de Tours, successeur de Françoys Juste, & le texte suit, avec quelques coquilles supplémentaires, celui de ce libraire donné la même année. Est-il nécessaire de rappeler que Rabelais voyageait alors à la suite de du Bellay, & qu'il ne pouvait matériellement pas être averti à temps des petites querelles qui pouvaient s'élever entre Dolet & ses confrères de Lyon?

Il faut remarquer le passage : *Saches que les dernieres fueilles de sõ oeuure plagiaire ne sont correspondantes a celles du vray original q̄ nous auons de lauteur.* Ces dernières feuilles, dans l'édition de Dolet, contiennent les *Navigations de Panurge.* N'y a-t-il pas là un indice de l'inauthenticité de cet ouvrage? (Voir page 112.)

✠ L'imprimeur au Lecteur Salut,

Ffin que tu ne prenne la faulſe mônoye pour la bône (ayme lecteur) ↄ la forme farſee: pour la nayue:ↄ la baſtarſe:ↄ aſulterine eſitioŋ ſu preſent oeuure/pour la legitime ↄ naturelle. Doies aſuertiſy que par auarice a eſte ſoubſtraict leꝛemplaire ſe celiure encoꝛes eſtât ſoubz la preſſe: par ſng Plagiaire homme encline a tout mal/ↄ eŋ deſaſuancant moŋ labeur/ↄ petit profit eſpereꝛa eſte par luy impꝛime baſtiuemêt: noŋ ſeulement par auare couuoitiſe de ſa propꝛe Stile pretenſue: mais au ſ꞉:ↄ daſuentage par enuieuſe affectioŋ de la peꝛ te:ↄ du dommaige daultruy. Côme tel mon꞉, ſtre eſt ne pour lennuy:ↄ iniure ſes gens de biê ↄ Toutesſſois pour laſuertir de ſenſeigneꝛ meꝛ

que dōnant a cognoistre le faulx aloy:du bon
& vray. Saches que les dernieres fueilles de sō
oeuure plagiaire ne sont correspondantes a cel
les du vray original q̄ nous auons eu de lauct
theur. Lesquelles aussi/apres auoir prins gard
de(combien que trop tard)a sa fraudulete sup
plantation il na peu recouurer. Cellup plag
giare iniurieux non a moy:seullement:mais a
plusieurs aultres. Cest vng Mōsieur(ainsi glo
rieusemēt par soymesine surnomme)homme tel
que chascun saige le congnoist.

¶ Les oeuures duquel ne sont que ramas:& es
chātillonnieries leuees des liures daultruy:par
luy confusement amoncellees/ou elles estoient
biē ordōnees. Dont lesperit de Villanouanus
se idigne destre de ses labeurs frustre:Nizolius
en est offeusé:Calepin se sent desrobe:Robert
Estienne cognoist les plus riches pieces de son
thresor mal desrobees:& piremēt deguisees & ap
propriees. De lesperit duquel ne sortirent onc
ques compositions ou il eust honneur/ainsmoc
querie des Saigneuse. Lesquelles touteffoys il
ose enrichir/& farder de braues & manificques
tiltres/tellement que le portal surmonte ledifi
ce a noblir du Priuilege du Roy en abusant
le Roy & son peuple:pour donner a entendre

que les Liures des bons autheurs/gme de Ma
rot de Rabelais/ç plusieurs aultres/ sont de
sa facon. Ne scet on pas bien que en certains
Liures en Chirurgie:en practicque ç aultres
il a prins argent des Imprimeurs:ç Libraires
pour mettre Priuilege du roy: Cela nest ce poit
abus digne de peine: Mais(que plus est)qui a
oncque veu ce priuilegeza qui la il monstre?
Cartainement pour quelconque requeste oncs
ques a homme ne losa monstrer. Parquoy il est
vray sēblable: que possible le Roy luy a octroye
tel priuilege: que persone nayt a vendre: ne sur
imprimer/les Liures quil aura faictz sinon luy
mesmes. Mais la raison? La raison est: pour
ce que gens scauans cognoissent asseç quil na
pas esprit: ne scauoir de mettre rien de soy en
lumiere qui soit a son honneur. O la grāde ç
haulte entreprinse:ç digne de tel homme inspire
de Lesperit de Ciceron/auoir rēdige enbeau vo
lumile sçuretz gaigne pain des petitz reuādeurs
nomme par les Bisouars. Fattas a la dou
zaine. Vrayement on len deburoit bien remu
nerer:ç telles belles besoignes meritent bien
q Euesques/ç prelatz soiēt par vng tel ouurier
esmouchez dargent. Toutessoys apres que les
montaignes ont este enceites:ç q vng petit rat

seullement en est yssu. Le monde ne sest peu abstenir de rire:e se mocquer en disant. Comment Ung tel homme) qui se dict si sauant:e si parfaict Ciceronia:se mesle il de faire ces folies en fracoys: que ne se declaire il en bonnes oeuures: sans faire ces Diedazeries:roignonant/moillat plaisantat/declarant.(car telz sont sep beaulx motz costumiers) Diaidasat/labrizant/e telles couleurs Rethoricques/qui ne sont pas Cicero nianes/mais dignes destre bailles a moster dicrs pour les publier par la Ville. Tel est ce Monsieur. A dieu lecteur ly/e Juge.

Aux Lecteurs.

Amis lecteurs qui ce liure lisez/
Despouilles vous de toute affection/
Et le lisant ne vous scandalisez.
Il ne contien mal ne infection.
Dray est quicy peu de perfection
Vous apprendrez/si non en cas de rire:
Aultre argumet ne peut mon cueur eslire.
Doyat le dueil/qui vous mine e consome
Mieulx est de ris que de larmes escripre.
Pource que rire est le propre de lhomme.

Voici le verso du troisième feuillet :

❡La bie treſhoz

riſique du Grand Gargantua/
pere de Pantagruel iadis
compoſee par Mai
ſtre Alcofribas
abſtracteur
de quinte
eſſen=
ce.
❡Liure plein de Pantagrueliſme.

Beuueurs treſilluſtres/z Bous Berolez
treſprecieup(car a Bous nõ a aultres ſont
dediez mes eſcriptz)Alcibiades au dialoz
gue de Platõ:intitule.Le Bãcqt louant ſõ
Preceptear Socrate:ſans controuerſe prince des
philoſophes:entre aultres parolles le dict eſtre
ſéblables es Silenes. Silenes eſtoient iadis pe=
tites bottes telles q̃ Boyõs de preſét es boutiques
des apothecaires pinctes au deſſus de figures
ioyeuſes z friuoles:comme de Harpies. Satyz
res:oyſons Bridez:lieures:cornuz/canes baſtees
Boucqz Bolans:cerfz limonniers:z aultres telſ

La deuxième partie, avec une nouvelle série de signatures, porte le
titre suivant :

43. ❡ Pantagruel, ‖ Roy des Dipſodes, reſtitue a
ſon natu= ‖ rel, auec ſes faiꝶ z proueſſes eſpouen ‖ tables :
Compoſez par feu. M. Alcofri= ‖ bas abſtracteur de quinte
eſſence. ‖ ❡Dizain de Maiſtre Hugues ‖ Salel a lauteur de
ce ‖ Liure. ‖ (*Suit le dizain.*)

*Petit in-8° carré de 104 ff. non chiffr., sign. A.-N., car. goth., 26 lignes à
la page.*

¶Pantagruel/

Roy des Dipsodes/restitue a son natu=
rel/auec ses faictz & prouesses espouen
tables: Composez par feu.M.Alcofri=
bas abstracteur de quinte essence.

¶Dizain de Maistre Hugues
Salel a lauteur de ce
Liure.

Si pour mesler profit auec doulceur
On mect en pris Vng aucteur grandement,
Prise seras: de cela tien toy seur:
Je le congnois car ton entendement
En ce liuret soubz plaisant fondement
Lutilite a si tresbien descripte/
Quil mest aduis q Voy Vng Democrite
Riant les faictz de nostre Vie humaine.
Or perseuere & si ney as merite
En ces bas lieux: lauras au hault domaine.

A ij

Le texte est divisé en 34 chapitres. Le chiffre XXI est répété, ainsi que le chiffre XXIX. Le dernier chapitre est chiffré XXXII au lieu de XXXIII. La *Pantagrueline Prognostication pour l'an perpétuel* manque à l'exemplaire de la Bibliothèque Nationale.

Pour les deux parties, le texte suit l'édition de Francoys Juste 1542.

[Bibl. Nat., Rés. Y². 2137-2138. — 14ᵉ Bul. Morgand (avec la *Prognostication*).]

44. Grands An ‖ NALES TRESVE ‖ ritables des Gestes mer= ‖ ueilleux du grād Gargātua ‖ & Pātagruel son filz, Roy ‖ des Dipsodes : enchro= ‖ nicquez par feu, M. ‖ Alcofribas, abstra ‖ cteur de quinte ‖ essence. ‖ 15 ☙ 43 ‖ A Lyon en la rue merciere, par ‖ Pierre de Tours.

Grands An

NALES TRESVE
ritables des Geftes mer‹
ueilleux du grãd Gargãtua
& Pãtagruel fon filz, Roy
des Dipfodes : enchro‹
nicquez par feu, M.
Alcofribas, abftra
cteur de quinte
effence.

. 5 4 3

𝔅 𝔏𝔭𝔬𝔫 𝔢𝔫 𝔣𝔞 𝔯𝔲𝔢 𝔪𝔢𝔯𝔠𝔦𝔢𝔯𝔢, 𝔭𝔞𝔯
𝔓𝔦𝔢𝔯𝔯𝔢 𝔡𝔢 𝔗𝔬𝔲𝔯𝔰.

Ce titre, verso blanc, suivi de trois feuillets, contenant l'*avis au lecteur,* que nous avons reproduit au numéro précédent, a été imprimé par Pierre de Tours, pour être placé en carton en tête de quelques exemplaires de l'édition de 1542 de son prédécesseur Françoys Juste. Le Duchat cite « l'édition de Pierre de Tours 1543 », qui a longtemps été considérée comme introuvable. Il avait probablement eu entre les mains un des exemplaires cartonnés.

A la vente Sunderland figurait un exemplaire du carton de 4 feuillets suivi des *Navigations* de 1543 (voir n° 49). Ce carton est imprimé avec les mêmes caractères gothiques que ceux de l'édition de Juste 1542.

Un autre exemplaire du carton, dont le titre porte la date de 1542, & qui est suivi de l'édition de Juste, est conservé à la Bibliothèque Boldléienne d'Oxford. M. A. Tilley le décrit comme suit dans la *Revue des Études rabelaisiennes,* 1re année, page 238 :

« *Le verso du premier feuillet est blanc ; s'ensuivent deux feuillets qui contiennent l'avis au lecteur, & un quatrième, dont le recto contient seulement : « Adieu, lecteur, ly & juge »,
& le verso est blanc.* »

LE DISCIPLE DE PANTAGRUEL

Le petit livret dont nous allons énumérer les éditions à nous connues, &
qui a paru sous divers titres, a été attribué à Rabelais. Il nous est impossible
de reconnaître son style dans cette facétie médiocre, que nous n'étudions ici,
plutôt qu'à l'Appendice, que parce qu'elle a figuré, du vivant même de maître
François, à la suite d'éditions collectives des deux premiers livres.

---

45. ⁋ Panurge diſci= ‖ ple de Pentagruel. Auec les
proueſſes du ‖ merueilleux Bringuenarilles. ⁊c. ‖ [*Suit une*

⁋ **Panurge diſci-**
ple de Pentagruel. Auec les pꝛoueſſes du
merueilleux geant Bꝛinguenarilles. ⁊c.

b. f.

Bꝛinguenarilles.

figure sur bois, à côté de laquelle les lettres v. f. (verte folium) &°,
longitudinalement, le mot Bringuenarilles.] *(S. l. n. d.)*

Petit in-8°. 40 ff. non chiffr., sign. 𝔄 ͥͥ 𝔈 ͥͥ, *caract. goth., 25 lignes à la page.*

Au verso :

❡ Le voyage et nauigation que fift Panur= ‖ ge, disciple de
Pentagruel, aux Isles incon= ‖ gneues et eftranges, de plufieurs chofes ‖ merueilleufes ⊄ difficilles a croyre, quil ‖ dict
auoir veues : dont il faict nar= ‖ ration en ce prefent volu= ‖
me. Et plufieurs ‖ aultres ioyeu= ‖ fetez pour ‖ inciter ‖ les ‖
lecteurs et auditeurs a rire.

C'est la même typographie, le même papier, la même justification
que pour les *cronicques* (voir n° 5), édition gothique in-8° en 24 feuillets
de la Bibliothèque de Besançon. (Peut-être *Paris, Jean Bonfons.*)

Le verso du 39ᵉ feuillet se termine par ce titre de chapitre :

❡ *Comment apres que Panurge euft*
acomply & fine ses voyages,
& fut de repos en sa
maison : Il in=
ftitua telle
manie=
re de vivre pour toute la sepmaine a ses
gens : & selon la viande le jour.

Le chapitre précédent, chiffré 31, est intitulé :

⟨ *Panurge apres quil eut longue-*
ment voyage : il faict icy vne decla-
ration de la source des ventz : com-
ment ilz font enfermez aucunesfois
es cauernes : & les noms diceulx.
Chapitre xxxi.

Aucun bibliographe n'a signalé cette édition, qui a peut-être paru antérieure-
ment à 1538, date de celle qui passe généralement pour la plus ancienne.

L'exemplaire que nous décrivons, & que nous croyons unique, est incomplet
du dernier feuillet. Il est joint à celui des *cronicques* mentionné ci-dessus, également-
ment seul connu.

[Bibl. de la ville de Besançon, n° 268.744.]

46. Le difciple de ‖ PANTAGRVEL ‖ [*Suit une vignette.*] M.D.XXXVIII (1538).

In-16, 48 ff. chiffr., fig. sur bois, caract. ronds ; 31 chapitres.

Au verso du titre :

Le voyage et ‖ NAVIGATION QUE FIST ‖ PANURGE, DISCIPLE
DE PANTA ‖ gruel, ‖ aux isles incongneues et eftranges, ‖ de
plusieurs choses merueilleuses & diffi= ‖ ciles à croyre qu'il
dict avoir veues, dont ‖ il faict narration en ce present volume ‖ et plusieurs aultres joyeusetez, pour in ‖ citer les
lecteurs et auditeurs a rire.

Édition imprimée avec les mêmes caractères ronds que les deux premiers
livres de 1537 & 1538, attribués à Denis Janot (voir n°⁵ 35 & 36). La vignette
du titre est la même que celle du *Pantagruel* de cette date.

Les deux seuls exemplaires cités sont : celui de la Bibliothèque royale de
Munich, & celui qui figure au Catalogue Brunet sous le numéro 423. Nous
n'avons vu ni l'un ni l'autre.

C'est la plus ancienne édition connue *avec date certaine*. M. Paul Lacroix l'a
réimprimée en 1875 (petit in-8° de xix & 85 pages) dans la collection du *Cabinet
du Bibliophile.*

[Cat. J.-Ch. Brunet, 423.]

47. Lediſciple de ‖ PANTAGRUEL. [*Suit une vignette.*]
(*S. d.*)

Lediſciple de
PANTAGRVEL.

In-16 carré de 48 ff. non chiffr., fig. sur bois, 27 lignes à la page.

Au verso :

Le Voyage & ‖ NAVIGATION QUE FIST ‖ PANURGE DISCIPLE
DE PANTA ‖ gruel, aux iſles incongneues & eſtranges ‖ de
pluſieurs choſes merueilleuſes & diffi ‖ ciles a croire, qu'il
dičt auoir veues, dont ‖ il faičt narration en ce preſent volume, ‖ & pluſieurs aultres ioyeuſetez, pour in- ‖ citer les
lečteurs & auditeurs a rire.

A la fin, au rečto du dernier feuillet, dont le verso est blanc :

꙰ *Fin des nauigations* ‖ *de Panurge.* ‖ ꙰ *Imprimé a Paris par Denys Ianot*
libraire ‖ *& Imprimeur, demourant en la rue neufue* ‖ *noſtre dame, a l'enſeigne*
Sainčt Iehan Bapti- ‖ *ſte contre ſainčte Geneuiefue des Ardens.*

C'est peut-être une contrefaçon de l'édition précédente, à moins que ce n'en soit une réimpression populaire, beaucoup moins belle que ne doit être celle-ci, à en juger par la typographie de l'édition des deux premiers livres de 1537 & 1538 à laquelle elle est jointe.

Les lettres ornées paraissent bien être celles de Denis Janot, mais les vignettes, assez grossières, semblent refaites, & le papier est très médiocre.

De Panurge.
৳ Comment apres que Panurge euſt
finé ces voyayges, & fut de repos
en ſa maiſon, il inſtitua telle
maniere de viure pour
toute la ſepmaine
a ſes gens, &
ſelon la
viande le iour.

৳ Au lundy poix au lart,
Au mardy canes & canartz,
Au mecredy paſtez de loches,
Au ieudy chappons en broches,
Au vendredy poiſſons de mer,
Au ſamedy tarta diſner,
Et au dimenche boirons tous enſemble.

৳ Et feiſt ce compaignon d'icy derriere
Maiſtre d'oſtel de ſa cuyſine.

৳ Fin des nauigations
de Panurge.

৳ Imprimé a Paris par Denys Ianot libraire
& Imprimeur, demourant en la rue neufue
noſtre dame, a l'enſeigne Sainct Iehan Baptiſte contre ſainct Gcucuieſiue des Ardens.

Un exemplaire de cette édition est joint aux deux premiers livres de Juste 1542 de la Bibliothèque Nationale, Rés. Y². 3134-3136.

48. Merueilleuses nauigations du diſciple de Pantagruel, dict Panurge.

A la suite du *Pantagruel* de Dolet (voir n° 41).

49. Les nauiga- ‖ TIONS DE PA= ‖ nurge, diſciple de Pan= ‖ tagruel, es iſles inco ‖ gneues, & e= ‖ ſtranges. ‖ Reueu de nouueau oultre ‖ les aultres impreſ ‖ sions. ‖ 1543. ‖ On les vend a Lyon en rue mer= ‖ ciere par Pierre de Tours

In-16 carré, de 48 ff. non chiffr., sign. a a -ff, *car. goth.*

Les nauiga_
TIONS DE PA'
nurge, diſciple de Pan.
tagruel, es iſles inco
gneues, & e=
ſtranges.

Reueu de nouueau oultre
les aultres impreſ.
sions.
1543.

Ðn les Benð a Lyon en rue mer=
cferepar Pierre ðe Tours

Le *Prologue de l'auteur* occupe le 2ᵉ feuillet. Ce sont exactement les mêmes caractères que ceux du *Gargantua* & du *Pantagruel* de Juste 1542. (Voir nᵒˢ 38 & 39.)

«Cette édition, dit le catalogue Taschereau, dont les signatures sont en lettres «redoublées, ce qui annonce que c'est une suite, a dû être imprimée pour être «réunie aux deux premiers livres de P. de Tours, 1543, goth. dont on ne connaît «l'existence que par ce qu'en dit Le Duchat.» (Voir nᵒ 44.)

L'existence de cette édition des *Navigations de Panurge,* publiée par l'éditeur at-titré de Rabelais, avec les mêmes caractères que les deux premiers livres, & pour y être jointe, pourrait fournir un argument aux partisans de l'authenticité de cet opuscule. Mais elle peut s'expliquer aussi par le fait que Pierre de Tours, ayant à lutter contre la concurrence de Dolet (voir, à ce sujet, la remarque que nous faisons page 99, à propos de l'*avis de l'imprimeur* qui précède les *Grāds Annales* de 1542), & pour satisfaire aux exigences du public, a tenté de compléter son édition en y ajoutant les *Navigations.* Le carton dont nous avons parlé au nᵒ 44 rend cette hypothèse admissible. Il y a lieu de rappeler encore une fois que Rabe-lais était alors absent de Lyon, & de faire remarquer que, dans son édition sans date des deux premiers livres, édition certainement postérieure (voir nᵒ 86), Pierre de Tours n'a pas donné les *Navigations de Panurge.*

[Taschereau, 1687. — Arsenal, B.-L., 14772 (joint au *Pantagruel* de Juste 1542).]

50. Bringuenaril- ‖ LES COVSIN GERMAIN ‖ de Feſſepinte. ‖ [*Vignette.*] ℂ On les vend à Rouen au portail des
Li= ‖ braires, aux boutiques de Robert & Iehan ‖ Dugort
freres. ‖ 1544

Bringuenaril-
LES COVSIN GERMAIN
de Feſſepinte.

¶ On les vend à Rouen au portail des Libraires, aux boutiques de Robert & Iehan
Dugort freres.

1544

*In-16 de 48 ff. non chiffrés, car. ronds, fig. sur bois attribuées au Petit Ber-
nard & à Jean Cousin.*

Le Prologue commence au verso du titre. Il n'y a pas de table. L'avant-
dernier chapitre : *Comment Bringuenarilles fut malade de la façon comment
il guérit,* est emprunté à *Pantagruel.* Le dernier est intitulé : *Comment le
vaillant Bringuenarilles fut au bout des nues où sont les grans géans.*

A la fin :

*Cy fine le Liure des nauigations ‖ de Bringuenarilles, nouuel ‖ lement imprimé
à ‖ Rouen par ‖ Iehan le ‖ preſt.*

[Nodier, 869. — Cigongne, 1903 (Musée Condé, 1650).]

51. Bringuenaril- ‖ LES COVSIN GERMAIN ‖ de Feſſepinte. ‖ ꝯ☙ On les vend â Rouen au portail des ‖ Libraires, aux bouticques de Robert & Iehan Dugort freres. ‖ 1545.

Bringuenaril-

‧LES COVSIN GERMAIN
de Feſſepinçe.

- ☙ On les vend â Rouen au portail des
Libraires, aux bouticques de Robert
& Iehan Dugort freres.
1 5 4 5·

In-16 de 48 ff. non chiffr., grav. sur bois.

Édition identique à la précédente, à la date près. On y trouve les mêmes gravures sur bois. À la fin :

Cy fine le Liure des nauigations ‖ de Bringuenarilles, nouuel ‖ lement imprimé à ‖ Rouen par ‖ Iean le ‖ preſt.

52. Lanauigation ‖ DV COMPAIGNON ‖ â la Bouteille. ‖ [*Vignette.*] ꝯ☙ On les vend â Rouen au portail des ‖ Libraires, aux bouticques de Robert & Iehan ‖ Dugort freres. ‖ 1545.

Lanauigation
DV COMPAIGNON
à la Bouteille.

On les vend à Rouen au portail des
Libraires, aux bouticques de Robert
& Iehan Dugort freres.
1 5 4 5.

In-16 de 48 ff. non chiffr., fig. sur bois.

On trouve ici les mêmes gravures sur bois que dans les deux éditions
précédentes.

Le livret n'est pas signé par l'imprimeur Jean Leprest.

[Bibl. du Musée Condé, 1649. — Mazarine, 22366. — Bulletin
Techener, 2e série, n° 1523. — Tripier, 556. — Solar, 2128.]

53. Navigations de Panurge, *Paris, Vve Denys Janot, 1545.*

*Pet. in-16, fig. sur bois. Le titre courant porte : Les Nauigations de Pa-
nurge; il n'y a aucune foliotation.*

Nous avons eu sous les yeux, chez M. Symes, libraire à Paris, un
exemplaire incomplet de cette édition non citée. Le titre manquait, ainsi
que plusieurs feuillets à l'intérieur du volume.

8.

Le dernier porte l'indication suivante :

À PARIS.

1545

de l'imprimerie de Marnef vefue ‖ de feu Denys Janot demeurant ‖ en la rue neufue Noftre Dame ‖ à l'enfeigne S.
Jean Baptifte, ‖ contre Geneuiefue des Ardents.

54. Les faiɛtz merueilleux du difciple de Pantagruel. (*Paris, 1546.*)

Nous avons mentionné (voir n° 8), d'après Regis & Gustave Brunet, une
édition des Chroniques de Gargantua imprimée par Jean Bonfons en 1546 sous
le titre : *La Vie admirable du puiſſant Gargantua. . . .,* petit in-8° de 75, plus
49 feuillets. Ces 49 derniers feuillets, signés Kiv-Qij, donnent les *faiɛtz merueilleux
du difciple de Pantagruel. Ensemble une lettre patente de nouueau adiouſtée.* Le titre de
cette nouvelle version (75ᵉ feuillet verso) est le même que celui que nous donnons
page 109 : *Le voyage & navigation que fiſt Panurge,* etc.

A la fin du texte, à peu près conforme à celui de Denis Janot, les mots : *fin
des nauigations de Panurge.* Puis :

*Cy apres enſuit une lettres patentes, faisant mention de plusieurs ſortes de poiſſons de la
mer & de plusieurs sortes d'herbes d'Eſpiceries : donnée à La Rochelle le premier iour
de Mars, Mil cinq cens quarante cinq,* etc.

Suit une énumération bizarre, que G. Brunet a relevée dans ses *Eſſais d'études
bibliographiques,* pages 28 à 31. Nous y renvoyons le lecteur. Cette pièce se termine
par les vers suivants, qui rappellent une facétie du *Recueil de tout Soulas &
Plaisir,* dont une édition a paru chez Jean Bonfons :

*Imprimé ioyeusement aſſis
En l'an mil cinq cents quarante six
Te, pour, nir ioyeuseté,
Autant en Yuer : comme en Eſté;
Pour resjouyr tous bons compaignons,
Tant gorriers soient ioyeux ou mignons.*

FIN.

55. Merueilleuses nauigations de Panurge.

Dans l'édition de Valence, Claude La Ville, 1547, à la suite du 2ᵉ livre. (Voir
n° 84.)

56. Les mêmes.

Dans l'imitation de l'édition de Valence, 1547. (Voir n° 85.)

57. Voyage du compagnon à la Bouteille, à Lyon, chez Olivier Arnoullet.

Cité par du Verdier dans sa *Bibliothèque française*. On n'en connaît pas d'exemplaire.

58. ࿇ LA NAVIGATION ‖ DV COMPAIGNON ‖ *a la Bouteille.* ‖ [*Vignette.*] ࿇ On les vend â Rouen, au portail des Li- ‖ braires, aux bouticques de Robert & Iehan ‖ Dugort freres. ‖ 1547.

In-16, 48 ff. non chiffr., sans signature. 27 lignes à la page. Vignettes sur bois. Car. ronds.

⊶LA NAVIGATION
DV COMPAIGNON
a la Bouteille.

⊶On les vend â Rouen, au portail des Libraires, aux bouticques de Robert & Iehan Dugort freres.
1 5 4 7.

[Bibl. Nat., Rés. Y². 2150. — Behague, n° 987.]

59. *LE* ‖ VOYAGE ET ‖ NAVIGATION ‖ DES ISLES INCO- ‖ GNEVES, ‖ Contenant chofes merueilleuses, & ‖ fort difficilles à croire, toutef- ‖ fois ioyeufes & recreatiues. ‖ A LYON, ‖ *Par Benoiſt Rigaud, & Ian Saugrain.* ‖ M. D. LVI. (1556).

In-16, 127 pages chiffr. Car. ronds, 31 chapitres.

A la fin :

FIN.
Imprimé à Lyon par Jacques Faure.

[Bibl. Nat., Rés. Y². 2152.]

60. Le Voyage et Navigation que fit Panurge, disciple de Pantagruel aux ifles incongneues et estranges : et de plu- sieurs choses merueilleuses difficiles à croire, qu'il dict auoir

ueuës : dont il faiĉt Narration en ce présent volume : et plusieurs autres ioyeuſetez pour inciter les leĉteurs et auditeurs à rire.

(*A la fin*) : A Orléans, par Eloy Gibier, libraire et imprimeur, 1571.

In-16 de 92 pp., la dernière non chiffrée.

[H. B. (1902), n° 138. — Cat. Brunet, n° 464.]

61. Le ‖ Voyage ‖ et Naviga- ‖ tion des is- ‖ les incogneuës. ‖ Par Bringuenarille Cou- ‖ ſin germain de fesse pin- ‖ te contenant choses mer- ‖ ueilleuses et difficiles. ‖ A Paris, ‖ Par Nicolas Bonfons, ‖ rue neuve Nostre Da- ‖ me, a l'enseigne Sainĉt Nicolas, 1574.

In-16 de 63 ff. & 1 blanc.

Le titre est dans un encadrement gravé sur bois. Le Prologue occupe le 2ᵉ feuillet & le reĉto du 3ᵉ. Au verso du dernier feuillet, un huitain *Au leĉteur.*

[Vente H. B. (1897), n° 71. — Baluz, n° 10500.]

62. LA NAVIGATION ‖ Du Compaignon à la ‖ Bouteille. ‖ Auec le Discours des ars & Scien- ‖ ces de Maiſtre Hamberlin ‖ A PARIS ‖ Pour Claude Micard, au clos ‖ Bruneau à la Chaire. ‖ 1576.

In-16 de 48 ff. non chiffr., fig. sur bois, titre encadré.

Au verso du titre, une tête gravée dans un médaillon, avec ces mots : *Le Compagnon* ‖ *A la Bouteille.* Le reĉto du feuillet suivant est occupé par la figure de la Bouteille, avec les vers : *O Bouteille, pleine toute,* etc.; vignette semblable à celle des *Œuvres de Rabelais* de 1569. Le prologue commence au verso, & le texte du livret se termine au reĉto du feuillet F.

Le discours d'Hamberlin (en vers), qui occupe les sept derniers feuillets, & commence au feuillet Fi par un titre : «M. Hamberlin, ſerviteur de maiſtre Aliborum, couſin germain de Pacolet», n'est pas dans

les éditions précédentes. Celle-ci a été réimprimée en 1867, in-12, dans la collection J. Gay, à cent exemplaires numérotés.

[Bibl. Nat., Rés. Y². 2171.]

63. LE VOYAGE ET ‖ NAVIGATION DES ‖ ISLES ET TERRES HEV ‖ reuſes, fortunees, & in- ‖ cogneuës. ‖ *Par Bringuenarille Couſin germain de* ‖ *feſſe Pinte : contenant choſes mer-* ‖ *ueilleuſes &* *difficiles.* ‖ De nouueau reueu, corrigé & augmen- ‖ té. Par H. D. C. ‖ *A ROUEN,* ‖ Chez Nicolas Leſcuyer, ruë aux ‖ Iuifs, à la Prudence. ‖ 1578.

In-16 de 88 pages, plus une page non chiffr. & 7 pp. blanches.

Le Prologue commence page 3. Le texte est divisé en 33 chapitres,

soit deux de plus que dans les éditions précédentes. La page non chiffrée qui suit 88, contient :

AV LECTEVR :

Je ne suis point si lourd
Et plus ne suis si sourd
Que je n'entende bien
Que direz que mentz bien
Mais je repons aux dicts
Que tous ces beaux esprits
Ne sont mots d'Evangille
Si bien fort n'en riez vous ne serez habiles.

Le verso est blanc. Suivent 3 feuillets blancs. Ces vers ne sont pas imprimés avec les mêmes caractères que le reste du volume, & le petit
cahier de quatre feuillets, dont trois sont inutilisés, semble avoir été
ajouté après coup.

[Bibl. Nat., Rés. Y². 2153.]

64. La nauigation du compagnon à la Bouteille, Lyon,
par Jean Josseran, 1595.

In-16, fig. sur bois (48 ff.), sig. A. Fv.

(Cité par le *Manuel.*)

65. La Navigation du Compagnon à la Bouteille, avec
les Prouesses du merueilleux Geant Bringuenarille. A
Troyes, chez la vefue Nicolas Oudot, en la rue Noſtre
Dame. *(S. d.) In-16.*

[L'exemplaire de La Vallière (3872), en veau fauve, avait été vendu
4 l. 1 sol en 1783. Il a passé chez Nodier (870).]

66. la ‖ NAVIGATION ‖ dv compagnon ‖ a la bov-
teille. ‖ *avec les provesses dv* ‖ *merueilleux Geant Brin-* ‖
gnenarille. ‖ à Troyes & se vend, ‖ a paris ‖ Chez Antoine de
Rafflé, Imprimeur ‖ & Marchand Libraire, Ruë du petit
Pont, ‖ à l'Image Sainct Antoine. *(S. d.)*

In-8°. 40 ff. non chiffr., sign. A_{ij} E_{ij}. Le dernier est blanc au verso.

LA
NAVIGATION
DV COMPAGNON
A LA BOVTEILLE.

AVEC L'ESPROVESSES DV
merueilleux Geant Brin-
gnenarille.

à Troyes & se vend,
A PARIS,
Chez ANTOINE DE RAFFLÉ, Imprimeur
& Marchand Libraire, Ruë de petit Pont,
à l'Image Sainct Antoine,

Le verso du titre est blanc. Le recto suivant contient :

LE COMPAGNON A LA BOUTEILLE
    O Bouteille
    Pleine toute, etc.

[Bibl. Nat., Rés. Y². 2151.]

67. Tiers liure des ‖ FAICTZ ET DICTZ ‖ Heroiques du noble Pantagruel : cōpoſez ‖ par M. Franç. Rabelais doꝛteur en ‖ Medicine, & Calloïer des ‖ Iſles Hieres. ‖ L'auteur ſuſdiꝗ ſupplie

Tiers liure des

FAICTZ ET DICTZ

Heroïques du noble Pantagruel : cōpoſez
par M. Franç. Rabelais doꝛteur en
Medicine, & Calloïer des
Iſles Hieres.

L'auteur ſuſdiꝗ ſupplie les Leꝗeurs
beneuoles, ſoy reſeruer à rire au ſoixante & dixbuytieſme liure.

A PARIS,

Par Chreſtien wechel, en la rue ſainꝗ
Iacques a l'eſcu de Baſle : et en la rue ſaïꝗ
Iehan de Beauuoys au Cheual volant.
M. D. XLVI.

AVEC PRIVILEGE DV
Roy, pour ſix ans.

les Leꝗeurs ‖ beneuoles, ſoy reſeruer à rire au ſoi- ‖ xante & dixbuy- tieſme liure. ‖ A PARIS, ‖ Par Chreſtien wechel, en la rue ſainꝗ ‖

Iacques a l'eſcu de Baſle : et en la rue ſāīct ‖ Iehan de Beauuoys au Cheual volant. ‖ M.D. XLVI. (1546) ‖ AVEC PRIVILEGE DV ‖ *Roy, pour ſix ans.*

In-8°, caraƈt. italiques de 4 ff. préliminaires (y compris le titre), 355 pages chiffr. & 5 pp. non chiffr., 22 lignes à la page

Le verso du titre est blanc. Le feuillet suivant & le reƈto du troisième, jusqu'au milieu de la page, sont occupés par le texte du privilège accordé pour six ans à « maistre François Rabelais, doƈteur en medicine », & daté du 19 septembre 1545. Le verso est blanc ainsi que le reƈto du feuillet suivant, qui porte, au verso, un dizain de « FRANÇ. RABELAIS à l'eſprit de la Royne de Navarre », dizain que M. Abel Lefranc a pris pour un sonnet.

Le Prologue commence page 1, par le mot *Beuueurs.*

Le texte est divisé en 47 chapitres (exaƈtement 46, par suite de l'omission du chiffre 27).

La table, qui commence au verso non chiffré de la page 355, occupe en outre un feuillet & les huit premières lignes de la page suivante. Elle est imprimée sur deux colonnes, & est suivie de ces lignes :

> Imprimé a Paris par Chreſtien Wechel Libraire iuré demourant en la rue ſainƈt Iacques a l'eſcu de Baſle. Pour & au nom de M. Franc. Rabelais, doƈteur en Me‑cine.

Le verso porte la marque de Chreſtien Wechel (Silvestre, n° 131).

C'est ici l'édition princeps du *Tiers Livre*, & c'est la première fois que l'on voit le nom de Rabelais figurer sur le titre de son roman. La typographie, en lettres italiques, est fort élégante.

La Bibliothèque Nationale possède l'exemplaire de Huet qui contient, sur les feuilles de garde, quelques notes manuscrites de ce savant. Le dernier feuillet manque, & Huet a rétabli à la main, sur une page ajoutée, les dernières lignes de la table. Nous relevons, parmi les notes manuscrites de l'évêque d'Avranches, cette médiocre traduction française du distique de Bèze, *Qui sic nugatur*, etc., que M. Baudement n'a pas citée dans *Les Rabelais de Huet*, & que nous croyons inédite :

> *Si ce fou par ses rares veilles*
> *Surmonte ceux qui font le mieux*
> *Lorsqu'il fera le sérieux,*
> *Combien fera-t-il de merveilles ?*

Notre description est faite sur le bel exemplaire de la bibliothèque J. de Rothschild, qui a appartenu successivement à Walckenaer (n° 1893), à A. Bertin (n° 2111) & à Montesson, & a été acquis en 1870 à la vente Potier (n° 1383). On n'en connaît pas d'autre, croyons-nous.

M. Abel Lefranc, dans une étude sur *Marguerite de Navarre & le Platonisme de la Renaissance*, parlant du dizain qui est placé en tête du *Tiers livre* & qu'il nomme un *sonnet*, s'exprime ainsi :

> « *Le célèbre sonnet qui ouvre le troisième livre de Rabelais, & qui, adreßé à l'eßprit de la Royne de Navarre, a eu le privilège d'intriguer plus d'un commentateur...* »
> (*Bibl. de l'École des Chartes*, tome LIX, Paris 1898, pages 714 & 715.)

Le dizain a, en effet, suscité des doutes sur l'authenticité de la date de cette édition, Marguerite de Navarre étant morte à la fin de 1549 (voir G. PARADIN, *Histoire de nostre tems*, Lyon, 1554, in-16, page 749). Mais, depuis longtemps, les commentateurs se sont mis d'accord sur le sens des vers adressés par Rabelais, non aux mânes de la reine de Navarre, mais à son esprit mondain, à une époque où elle s'était retirée dans la méditation. Ménage (voir *Menagiana*, édition de 1715, tome III, p. 113) en parle en ces termes :

> « *Les dernières années de sa vie, elle devint fort sérieuse, méditant beaucoup & s'occupant des choses du ciel. C'est ce qui donna lieu à Rabelais, lorsqu'en 1546 il fit pour la première fois imprimer in-16 à Paris son troisième livre, de mettre à la tête ce dizain adreßé à l'eßprit de cette Reine... Ces édits de l'eßprit sur le corps, cette apathie, cette vie peregrine, tout cela signifie poétiquement que cette Princeße détachée entièrement de ses sens, avoit rendu son eßprit maître de son corps, en sorte que, tandis que celui-ci demeuroit sur la terre, l'autre s'élevoit au Ciel. Cet eßprit donc est invité à vouloir bien pendant quelques momens descendre de cette haute région pour voir en cette baße & terrestre la troisième partie dont il avoit autrefois vu favorablement les deux premières...* »

Ménage ne connaissait probablement pas l'édition in-8° de Wechel, mais bien celle que nous allons décrire, qui en est une copie imprimée également à Paris,

la même année, dans le format in-16. Le même auteur (*Menagiana,* tome I, p. 82) ne cite que deux éditions du *Tiers livre* imprimées en 1546, toutes deux in-16, l'une de Paris, l'autre de Toulouse.

[Bibl. Nat., Rés .Y². 2159. — J. de Rothschild, 1511.]

68. TIERS ‖ LIVRE DES ‖ FAICTZ ET DICTZ ‖ Heroiques du noble Pantagruel, ‖ compoſez par M. Franç. Ra- ‖ belais, Doĉteur en Mede- ‖ cine, & Calloier des ‖ Iſles Hieres. ‖ ℰ ‖ L'autheur ſuſdiĉt supplie les Leĉteurs ‖ beneuoles, ſoy reſeruer à rire, au ‖ ſoixante & dixhuiĉtieſme liure. ‖ *Nouuellement Imprimé à Paris.* ‖ *Auec priuileige du Roy,* ‖ *pour ſix ans.* ‖ 1546.

TIERS

LIVRE DES

FAICTZ ET DICTZ

Heroiques du noble Pantagruel,
compoſez par M. Franç. Rabelais, Doĉteur en Mede-
cine, & Calloier des
Iſles Hieres.

ℰ

L'autheur ſuſdiĉt ſupplie les Leĉteurs
beneuoles , ſoy reſeruer à rire, au
ſoixante & dixhuiĉtieſme liure.

Nouuellement Imprimé à Paris.
Auec priuileige du Roy,
pour ſix ans.
1 5 4 6,

In-16 de 304 pages chiffr., & 2 ff. non chiffr. pour la Table. Car. ronds.

Le verso du titre est occupé par le dizain « à l'esprit de la Royne de Navarre ». Les pages 3 & 4 contiennent le privilège du 19 septembre 1545. Le Prologue commence page 5, par le mot *Beuueurs.* Comme dans l'édition précédente, dont celle-ci est une copie, le texte est divisé en 47 chapitres (exaĉtement 46, à cause de l'omission du chiffre 27).

Cette édition, que nous croyons être celle dont parle Ménage (voir l'article précédent), a été décrite pour la première fois dans le catalogue J. de Rothschild n° 1512). M. Émile Picot a bien voulu nous permettre de consulter cet exemplaire — le seul aujourd'hui connu — qui est conservé, avec le *Quart livre* de 1548, dans une élégante reliure italienne du XVIᵉ siècle, en maroquin rouge à compartiments, tranches dorées & ciselées.

Typographiquement, elle est de tous points semblable, à la variante près des quatre dernières lignes du titre, à l'édition in-16 de Toulouse que nous allons décrire.

69. TIERS ‖ LIVRE DES ‖ FAICTZ ET DICTZ ‖ Heroiques du noble Pantagruel, ‖ compoſez par M. Franç. Ra- ‖ belais, Doċteur en Mede- ‖ cine, & Calloier des Iſles Hieres. ‖ ❧ ‖ L'autheur ſuſdiċt ſupplie les Leċteurs ‖ beneuoles, ſoy reſeruer à rire, au ‖ ſoixante & dixhuiċtieſme liure. ‖ *On les vend à Tholoſe, par Iacques* ‖ *Fournier, deuant le college de Foix.* ‖ *Auec priuileige du Roy, pour* ‖ *ſix ans.* 1546.

TIERS

LIVRE DES

FAICTZ ET DICTZ
Heroiques du noble Pantagruel,
compoſez par M. Franç. Rabelais, Doċteur en Mede-
cine, & Calloier des
Iſles Hieres.

❧

L'autheur ſuſdiċt ſupplie les Leċteurs
beneuoles, ſoy reſeruer à rire, au
ſoixante & dixhuiċtieſme liure.

On les vend à Tholoſe, par Iacques
Fournier, deuant le college de Foix.
Auec priuileige du Roy, pour
ſix ans. 1 5 4 6.

In-16 de 304 pp., plus 2 ff. non chiffr. pour la Table. Car. ronds.

Le verso du titre est occupé par le dizain «à l'esprit de la Royne de Navarre». Le texte du privilège du 19 septembre 1545 occupe les pages 3 & 4, & le Prologue commence page 5, par le mot *Beuueurs*. Les chapitres sont au nombre de 47 (exactement 46, à cause de l'omission du chiffre 27).

Édition identique à la précédente, sauf pour les quatre dernières lignes du titre.

Une note manuscrite, de Jamet le jeune, dans l'exemplaire des *Œuvres*, François Nierg 1579 (voir n° 107) que conserve la Bibliothèque Nationale, annonce par erreur que «l'édition de Fournier, Tholose 1546» contient le dizain de «Jean Faure aux lecteurs». Ce dizain se trouve, pour la première fois, à notre connaissance, dans l'édition de Claude La Ville 1547. (Voir n° 84.)

[Vente H. B. (Porquet 1897), n° 61.]

70. TIERS LIVRE (date incertaine, en 48 chapitres).

Nous mentionnons ici, sans pouvoir donner plus de détails, une édition que J.-Ch. Brunet cite en ces termes, dans le *Manuel*, & dans ses *Recherches* (p. 97):

« Une édition originale du Tiers livre, dont nous ne saurions fixer bien exactement la date, a paru avant 1552. Elle contient quelques augmentations &, comme les chapitres XL & XLV y sont coupés en deux, elle a 48 chapitres, dont le dernier est coté XLIX, à cause de la lacune du chiffre XXVII. »

Brunet ajoute que c'est ce texte qui a été suivi dans l'édition des *Œuvres s. l.* de 1556, &, par suite, dans les éditions de Hollande du XVIIᵉ siècle.

71. TIERS LIVRE ‖ DES FAICTZ ET DICTZ ‖ Heroiques du noble Pantagruel, com ‖ posez par M. Franç. Rabelais do= ‖ cteur en Medicine, & Calloier ‖ des Isles Hieres. ‖ L'auteur susdict supplie les Lecteurs ‖ beneuoles, soy reseruer a rire au soixāte ‖ & dixhuictiesme liure. ‖ Nouuellement Imprimé à Lyon, ‖ Auec Priuilege du Roy, pour six ans. ‖ M. D. XLVI. (1546).

Pet. in-8° allongé de 4 ff. prélim. non chiffr., y compris le titre, 237 pages chiffr. & 3 pages non chiffr., pour la fin de la Table, qui commence au verso de la page 237. Car. ronds.

TIERS LIVRE
DES FAICTZ ET DICTZ
Heroiques du noble Pantagruel, com
poſez par M. Franç. Rabelais do=
&eur en Medicine,& Calloier
des Iſles Hieres,

L'auteur ſuſdi& ſupplie ſes Le&eurs
beneuoles,ſoy reſeruer a rire au ſoixãte
& dizhui&ieſme liure.

Nouuellement Imprimé á Lyon,
Auec Priuilege du Roy ,pour ſix Ans,

M. D. XLVI.

Le privilège, du 19 septembre 1545, est en caractères gothiques. Comme dans les éditions précédentes, le texte compte 47 chapitres (en réalité 46, par suite de l'omission du chiffre 27).

Cette édition a été vraisemblablement imprimée par Pierre de Tours.

[2ᵉ vente Pichon, n° 979; l'exemplaire avait appartenu à J.-A. de Thou. — H.B. (Porquet 1897), n° 60.]

72. LE TIERS ‖ LIVRE DES FAICTZ ‖ et di&z Heroiques du no- ‖ ble Pantagruel, cõpoſez ‖ par M. Franç. Ra- ‖ belais, Do&eur en ‖ Medicine, et Cal ‖ loier des Isles ‖ Hieres. ‖ *** 🐝 *** ‖ Reueu & corrigé diligemment ‖ depuis les autres impreſſions. ‖ Auec priuileige du Roy ‖ pour ſix ans. ‖ A Lyon, Lan ‖ M. D. XLVII. (1547).

LE TIERS
LIVRE DES FAICTZ
et dictz Heroiques du no-
ble Pantagruel, côpofez
par M . Franç . Ra-
belais , Docteur en
Medicine, et Cal
loier des Isles
Hieres .

Reueu & corrigé diligemment
depuis les autres imprefsions.
Auec priuileige du Roy
pour fix ans.
A Lyon, Lan
M. D. X L V I I.

In-16 carré de 297 pages chiffr., plus 6 pages non chiffr., pour la Table &
l'extrait du privilège, & un f. blanc. Car. ronds.

Au verso du titre, le dizain « à l'Esprit de la Royne de Navarre ».
La dernière page contient l'extrait suivant du privilège :

Priuilege du Roy.

IL ha pleu au Roy noftre Syre,
de donner Priuilege, & permif-
fion à M. Franc. Rabelais, docteur en medicine, de faire imprimer le tiers liure des faictz, & dictz
heroiques du noble Pantagruel ,
pour le terme de fix ans côfecutifz,
Et defenfe à tous Libraires, & Imprimeurs (finon ceulx qui par luy
feront commis) de non en imprimer, ne mettre en vente, fur les peines contenues plus amplement es
letres Royaulx dudict priuilegé ,
Données à Paris le xix. iour de Sep
temb. M.D.XLV. De Launay.

Cette édition, qui est vraisemblablement sortie des presses de Pierre de Tours (le signe ⚓ du titre reparaît sur les deux tirages du *Qvart livre* de 1548, voir n°ˢ 76 & 77), suit le texte des précédentes; 47 chapitres (en réalité 46, par suite de l'omission du chiffre 27). Les passages grecs sont imprimés en caractères romains.

[Bibl. Nat., Rés. Y². 2161. — Arsenal, B.-L., 14777. — Musée Condé, 1641. — Lignerolles, 1782. — Taschereau, 1649. — De Ruble, 433. — La Roche Lacarelle (2ᵉ vente), 344. — H. B. (Porquet 1897), n° 62.]

73. TIERS LIVRE DES ‖ FAICTZ et diɗz ‖ heroiques du noble Pātagruel, compoſez par M. Franç. Ra ‖ belais, doɗeur en mede ‖ cine et Calloier des ‖ Iſles Hieres. *Nouuellement imprime à Paris, 1547.*

> *In-16 de 293 pages.*

Édition que nous ne trouvons citée que dans le *Catalogue de la bibliothèque du comte de Mosbourg* (Porquet 1893).

L'exemplaire, que nous n'avons pas vu, provenait de Techener (vente du 13 mai 1887, n° 500). Il est inscrit au catalogue Mosbourg sous le n° 187, & indiqué comme relié avec les deux premiers livres de l'édition de Dolet 1542. (Hauteur, 122 millimètres.)

Tiers livre, Valence, Claude La Ville, 1547. (*Voir n°ˢ 84 & 85.*)

Tiers livre, Lyon, Pierre de Tours, *s. d.* (*Voir n° 86.*)

74. LE ‖ TIERS LIVRE ‖ DES FAICTZ ET DICTS ‖ *Heroïques du bon Pantagruel :* ‖ *Compoſé par M. Fran.* ‖ *Rabelais doɗeur* ‖ *en Medi-* ‖ *cine.* ‖ Reueu, & corrigé par l'Autheur, ſus ‖ la cenſure antique. ‖ L'AVTHEVR SVSDICT ‖ *ſupplie les Leɗeurs beneuoles, ſoy* ‖ *reſeruer a rire au ſoixante* ‖ *& dixhuytieſme* ‖ *Liure.* ‖ A PARIS, ‖ De l'imprimerie de Michel Fezandat, au mont ‖ S. Hilaire, a l'hoſtel d'Albret. ‖ 1552. ‖ Auec priuilege du Roy.

> *In-8° de 160 ff. inexaɗement chiffrés, le dernier coté 170, 3 ff. de table & 1 f. blanc. Caraɗ. ronds. Belles lettres ornées en tête de chaque chapitre. 27 lignes à la page.*

9.

LE
TIERS LIVRE
DES FAICTS ET DICTS
Heroïques du bon Pantagruel :
Composé par M. Fran.
Rabelais docteur
en Medi-
cine.

Reueu, & corrigé par l'Autheur, fus
la cenfure antique.

L'AVTHEVR SVSDICT
fupplie les Lecteurs beneuoles, foy
referuer a rire au foixante
& dixhuytiefme
Liure.

A PARIS,

De l'imprimerie de Michel Fezandat, au mont
S. Hilaire, a l'hoftel d'Albret

1552.

Auec priuilege du Roy.

Au verso du titre, le dizain « à l'Esprit de la royne de Navarre ». Les feuillets 2 & 3 contiennent le privilège donné par Henri II pour six ans, & daté du 6 août 1550.

Le Prologue, qui débute par *Bonnes gens,* commence au recto du feuillet 4. Il va jusqu'au verso du feuillet 11, ligne 4, où commence le texte du premier chapitre.

L'erreur de foliotation provient de ce que les chiffres 89-100 ont été omis.

Le texte est en 52 chapitres (les chap. XXVI, XXXIII, XXXVI & XLVII de la

première version ayant été coupés en deux) & contient de nombreuses additions, particulièrement aux chapitres x, xv & xxv. Il a, d'ailleurs, été entièrement revu, & modifié en plus d'un passage. Les variantes sont signalées dans toutes les éditions de la fin du xixᵉ siècle.

Sur le recto du feuillet coté 170 (le 160ᵉ, en réalité), le texte occupe seize lignes, suivies des quatre suivantes :

FIN DV TROISIESME
Liure des faicts & dicts He-
roïques du bon Pan-
tagruel.

Le verso de ce feuillet est blanc. Suivent trois feuillets de table & un feuillet blanc.

Cette édition donne la version définitivement adoptée par Rabelais; Le Duchat ne l'a pas connue, &, bien qu'il ait remarqué, dans l'édition des *Œuvres* de 1626 (qui pour le Tiers livre reproduit ce texte), les augmentations des chapitres 10, 15 & 25, il les a rejetées comme apocryphes.

Cependant, il s'est glissé, au cours de l'impression, un certain nombre de coquilles, &, comme nous l'avons fait pour l'édition des deux *premiers livres* de Juste 1542, comme nous le ferons plus loin pour le *Qvart livre* de Fezandat 1552, éditions adoptées, sur les conseils de Brunet, comme donnant la dernière pensée de l'auteur, nous relèverons ici, en les collationnant avec les textes antérieurs, les plus évidentes de ces coquilles, qui n'ont pas toutes été signalées par les éditeurs modernes.

PARIS, FEZANDAT 1552.	ÉDITIONS PRÉCÉDENTES.
PROLOGUE.	
...*vitoletz*	L'édition de 1547, Lyon : *vi-roletz*
...affin que ne me dictez ainsi viure sans exemple des *biens* louez	Lyon 1547 : *bien*
CHAP. II.	
...dilapida le reuenu *certain incertain*	Lyon 1547 : *certain & incertain*
CHAP. III.	
...entre les humains l'vn ne *saliüera* l'autre	Lyon 1547 : *sauluera*

PARIS, FEZANDAT 1552.	ÉDITIONS PRÉCÉDENTES.

CHAP. IV.

...la langue fait l'*aßay*	*eßay*
...lequel par *ces* mouuemens diastolicques & systolicques	*ses*
...*ce* faiᵭ le tout par prestz & debtes de l'vn à l'autre	*se* faiᵭ

CHAP. VI.

| ...*leur* fortes fiebures quartaines | *leurs* |

CHAP. VII.

| ...mais ce n'est la guise des amoureux, ainsi auoir bragues malades, & *laißé* prendre sa chemise sur les genoilx | *laißer* |
| ...seulement me desplaist la nouueaulté & mespris du commun *visaige* | *vsaige* |

CHAP. VIII.

| ...Il fault dire, saulue Tenot le pot au laiᵭ, ce sont les couilles, *departez tous* les diables d'enfer! | *de par tous* les diables d'enfer. |

CHAP. X.

| ...Les vnes *deſtruißent* les aultres | *deſtruisent* |

CHAP. XIII.

| ...vray est qu'elle ne les raporte en telle syncerité, comme les auoit veues, obstant l'imperfeᶜᵗion & fragilité *de* sens corporelz | *des* sens |

CHAP. XIV.

| ...non des dieux amis prouenent, mais des diables ennemis, iouxte le mot vulgaire. Comme si | Après *iouxte le mot vulgaire,* l'imprimeur a omis la citation : ἐχθρῶν ἄδωρα δῶρα, qui est dans les éditions précédentes. |

CHAP. XVI.

| ...Se presenta vn homme de Sidoine, marchant *petit* & de bon sens | *perit* (peritus) |

CHAP. XX.

...scelon la doctrine de *Tersion*   *Terpsion*

CHAP. XXII.

...toutes importunes, tyrannicques, & mo-
lestes, non es malades seulement, *mains*   *mais*
aussi à gens sains & vigoureux

CHAP. XXIII.

...je guage que par mesmes doubte a son
entretenement n'assistera Jacobin, Corde-   *enterrement*
lier, Carme, Capussin, Theatin, ne
Minime
...Aeneas porta son pere Anchises *hort* la con-   *hors*
flagration de Troie
...conseil de la Sibylle *Cunnane*   *Cumane*
...du tonnoire des *escourpettes* & canons   *escoupettes*

CHAP. XXIV.

...Pourtant ay ie faict veu à Sainct François
la jeune   *le*

CHAP. XXV.

...Par Stichomancie Sibylline. Par *Onotom-*   *Onomatomancie*
mantie
...diable *emgiponné*   *engiponné*

CHAP. XXVI.

...je te prie, diz moy ton avis. Me doibs
marier ou *nom?*   *non*

CHAP. XXVII.

...Aussi par *mon* vsaige sont perduz tous   *non*
privileges

CHAP. XXXIII.

...Iuppiter se excusoit remontrant, que tous   *ses*
ces benefices estoyent distribues

PARIS, FEZANDAT 1552.   ÉDITIONS PRÉCÉDENTES.

CHAP. XXXV.

...Et doncques me doibz-ie marier ou *nom ?*   *non.*

CHAP. XXXVI.

...Le diantre, celluy qui n'a poinct de blanc   faute de ponctuation ; lire :
en l'œil m'emporte *doncques : ensemble* si   m'emporte *doncques ensemble,*
je ne boucle   si je ne boucle

CHAP. XXXVII.

...qui est vigilant & attentif au gouvernement de fa maifon, duquel l'esprit n'est
point esguaré, qui ne pert occasion *que-*
conques de acquerir & amasser biens &   *quelconque*
richesses

CHAP. XLI.

Au haut du feuillet 139, verso, une ligne a sauté dans l'édition de Fezandat
1552 ; c'est celle qui est formée par les mots soulignés de cette phrase : *Il fault*
(*repondit Perrin*) *faire aultre-*ment, Dendin mon fils...

CHAP. XLV.

...Depuys ne feut possible tirer de luy mot
queconques   *quelconque*

CHAP. XLVII.

...& luy donna Pantagruel vne robbe de *drap*   *drap d'or frizé*
drop frize

[Bibl. Nat., Rés. Y². 2162. — Aimé-Martin, 782. — Taschereau, 1650.
— J. de Rothschild, 1514.]

L'exemplaire de Taschereau avait appartenu à Guy Patin, Morellet, Charles
Nodier & Aimé-Martin. Il est annoté à la main d'une écriture du XVIᵉ siècle,
que Charles Nodier, induit en erreur par le nom de Guy Patin qu'il portait
autrefois sur un feuillet de garde, avait prise pour celle de ce personnage. En le
donnant à Aimé-Martin, il y joignit les lettres suivantes, dont nous trouvons
la copie dans les papiers inédits de M. Ch. Marty-Laveaux :

« Morellet projetoit une édition de Rabelais pour laquelle il s'étoit aſſocié Auger, qui
m'appela à son tour. Le premier mourut à l'œuvre, & nous laiſſa en forme de legs ses

matériaux particuliers. J'y choisis pour ma part le Tiers livre *avec annotations de Guy Patin, qui convenoit fort à ma petite bibliothèque; mais Auger, que poßédoit la manie des autographes, voulut en souſtraire le feuillet de garde où étoit portée la signature de Guy Patin, qui authentiquoit les annotations, & à laquelle je suppléai par la lettre incluse. Voilà l'hiſtoire de ce volume que je cède avec plaisir à mon ami Aimé-Martin, puisqu'il le croit digne de figurer dans sa belle bibliothèque des autographiés.*

« Les annotations de Guy Patin sont un excellent travail d'éditeur, sinon de commentateur. Elles consiſtent surtout en indications des sources, ou en renvois aux paßages cités par Rabelais, qui n'étoit pas fort scrupuleux en ce genre, & qui allègue souvent les auteurs au gré de son caprice ou de son étourderie. Une pareille sollicitude seroit fort digne de reconnoißance, si elle s'étendoit au Rabelais tout entier, mais qui nous donnera un bon commentaire de Rabelais, si ce n'eſt Aimé-Martin? »

Charles NODIER.

12 février 1842.

19 février 1826

« Je voulois depuis longtemps, mon cher Nodier, vous aller voir & vous remettre moi-même le 9ᵉ & dernier volume que je prends enfin le parti de vous envoyer. La mort de ce pauvre Servien, les soins que nous sommes trop heureux de rendre à sa veuve, & mille autres choses encore, sans compter mes travaux d'obligation, m'ont empêché de diſposer d'une seule matinée pour faire le voyage de l'Arsenal, & le soir, j'aurois trop craint de ne pas vous trouver chez vous. Je risquerai pourtant la course au premier jour. Mais vous, mon cher Nodier, qui êtes plus ambulant, moins pareßeux de vous déplacer, souvenez-vous que j'ai à vous un Rabelais cum notis mm. ss. Guidonis Patini, & que je [ne] veux vous le remettre qu'au coin de mon feu. Aurons-nous le plaisir de vous recevoir demain avec Mᵈᵉ & Mᵉˡˡᵉ Nodier? On prétend que nous aurons de bonne musique, &, pour sûr, nous danserons après. Mes reſpeᶜts à ces dames.

« Tout à vous à tout jamais.

Ls. AUGER.

L'exemplaire de la Bibliothèque J. de Rothschild avait appartenu au comte d'Hoym (cat. 1738, n° 2571), à Bonnemet (458), à La Vallière (n° 3870), à Mirabeau, à Bonnier, à Leblond, à Duriez, & enfin au marquis de Ganay (n° 169).

75. LE ‖ TIERS LI- ‖ VRE DES FAICTZ ET DICTS ‖ Heroiques du bon Pantagruel : ‖ Compoſé par M. Fran. ‖ Rabelais docteur. ‖ en Medi- ‖ cine. ‖ Reueu, & corrigé par l'Autheur, fus ‖ la Cenſure antique. ‖ L'AVTHEVR SVSDICT SVP- ‖ plie les Leᶜteurs beneuoles, ſoy re- ‖ ſeruer a rire au ſoixante ‖ & dix huytieſme ‖ Liure. ‖ Imprime A Lyon par Maiſtre Jehan Cha ‖ bin. Sur la Copie Imprimée A Paris. ‖ Avec Priuilege du Roy ‖ 1552.

LE
TIERS LI-
VRE DES FAICTS ET DICTS
Heroiques du bon Pantagruel:
Compofé par M . Fran.
Rabelais docteur.
en Medi-
cine .

Reueu,& corrigé par l'Autheur,fus
la cenfure antique.

L'AVTHEVR SVSDICT SVP-
plie les Lecteurs beneuoles, foy referuer a rire au foixante
& dixhuytiefme
Liure.

Imprime A Lyon par Maiftre Iehan Cha
bin. Sur la Copie Imprimée A Paris.

Auec Priuilege du Roy

1 5 5 2.

*In-16 carré de 160 ff. chiffrés inexactement 170. Caract. ronds, 25 lignes à
la page.*

Les erreurs de foliotation sont les mêmes que dans la précédente
édition, dont celle-ci suit le texte page à page.

Le verso du titre est occupé par le dizain « à l'esprit de la royne de
Navarre »; le verso du feuillet coté 170 (le 160ᵉ) est blanc & suivi par
3 feuillets de table & 1 feuillet blanc. Il n'y a pas de lettres ornées.

[Bibl. Nat., Rés. Y². 2163.]

LE QUART LIVRE

Le Duchat rapporte (tome IV, page x, note *) que Rabelais fit paraître une première édition in-16, *gothique,* de son *quart livre,* & s'appuie, pour avancer ce fait sur le témoignage de Ménage, qui au chapitre 38 de ses *Aménitez de droit,* déclarait posséder un exemplaire de cette édition gothique. Nous croyons que cette édition n'a jamais été vue par personne, depuis Ménage. La première version du *quart livre* est en 11 chapitres, & nous n'en connaissons que quatre éditions, qui sont en caractères ronds, & dont l'une est une contrefaçon.

---

76. LE QVART ‖ LIVRE DES FAICTZ ‖ & dictz Heroiques du ‖ noble Panta- ‖ gruel. ‖ ❦ ‖ *Composé par M. François Ra-* ‖

LE QVART
LIVRE DES FAICTZ
& dictz Heroiques du
noble Panta-
gruel.

❦

*Composé par M. François Ra-
belais, Docteur en Medicine, & Calloier des
Isles Hieres.*

A LYON,

Lan mil cinq cens quarante
& huict.

belais, Docteur en Medici- ‖ *ne, & Calloier des* ‖ *Isles Hieres.* ‖ A
LYON, ‖ Lan mil cinq cens quarante ‖ & huict.

In-16 allongé de 48 ff. non chiffr., le vº du dernier blanc, 24 lignes à la page,
car. ronds, gravures sur bois. Signatures : A-F., par huit.

Prologue du
QVART LIVRE
PANTAGRVEL.

Euueurs. tresilluſtres,
&vous goutteurs tres
precieux, i'ay veu, re-
ceu, ouy, & entendu
l'Ambaſſadeur que la
ſeigneurie de voz ſei-
gneuries ha tranſinis par deuers ma
paternité, & m'a ſemblé bien bon &
facond orateur. Le ſommaire de ſa
        A ij propo

    Cette première version du *Quart livre* ne se compose que du *Prologue*
& de 11 chapitres, le dernier se terminant brusquement sur une phrase
inachevée, comme on le verra plus loin par le facsimilé des deux dernières pages (p. 142).

    Il n'y a pas de table.

    L'édition est sans doute sortie des presses de Pierre de Tours, succes-
seur de Françoys Juste. Nous avons déjà eu l'occasion, page 73, d'attirer
l'attention sur le petit bois que nous retrouvons ici, en tête du *Prologue*.

Elle est identique, comme texte, mais non comme format, à celle en 54 feuillets que nous décrivons sous le n° 77, & que, suivant l'opinion de M. Émile Picot, nous croyons postérieure. Les lettres ornées & la typographie sont les mêmes dans les deux éditions ; mais trois gravures ont été modifiées dans la seconde.

C'est également la même typographie que pour le *Tiers livre* de 1547 que nous avons décrit sous le n° 72.

Comment Panurge feit noyer
en mer les moutons, & le
marchant qui les conduiſoit.
Chapitre.   iij.

E debat du tout ap
paiſé, Panurge diſt
ſecretement à Pan-
tagruel, & à Frere
Iean, Retirez vous
icy vn peu à l'eſ-
cart, & ioyeuſe-
ment paſſez temps à ce que verrez.
Il y aura bien beau ieu, ſi la corde ne
rompt. Puis s'adreſſa au marchant, &
de rechef beut à luy plein hanap de
bon

Le *Prologue* qui ouvre le volume n'a pas été conservé dans l'édition définitive du IV⁰ livre, & Rabelais, en même temps qu'il en écrivait un autre, a modifié sensiblement le texte des 11 chapitres originaux.

Le Duchat n'a connu la rédaction primitive du *Quart livre* que par la copie qui suit la contrefaçon des trois premiers, datés de Valence 1547 (voir n° 85). C'est d'après cette contrefaçon, très fautive, qu'il a donné l'*ancien Prologue*.

Comment apres la tempeste,
Pantagruel defcendit en l'If
le des Macreons.
Chapitre.   xj.

Vr l'inftant, nous def-
cendifmes au port d'vne
Ifle, laquelle on nom-
moit, Ifle des Macreons.
Les bonnes gens du heu
nous receurent honorablement. Vn
vieil Macrobe (ainfi nommoient ilz
leur

leur maiftre Efcheuin) vouloit me-
ner Pantagruel en la maifon commu
ne de la ville, pour foy raffraifchir à
fon ayfe,& prendre fa refection:mais
il ne vouloit partir du molle , que
toutes fes gens ne fuffent en terre.
Apres les auoir recogneuz,comman
da chafcun eftre mué de veftemens,
& toutes les munitions des Naufz
eftre en terre expofées: à ce que tou
tes les chormes feiffent chere lie. Ce
que fut incontinent faict. Et Dieu
fçait comment il y eut beu &
galle'. Tout le peuple du
lieu apportoit viures
en abondance.
Les Panta-
grueli-
ftes
leur en donnoient d'ad-
uantaige. Vray eft
que quia plus
n'en dict.

L'exemplaire que nous avons consulté appartient à la bibliothèque J. de Rothschild (nº 1513) & nous a été obligeamment communiqué par M. Émile Picot. L'éminent bibliographe estime que cette édition en 48 feuillets a précédé celle en 54 feuillets. « Ce qui paraît confirmer cette hypothèse, dit-il, c'est que le tirage des bois est plus net que dans l'édition en 48 feuillets. » — Un autre exemplaire, joint au Rabelais de Claude La Ville 1547, figure sur le 79e catalogue L. Rosenthal, de Munich, nº 19742.

77. LE QVART ‖ LIVRE DES FAICTZ ‖ & dictz Heroiques du ‖ noble Panta- ‖ gruel. ‖ ✿ ‖ *Composé par M. François Ra-* ‖ *belais Docteur en Medici-* ‖ *ne, & Calloier des* ‖ *Isles Hieres.* ‖ A LYON, ‖ Lan mil cinq cens quarante ‖ & huict.

In-16 carré de 54 ff. non chiffr., plus 2 ff. blancs, 21 lignes à la page, car. ronds, gravures sur bois.

LE QVART
LIVRE DES FAICTZ
& dictz Heroiques du noble Pantagruel.

❧

Composé par M. François Rabelais Docteur en Medicine & Calloier des Isles Hieres.

A LYON,

Lan mil cinq cens quarante & huict.

Comme la précédente, dont elle suit le texte, cette édition est composée du *Prologue* & de 11 chapitres. A l'exception de trois bois, elle est ornée des mêmes figures, & sort sans doute également des presses de Pierre de Tours. Il n'y a pas de table.

[Bibl. Nat., Rés. Y². 2160. — Arsenal, B.-L., 14778. — J. de Rothschild, 1512. — Taschereau, 1652. — Musée Condé, 1642.]

Quart Livre. S. d., P. de Tours, en onze chapitres, voir n° 86.

Quart Livre, Lan mil cinq cens quarante huit, en onze chapitres, à la suite de la contrefaçon de Claude La Ville, 1547, voir n° 85.

78. LE ‖ QVART LIVRE ‖ DES FAICTS ET ‖ *dicts Heroiques du bon* ‖ *Pantagruel.* ‖ Composé par M. François Rabelais ‖ docteur en Medicine. ‖ NE LA MORT, ‖ NE LE VENIM. ‖ A PARIS, ‖ De l'imprimerie de Michel Fezandat, au mont ‖ S. Hilaire, a l'hostel d'Albret. ‖ 1552. ‖ Auec priuilege du Roy.

LE
QVART LIVRE
DES FAICTS ET
dicts Heroiques du bon
Pantagruel.

Compofe par M. François Rabelais
docteur en Medicine.

NE LA MORT,

NE LE VENIM.

A PARIS,

De l'imprimerie de Michel Fezandat, au mont
S. Hilaire, a l'hoftel d'Albret.

1552.

Auec priuilege du Roy.

In-8° de 19 ff. non chiffr., pour le titre, l'épiſtre dédicatoire à Monſeigneur
Odet de Chaſtillon (5 ff), datée du 28 janvier 1552 (nouveau ſtyle), le
privilège du 6 août 1550 (2 ff.), le Prologue (11 ff. & une page),
143 ff. chiffr. (de 2 à 144), 4 ff. non chiffr. pour la Table & 1 f. blanc.
Les exemplaires qui contiennent la Briefue Declaration ont, en outre,
9 ff. non chiffr. plus 1 f. blanc. Car. ronds, 27 lignes à la page. Typogra-
phie élégante, belles lettres ornées au commencement de chaque chapitre.

Le *Prologue,* qui commence au feuillet signé B (le 9ᵉ), se termine au feuillet Ciiij (recto), non chiffré & comptant cependant dans la foliotation.

Prologue de l'autheur.

M. FRANCOIS RABELAIS
*pour le quatrieme liure des faicts
et dicts Heroiques de
Pantagruel.*

Au lecteurs beneuoles.

G E N S de bien, Dieu vo⁹ faulue & guard. Ou eſtez vous ? Ie ne vous peuz veoir . Attendez que ie chauſſe mes lunettes . Ha, ha. Bien & beau s'en va Quareſme, ie vous voy. Et doncques? Vous auez eu bonne vinee ? a ce que lon ma dict. Ie n'en ſerois en piece marry. Vous auez remede trouué infinable côtre toutes alterations ? Ceſt vertueuſement operé. Vous, vos femmes, enfans, parens, & familles eſtez en ſanté deſiree . Cela va bien, cela eſt bon : cela me plaiſt. Dieu, le bon Dieu, en ſoit eternellement loué : & (ſi telle eſt ſa ſacre volunté) y ſoiez longuement maintenuz. Quant eſt de moy, par ſa ſaincte benignité, i'en ſuys la, & me recommande. Ie ſuys, moiennant

B

Le texte commence au verso du feuillet B. Il est divisé en 67 chapitres, & se termine à la 3ᵉ ligne du feuillet 144, suivie de ces mots :

FIN DV QVATRIE-
me liure des faicts & dicts heroiques du noble Pan-
tagruel.

A la fin de la table :

Acheué d'imprimer le xxviii de
Januier MDLII.

Cette date, qui est la même que celle qui termine l'*Epiſtre dédicatoire,* est du nouveau style. C'est ce qui explique comment les registres
du Parlement de Paris, à la date du 1ᵉʳ mars 1551 (ancien style), peuvent
citer ce volume.

Il existe de cette édition, qui donne, *pour la première fois,* le texte
complet du *Quart Livre,* deux tirages, ou plutôt certains exemplaires
présentent dans le *Prologue* des variantes qui indiquent que l'on a cartonné le cahier B, à partir des mots : *Sa haulte vieilleſſe il n'a vescu,* jusqu'au
vers : *Un gros maillet en la ruelle,* inclusivement.

M. Marty-Laveaux observe (t. IV de son édition de Rabelais, p. 268),
d'après deux de ces variantes, que le carton a dû être introduit dans les
exemplaires après le 18 avril 1552, date de l'entrée victorieuse de Henri II
à Metz.

Le premier tirage portait :

«. . . N'est-il escript & pratique, par les anciennes coustumes de ce
tant noble, tant florissant, tant riche *& triumphant* royaume de France que
le mort faiſit le vif ? Voiez ce qu'en a recentement expoſé le bon, le
docte, le saige, le tant humain, tant débonnaire, & *équitabe* And. Tiraqueau, *conſeiller du roy* Henry ſecond de ce nom.»

Les passages soulignés sont modifiés comme suit sur le carton :

«. . . tant noble, *tant antique, tant beau,* tant florissant, tant riche
royaume de France. . . *équitable* And. Tiraqueau, *conseiller du grand, victo-
rieux & triumphant* roy Henry second. . .»

Les autres variantes consistent en trois corrections & une coquille, sur
le dernier feuillet du cahier B.

... un certain inſtrument, par le
seruice duquel *on fend & couppe
boys*

... un certain inſtrument, par le
seruice duquel *eſt fendu & couppé
boys*

... en vn beau parterre Josquin
des prez, *Olkegan,* Hobrettez. . .
Jacquet bercan, *chantant* mélodieusement.

« Grand Thibault se *vouleut*. . . »

... en vn beau parterre Josquin
des prez, *Ollzegan* (coquille), Hobrettez. . . Jacquet bercan, *chan-
tans* mélodieusement :

« Grand Thibault se *voulent*. . . »

Une partie de l'édition a été augmentée de dix feuillets (le dernier
blanc), contenant la

Briefue declaration
d'aulcunes dictions plus obſcures contenües on quatrieſme liure des faicts & dicts He-roicques de Pantagruel.

Ce document, le premier glossaire pantagruélique qui ait paru, est
incontestablement de la main de Rabelais ; le style, le ton, ne sauraient
laisser aucun doute à cet égard. L'auteur seul pouvait, l'année de l'impression du livre, écrire :

« *Canibales.* Peuple monſtrueux en Afrique ayant la face comme Chiens, & ab-
bayant en lieu de rire. . .
« *Le mal saint Eutrope.* Manière de parler vulgaire : comme le mal ſaint Jan, le
mal de ſaint Main, le mal ſaint Fiacre. Nō que iceux benoiſts ſainĉts ayent eu
telles maladies : mais pource qu'ilz en guerissent. . .
« *Par la Vertus Dieu.* Ce n'est iurement : cest aſſertion : moyennāte la vertus de
Dieu. Ainſi est-il en plusieurs lieux de ce liure. Cōme à Tholoſe preſchoit
frère Quambouis. Par le sang Dieu nous fusmes rachetez. Par la vertus Dieu
nous ſerons sauvez. . . »

L'une des notes de la *Briefue Declaration* fournit un renseignement biographique :

« *Catadupes du Nil.* Lieu en Aethiopie, auquel le Nil tombe de hautes montaignes, en ſi horrible bruit q̄ les voisins du lieu ſont presque tous ſours,
comme escrit Claud. Galien. *L'euesque de Caramith (celluy q̄ en Rome fut mon*

precepteur en lague Arabicque) m'a dict que l'on oyt ce bruit à plus de trois journées loing : qui est autant que de Paris à Tours. Voyez Ptol. Ciceron in Som. Scipionis. Pline libr. *5.* cap. 9 & Strabo. »

Une autre note, se rapportant au mot « Hieroglyphiques », prouverait définitivement, si cela était nécessaire, que Rabelais est bien l'auteur de ce petit glossaire. Elle reproduit, en effet, en le développant, un passage du chapitre IX de *Gargantua* :

Gargantua, chap. IX.	*Briefue Declaration.*
« . . .Bien aultrement faisoient en temps iadis les saiges de Egypte, quand ils escripuoient par lettres qu'ils appeloient hieroglyphiques. Lesquelles nul n'entendoit qui n'entendist & un chascun entendoit qui entendist la vertu, proprieté, & nature des choses par icelles figurees. Desquelles Orus Apollo a en grec composé deux liures, & Polyphile au songe d'amours en a dauantaige exposé. En France vous en avez quelque transon en la deuise de monsieur l'Admiral : laquelle premier porta Octauian Auguste.»	«*Hieroglyphicques.* Sacres Sculptures : Ainsi estoyent dictes les lettres des antiques saiges Aegyptiens : & estoient faictes des images diuerses de arbres, herbes, animaulx, poissons, oiseaulx, inftrumens : par la nature & office desquelz estoit repréfenté ce qu'ilz vouloient désigner. de icelles auez veu la diuise de mon feigneur l'admiral en vne ancre, inftrument trefpoisant : & vn Dauphin poisson legier sus tous animaulx du monde : laquelle aussi auoit porté Octauian Auguste, voulant designer : haste toy lentement : fais diligence paresseuse : c'est a dire expedie, rien ne laissant du nécessaire. Dicelles entre les Grecs a escript Orus Apollo. Pierre Colonne en a plusieurs expose en fon liure Tuscan intitulé, Hypnerotomachia Polyphili.»
(*On remarquera, dans les deux textes, la même orthographe :* Polyphile, *pour Poliphile.*)	

L'édition du *Qvart livre* publiée en 1552 chez Fezandat, qui est d'une fort belle typographie, contient un certain nombre de coquilles.

On a cru jusqu'ici qu'elle devait être considérée comme la dernière édition de ce livre qu'ait revue l'auteur, & c'est celle que, sur les *conseils* de J.-Ch. Brunet *aux éditeurs futurs* (voir *Recherches,* p. 138-144), on a suivie pour toutes les éditions modernes.

Rabelais a cependant revu & publié lui-même au moins deux éditions postérieures à celle-ci.

On s'en convaincra par la collation suivante. Nous confrontons le texte de *Fezandat* 1552 avec celui de *Lyon, Baltasar Aleman* 1552, & celui de 1553, *sans lieu,* que nous croyons avoir été également imprimé à Lyon, & non à Paris, comme on l'a toujours supposé. (Voir r.ᵒˢ 81 & 83.)

EPISTRE.

...il l'a en foy & *debonnarie* confacré, & esleu entre tous humains.

L'édition de 1552, Lyon, Aleman, & celle de 1553 s. l. ont : *debonnaireté*

PROLOGUE.

...*Au* lecteurs beneuoles

Les deux éditions ont : *Aux*

...Cl. Gal. non pour telle reuerence en santé *foyt* maintenoit

Les deux éditions ont : *foy*

...à haulte voix *infatiguablament* ma coignée

B. Aleman : *infatiguablement*
1553 s. l. : *infatigablement*

...hen, hen, dirent *il*

Les deux éditions ont : *ilz*

...fimplicité soubhaitent & *optes* choses mediocres

Les deux éditions ont : *optent*

...*vous* males mules

Aleman : *vous*
1553 s. l. : *voz*

...*froncle* au cropion

Aleman : *froncle*
1553 s. l. : *furōcle*

CHAP. I.

...*au quelz* inconueniens

1553 s. l. : *aufquelz*

...*fes* Indians

1553 s. l. : *ces*

CHAP. II.

...beau frere Tereus l'auoit *dupu cellée*

Aleman : *depucellee*
1553 : *depucellée*

CHAP. III.

...troys nuicts *perfaictz*

1553 : *parfaictz*

...nouuelle de *quelques* chose

Aleman & 1553 : *quelque*

CHAP. V.

...tu le *tiraſſe* auecques les dens

Aleman & 1553 : *tiraſſes*

<table>
<tr><td>PARIS, FEZANDAT 1552.</td><td>LYON, BALTASAR ALEMAN 1552, ET 1553 SANS LIEU.</td></tr>
</table>

CHAP. VII.

…le hault cousté, la poictrine, le *fayé,* la ratelle	1553 : *foye*
…que *pense* tu	Aleman & 1553 : *penses-tu*

CHAP. VIII.

…ceux de *Thibaul* l'aignelet	Aleman & 1553 : *Thibault*
…tu… te *damne* comme un vieil diable	Aleman : *damnes*

CHAP. IX.

…l'vn *vn* aultre nommoit sa couane	Aleman : *vne*
…de mesmes *vne* aultre appeloit vne sienne ma trippe	Aleman : *vn*

CHAP. X.

…boyre vingt & cinq ou *trent* foys par homme	Aleman & 1553 : *trente*

CHAP. XI.

…mais respondit Antagoras, *a* Roy *eſtime tu*	1553 : *ha* Aleman & 1553 : *eſtimes*
…onquel lieu voſtre honneur n'euſt *porter* soy cacher	1553 : *porté*

CHAP. XII.

…couraigeux, vertueux, *managnime,* cheualereux	Aleman & 1553 : *magnanime*
…*eslourdy* & meurtry	Aleman & 1553 : *eſtourdy*

CHAP. XIII.·

…*carrefou* iectoient *plenes poignees* de *parasine* en pouldre	1553 : *Carrefour*… *pleines poignée* de *poix resine*

CHAP. XIV.

(dernier mot du chapitre) *secrement*   Aleman & 1553 : *secretement*

CHAP. XVII.

...coquasses, *lichefretes*   1553 : *lichefrites*

CHAP. XIX.

...spirituel, mon amy, *ſ'en* est faiɛt   1553 : *c'en*

...rencontraſmes, tant *deuot,* tant gras   Aleman & 1553 : *deuotz*

...vertus Dieu, *parle tu* de testament   Aleman & 1553 : *parles tu*

CHAP. XXIV.

...les *biꝫets il* mettent bouillir *au* na-   1553 : *biſets ils* ... *aux*
ueaulx

CHAP. XXV.

...l'oracle de *Bacbut* & avoir le mot   Aleman & 1553 : *Bacbuc*

CHAP. XXVII.

...curieulx d'entendre *qu'elle* ſeroit   Aleman & 1553 : *quelle*
l'issue

CHAP. XXXI.

...*l'allꝫatin* comme un billart   1553 : *alꝫatin*

CHAP. XXXII.

...mais aussi *son defendre* contre les   Aleman & 1553 : *ſen* (pour *ſ'en*) def-
choses nuisantes   fendre

...les Demoniacles *Caluins impoſteurs*   Aleman & 1553 : les Demoniacles, les
de Geneue : les enraigez Putherbes   enraigez Putherbes

PARIS, FEZANDAT 1552.	LYON, BALTASAR ALEMAN 1552, ET 1553 SANS LIEU.

CHAP. XXXIII.

...telle que voyez *obserure* par les grues en leur vol	Aleman : *obseruée* 1553 : *obseruee*

CHAP. XXXVII.

...mais pour retourner *au* noms considerez comment Alexandre	Aleman & 1553 : *aux*

CHAP. XXXIX.

...matiere de *brauiaire,* repondit frère Iean	1553 : *breuiaire*

CHAP. XLI.

...andouilles au *genoulx*	1553 : au *genoil*

CHAP. XLII.

...(titre) *parlamente*	1553 : *parlemente*

CHAP. XLIII.

...courousser & battre : *au* varletz estre battuz	1553 : *aux*

CHAP. XLV.

...doubles *baſtans*	Aleman : *baſtans* 1553 : *baſtons*

CHAP. XLVII.

...comment diſt le Diable : *Qui a il?*	1553 : *qu'y a il?*

CHAP. XLVIII.

...ainsi appellent ils *leus* Euesque	Aleman & 1553 : *leurs* Euesque

CHAP. XLIX.

...*diuement* escripte ΓΝΩΘΙ ΣΕΑΥΤΟΝ	Aleman & 1553 : *diuinement*

CHAP. LVII.

...aultrement tous de *mal* famine   Aleman & 1553 : *male*
perissoient

...y *feßent* Roys   Aleman & 1553 : y *feußent*

CHAP. LXVI.

...ce Diable de fol est ſi lasche &   Aleman & 1553 : *heures* de *male*
meschant qu'il se conchie à toutes
heurtes de *mal* raige de paour

Il semble résulter de cette collation que l'édition de Baltasar Aleman, imprimée à Lyon en 1552, a été revue par Rabelais, & que celle de 1553 sans lieu, plus correcte encore, a été faite sur un exemplaire corrigé de l'édition susdite, d'autant, comme nous le montrerons plus loin (voir n° 83) que la *Briefue Declaration,* dans l'édition de 1553, suit celle de Baltasar Aleman, & non pas celle de Fezandat.

L'importante variante du chapitre XXXII, qui supprime l'invective contre Calvin, donnerait à penser que l'auteur se trouvait alors dans l'obligation momentanée de ménager les protestants, & il y aurait, dans ces détails, un élément de plus pour établir la tradition encore nébuleuse d'un séjour de Rabelais à Lyon à la fin de l'année 1552 & au commencement de 1553 (voir, à ce sujet, page 161).

[Bibl. Nat., Rés. Y². 2164 (exemplaire cartonné, sans la *Briefue Declaration*). — Arsenal, B.-L., 14779 (exemplaire non cartonné, sans la *Briefue Declaration*). — J. de Rothschild, 1514 (exemplaire cartonné, avec la *Briefue Declaration*. Comme l'exemplaire du III livre (n° 74), même date, il provient du comte d'Hoym, & a passé successivement dans les bibliothèques Bonnemet, La Vallière, Mirabeau, Leblond, Duriez & Ganay, avant d'être acquis par M. J. de Rothschild). — Clinchamp, 451. — De Ruble, 436. — Potier, 1385.]

79. LE ‖ QVART LI- ‖ VRE DES FAICTS ‖ *& dicts Heroiques du* ‖ *bon Pantagruel.* ‖ Compoſé par M. François ‖ Rabelais Docteur en ‖ Medicine. ‖ *Reueu & corrigé pour la* ‖ *ſeconde edition.* ‖ 1552. ‖ Auec priuilege du Roy.

In-16 de 24 ff. non chiffr., 375 pages chiffr., une page blanche et 3 ff. non chiffr.

L E

QVART LI-
VRE DES FAICTS
& dicts Heroiques du bon Pantagruel.

Compofé par M. François
Rabelais Docteur en
Medicine.

*Reueu & corrigé pour la
feconde edition.*

1 5 5 2.

Auec priuilege du Roy.

Le verso du titre est blanc. Les cinq feuillets suivants, non chiffrés,
sont occupés par l'Epistre au cardinal Odet de Chastillon, en caractères
italiques.

Vient ensuite le privilège, sur trois pages, en caractères ronds plus
menus, & une page blanche.

Le *Prologue* occupe 16 feuillets non chiffrés. Puis le texte du livre,
en LXVII chapitres, reproduisant un exemplaire de second tirage du *Qvart
livre* de Fezandat, sans la *Briefue Declaration.*

La page 375 se termine par le mot FIN, & le verso est blanc.

Trois feuillets non chiffrés donnent ensuite la table.

[Cat. Cigongne, n° 1896. L'exemplaire est actuellement à la Bibliothèque du Musée Condé, n° 1643.]

80. LE ‖ QVART LI- ‖ VRE DES FAICTZ ‖ *& dictz Heroiques
du bon* ‖ *Pantagruel.* ‖ Compofé par M. Francoys Rabe ‖ lais
docteur en Medicine. ‖ ৎ Auec priuilege du Roy. ‖ 1552.

In-16 carré de 144 ff. non chiffr., sign. A.-S., caractères ronds.

LE
QVART LI·
VRE DES FAICTZ
& dictz Heroiques du bon
Pantagruel.

Composé par M. Francoys Rabe
lais docteur en Medicine.

⁜ Auec priuilege du Roy.

1 5 5 2.

A la fin : A Rouen, par Robert Valentin, ‖ libraire.

Malgré l'indication du titre, il n'y a pas de privilège.

Cette édition, contrefaçon de celle de Michel Fezandat, en reproduit le texte assez fidèlement. On n'y a pas employé de caractères grecs.

[Bibl. Nat., Rés. Y². 2166. — Taschereau, 1653.]

81. LE ‖ QVART LI- ‖ VRE DES FAICTS ‖ *& dictz Heroïques du* ‖ *bon Pantagruel.* ‖ Composé par M. Françoys Rabe- ‖ lais Docteur en Medicine. ‖ ᒷ Auec vne briefue declaration d'aucunes di- ‖ ctions plus obscures contenues en ‖ ce dict liure. ‖ À LYON, ‖ CHEZ BALTASAR ALEMAN. ‖ 1552. ‖ Auec priuilege du Roy.

Pet. in-8° carré de 22 ff. prélim., 165 ff. (chiffr. de 2 à 166), plus 15 ff. non chiffr. pour la Table & la Briefue Declaration. *Ces derniers feuillets sont signés* Aij-Biiij.

LE
QVART LI-
VRE DES FAICTS
& dictz Heroïques du
bon Pantagruel.

Compofé par M. Françoys Rabelais Docteur en Medicine.

Auec vne briefue declaration d'aucunes dictions plus obfeures contenues en
ce dict liure.

A' LYON,
CHEZ BALTASAR ALEMAN.
1 5 5 2.

Auec priuilege du Roy.

Au verso du titre, se lit un extrait du Privilège qui rappelle, par sa disposition typographique, celui du *Tiers livre* de 1547 (voir n° 72), que l'on attribue à Pierre de Tours. Les caractères sont d'ailleurs les mêmes dans les deux éditions. Baltazar Aleman aurait-il été le successeur de cet imprimeur?

Les 22 feuillets préliminaires sont occupés par le titre, l'épître *A tres illustre Prince, & reverendissime mon seigneur Odet cardinal de Chastillon* (7 feuillets), & le *Prologue* (27 pages). Le verso du 22° feuillet, non paginé, contient le commencement du chapitre premier. Les deux feuillets suivants, paginés 2 & 3, terminent le cahier *C*.

Les signatures vont de *a_i* à *Z_{iiii}*. Le cahier *Z* est suivi d'un feuillet,

signé A, , qui contient la fin du texte, avec au verso, treize lignes
suivies de :

FIN DV QVATRIE-
me liure des faicts & dicts Heroic-
ques du noble Pan-
tagruel.

Suivent la *Briefue Declaration* & la *Table*.

Voici la reproduction de l'extrait du Privilège qui est au verso du
titre :

Priuilege du Roy.

Il a pleu au Roy noftre fire, de don
ner Priuilege, & permifsion à M. Franç.
Rabelais, docteur en medicine, de faire
iprimer le quart liure des faictz & dictz
heroiques du noble Pantagruel, pour le
terme de fix ans côfecutifz . Et defenfe
à tous Libraires, & Imprimeurs (finon
ceulx qui par luy feront commis)de nô
en imprimer, ne mettre en vente, fur les
peines contenues plus amplement es lettres Royaulx dud priuilege . Données
S. germain en Laye, le vi. iour d'Aouft
M. D. L.

Par le Roy, le cardinal de Chaftillon
prefent.   Signé   Du Thier.

Cette édition, comme nous le montrons par la collation donnée au n° 78,
est plus correcte que celle de Fezandat & semble avoir été revue par Rabelais
lui-même.

La variante la plus importante (les autres consistant en corrections typographiques) est celle de la suppression, à la fin du xxxii° chapitre, des mots ici
soulignés : «Demoniacles *Caluins impofteurs de Geneue*», qui se lisent dans l'édition de Fezandat, & qui ont été remplacés, dans quelques éditions des *Œuvres*
à partir de 1564, par : *Chicanous racleurs de vénefices*.

[Arsenal, 14780 (ex. lavé & incomplet). — British Museum.]

82. (LE ‖ QVART LIVRE ‖ DES FAICTZ ET DICTZ ‖ Heroïques du bon ‖ Pantagruel.) ‖ Compofé, par (M. François Rabelais,) ‖ Docteur en Medecine. ‖ *NE LA MORT,* ‖ *NE LE VE-NIN* ‖ *A PARIS* ‖ *De l'Imprimerie de Michel Fezandat au mont* ‖ *S. Hilaire, a l'hoftel d'Albret* ‖ *1552.* ‖ Auec Priuilege du Roy.

LE

QVATRIESME VOLVME

DES FAICTS ET DICTS
du bon Pantagruel
Compofé, par M. F - Rabelais
Docteur en Medicine.

NE LA MORT,   *NE LE VENIN*

A PARIS
De l'Imprimerie de Michel Fezandat au mont
S. Hilaire, a l'hoftel d'Albret
1552
Auec Priuilege du Roy.

In-16 carré, 23 ff. prélim. non chiffr., 182 ff. chiffr., & 5 ff. non chiffr., plus 1 f. blanc. Puis 9 ff. non chiffr. pour la Briefue Declaration, *& 1 f. blanc. Car. ronds.*

L'épître au cardinal de Chastillon, datée du 28 janvier 1552 (nouveau style), commence au verso du titre, & va jusqu'à la 5ᵉ ligne du 6ᵉ feuillet verso. Le privilège suit, & occupe encore 2 feuillets. Le *Prologue* commence avec le cahier B. Il occupe 14 feuillets plus le recto du suivant, non paginé, au verso duquel commence le texte. La foliotation commence à 2, au feuillet suivant, & va jusqu'au verso de 182.

La table, qui occupe 4 feuillets, se termine à la deuxième ligne du recto suivant, & est suivie de ces mots :

Acheué d'imprimer le xxviii
de janvier MDLII.

Viennent ensuite 9 feuillets non chiffrés pour la *Briefue declaration,* & un feuillet blanc.

C'est ici une contrefaçon de l'édition de Michel Fezandat. Le seul exemplaire que nous en connaissons est celui de la Bibliothèque Nationale (Rés. Y². 2165). On voit, par notre facsimilé, que, le titre de cet exemplaire ayant été déchiré dans sa partie supérieure, & collé sur une feuille de papier blanc, on a récrit, inexactement, à la plume, les premiers mots. C'est sans doute cet exemplaire que Nicéron a eu sous les yeux en rédigeant son « catalogue », car il mentionne un *quatriesme volume des faicts & dicts,* etc.

On remarquera que la vignette du titre est assez grossièrement gravée. En outre, le mot VENIM, de la devise de Fezandat, est ici orthographié VENIN.

Cette contrefaçon nous semble avoir été faite à Lyon, & postérieurement à l'édition de Baltasar Aleman (voir n° précédent); la *Briefue declaration* qui y est jointe copie celle de ce dernier imprimeur & non celle de Fezandat; les références renvoient, en effet, à un texte de 166 feuillets, & non de 144.

Le texte en est très incorrect.

83. LE ‖ QVART LI ‖ *VRE DES FAICTS* ‖ *& dictz Heroiques du* ‖ *bon Pantagruel.* ‖ Compoſé par M. Françoys Ra- ‖ belais Docteur en Medicine. ‖ ❧ Auec vne briefue declaration d'aucunes ‖ dictions plus obſcures contenues ‖ en cedict liure. ‖ *Nouuellement reueu & corrigé,* ‖ *par ledict autheur, pour la* ‖ *deuxieſme edition.* ‖ 1553.

Petit in-8° carré de 17 ff. non chiffr., y compris le titre, 294 pages chiffr. & 12 ff. non chiffrés. Caract. ronds.

Le verso du titre est blanc. L'*Epiſtre dédicatoire* occupe 7 feuillets & le *Prologue* 9 feuillets non chiffrés. La typographie est élégante jusqu'à la fin du feuillet 54; elle change, à partir de 55, & les caractères, plus petits, forment des lignes moins régulières, jusqu'au bout du volume. Les 12 feuillets de la fin contiennent la *Table* (5 pages), & la *Briefue declaration,* qui suit, ici, non pas l'édition de Fezandat, mais celle de Lyon, Baltasar Aleman, 1552. On a, en effet, conservé les renvois à un texte en

166 feuillets, & comme l'édition de Baltasar Aleman est la seule ainsi foliotée, il ne saurait y avoir aucun doute. D'autre part, il est important de remarquer, à la fin du chapitre XXXII, comme dans l'édition d'Aleman, la suppression des mots : *Caluins impofteurs de Geneue.*

LE
QVART LI
VRE DES FAICTS
& dictz Heroiques du
bon Pantagruel.

Compofé par M. Françoys Rabelais Docteur en Medicine.

Auec vne briefue declaration d'aucunes dictions plus obfcures contenues en cedict liure.

Nouuellement reueu & corrigé,
par ledict autheur, pour la
deuxiefme edition.

1553.

Il n'y a pas de privilège.

Bien que la plupart des bibliographes qui ont parlé de cette édition l'attribuent — sans être, il est vrai, très affirmatifs — aux presses de Michel Fezandat, nous croyons qu'elle a été imprimée à Lyon, le papier & les caractères typographiques (à l'exception des lettres ornées) étant sensiblement semblables à ceux de l'édition d'Aleman. Comme dans cette dernière, l'épître liminaire est en italiques, tandis que le texte est en caractères ronds. Les corrections importantes que nous avons relevées précédemment (voir n° 78) semblent établir que l'auteur lui-même a revu ce texte, comme le titre l'annonce, d'ailleurs.

Rabelais a-t-il fait, à la fin de 1552, ou au commencement de 1553 (nouveau style), un séjour à Lyon? Trois lettres de Denys Lambin (Bibliothèque Nationale, ms. 8647 fonds latin, folios 13, 14 & 16), dont M. Henri Potez a cité

dernièrement des fragments, permettent de soulever cette question, sans pourtant la résoudre catégoriquement. Dans l'une de ces lettres, adressée de Lyon à Prevôt de Therouanne, le troisième jour des nones de novembre 1552, Denys Lambin s'exprime comme suit :

« *Audimus Franc. Rabelæsum in carcerem eße conjeʧum vinculisque conʃtriʧum. Idne sit verum an rumor vanus ac falsus facies ut sciam.* »

Le huitième jour des ides de novembre, le même Denys Lambin écrit à Henri Estienne :

« *De Rabelæso meras fabulas eße puto : nihil enim de ea re Lugduni auditum eʃt; dedi quibusdam negotium ut (si forte,* effacé) *rumores (omnes,* effacé) *excipere (mihi difficile eßet,* effacé)*, meam in ac re negligentiam supplerent.* »

Et, aux nones de décembre, il écrit encore à Henri Estienne

« *De Rabelæso nihil audivi.* »

En publiant ces citations dans la *Revue des Études rabelaisiennes* (n° 1, p. 57-58), M. Henri Potez conclut :

« *Ainsi donc, il eʃt probable que Rabelais vécut jusqu'à la fin de 1552.* »

Nous oserons hasarder une autre interprétation : dans les derniers mois de 1552, le bruit a couru à Lyon que Rabelais aurait été jeté en prison; mais Denys Lambin n'a aucune confirmation du fait. Faut-il penser que maître François était caché chez des amis lyonnais, & peut-être chez des protestants? Ces documents, en tous cas, n'infirment en aucune façon, comme on a semblé vouloir l'insinuer[1], la tradition qui fait mourir Rabelais à Paris, le 9 avril 1553.

[Bibl. Nat., Rés. Y². 2167. — Potier, 1386. — Behague, 945. — Guy Pellion, 543.]

---

[1] Dans une circulaire, datée du 12 février 1903, & destinée à faire connaître la fondation de la Société des Études rabelaisiennes, M. Abel Lefranc annonçait que le Bulletin de cette Société contiendrait, entre autres choses, ... « des Mélanges, « documents biographiques & autres. — Le premier numéro contiendra un « document capital, *qui modifie la date acceptée jusqu'à présent pour celle de sa mort.* » Plus haut, le signataire de la circulaire disait : « La date acceptée jusqu'à présent « pour cette dernière (la mort de Rabelais), *eʃt tout à fait inexaʧe.* » Il est probable que le comité de rédaʧion de la *Revue* s'est aperçu que les deux phrases que nous soulignons étaient un peu trop affirmatives, car, dans la reproduʧion de la circulaire, en tête du premier fascicule, elles sont prudemment remplacées, l'une, par : « Le premier numéro contiendra *des documents nouveaux sur les der-* « *nières années de Rabelais & sur la date approximative de sa mort* », & l'autre, par : « la date acceptée jusqu'à présent... *ne repose sur aucune base solide* ».

84. *LA* ‖ Plaiſante, & ‖ IOYEVSE ‖ hiſtoyre du grand ‖ Geant Gargantua. ‖ Prochainement reueue, & de beaucoup ‖ augmentée par l'Autheur meſme. ‖ *A Valence,* ‖ Chés Claude La Ville. ‖ 1547.

LA
Plaiſante, &
IOYEVSE
hiſtoyre du grand
Geant Gargantua.

Prochainement reueue, & de beaucoup
augmentée par l'Autheur meſine.

A Valence,
Chés Claude La Ville.
1547.

In-16 carré de 246 pages, la dernière non chiffrée, & 1 f. blanc. Gravures sur bois, car. ronds.

La page 245 se termine par ces mots :

Fin de la plaiſante, & ioyeuse
hiſtoire du noble prince
Gargantua

La page 246 (non chiffrée) est occupée par les lignes suivantes :

Ceſt œuvre fut imprimé L'an ‖ de grace Mil cinq cents qua- ‖ rāte, et sept. A Valance, chés ‖ Claude La Ville demeurant ‖ pour lors en la grant Rue ti- ‖ rant a la place des clercs ‖ auprès l'enſeigne du Dauphin.

SECOND ‖ Liure de Pātagruel, ‖ Roy Des Dipſodes, Reſtitué ‖ á ſon naturel : auec ſes faictz, & ‖ proueſſes eſpouuentables : com ‖ poſés par M. Franç. Rabe- ‖ lais, Docteur en Mede- ‖ cine, & Calloier des ‖ Iſles Hieres. ‖ ⸗ ‖ PLVS ‖ Les merueilleuſes nauigations ‖ du diſciple de Pantagruel, ‖ dict Panurge. ‖ ⸗ ‖ A Valence, ‖ Chés Claude La Ville. ‖ 1547.

SECOND
Liure de Pātagruel,
Roy Des Dipſodes, Reſtitué
á ſon naturel : auec ſes faictz, &
proueſſes eſpouuentables : com
poſés par M . Franç. Rabelais, Docteur en Mede-
cine, & Calloier des
Isles Hieres.

PLVS
Les merueilleuſes nauigations
du diſciple de Pantagruel,
dict Panurge.

A Valence,
Chés Claude La Ville.
1547.

In-16 carré de 303 pages chiffr., la dernière chiffrée 203 par erreur. Car. ronds, fig. sur bois.

❧ Tiers ☙ ‖ Liure Des Faiĉtz, et ‖ Diĉtz Heroiques du noble ‖ Pantagruel, compoſés par ‖ M. Franç. Rabelais, Doĉteur ‖ en Medecine, & Calloier ‖ des Isles Hieres. ‖ ⚜ ‖ L'autheur ſuſdiĉt ſupplie les Leĉteurs ‖ beneuoles, ſoy reſeruer à rire au ‖ ſoixante & dixhuiĉtieſme liure. ‖ *Nouuellemēt Imprime, reueu, & corrige,* ‖ *& de nouueau* *Iſtorie.* ‖ *A Valence.* ‖ *Par Claude La Ville.* ‖ 1547.

❧ T I E R S ❧

Liure Des Faiĉtz, et

Diĉtz Heroiques du noble Pantagruel, compoſés par

M. Franç. Rabelais, Doĉteur
en Medecine, & Calloier
des Isles Hieres.

⚜

L'autheur ſuſdiĉt ſupplie les Leĉteurs
beneuoles, ſoy reſeruer à rire au
ſoixante & dixhuiĉtieſme liure.

Nouuellemēt Imprime, reueu, & corrige,
& de nouue au Iſtorie.

A Valence.
Par Claude La Ville.

1 5 4 7.

In-16 carré de 272 pages chiffrées, car. ronds, figures sur bois.

Les trois tomes sont généralement reliés ensemble. Cette édition, qui est d'une typographie fort nette, & dont le papier est beau, est ornée de figures sur bois, en tête de chaque chapitre. Ces figures, souvent répétées (celle du titre se re-

trouve plusieurs fois au cours des trois tomes), n'ont pas toutes été gravées pour les œuvres de Rabelais. La plupart représentent des scènes de la *Vie d'Esope;* d'autres sont tirées des *Fables.*

En tête de chaque livre, & en tête des *Navigations,* se voit le bois que voici :

Il est à remarquer que cette vignette, en tête des *Navigations,* ne porte pas, dans le cartouche, les lettres *Franc. Rabel.,* « preuve, dit J.-Ch. Brunet, que cet opuscule n'est pas de Rabelais... » Si l'on n'avait pas d'autre raison de douter de l'authenticité du livret en question, elle ne serait certes pas suffisante.

L'édition de Claude La Ville a été contrefaite (voir n° suivant) & Le Duchat ne l'a pas connue (il a eu entre les mains la contrefaçon).

Elle reproduit, pour les deux premiers livres, l'édition de Dolet & contient les mêmes passages subversifs contre la Sorbonne, passages supprimés dans l'édition de Juste 1542. L'orthographe est la même que dans l'édition de Dolet; on y remarque les prétérits en *arent,* « à la Parisienne », comme dit Le Duchat.

Les *Navigations de Panurge* occupent, à la fin du 2e livre, les pages 222 à 303. Elles sont précédées de la *Pantagrueline prognostication pour l'an mil cinq cents quarante & sept.*

Le *Tiers livre* reproduit l'édition de Lyon 1546, en 47 (46) chapitres, avec la même erreur de numérotation. On y voit, au verso du titre, à la suite du dizain de Franc. Rabelais à l'Esprit de la royne de Navarre, le dizain de *Jean Faure au lecteur,* qui paraît ici pour la première fois.

Il n'y a ni tables, ni privilège.

[Ruble, 434. — Comte de ***, Paris, Labitte, 19 avril 1888, n° 120. — Bulletin mensuel Morgand, nov. 1898, n° 33221. — Ludwig Rosenthal, Kat. 79, n° 19742. — Bibl. Nat. (le *Tiers livre* seulement, suivi du *quart livre* de 1548), Rés. Y². 2160. — Mazarine (le 2e livre), 22204, A.]

85. *LA* ‖ PLAISANTE, ‖ ET IOYEVSE ‖ histoyre du grand ‖ Geant Gargantua. ‖ Prochainement reueue & de beaucoup ‖

augmentée par l'Auheur mefme. ‖ *A Valence.* ‖ Chés Claude
La Ville, ‖ 1547.

L A

PLAISANTE,

E T I O Y E V S E

hiftoyre du grand

Geant Gargantua.

Prochairement reueue & de beaucoup
augmentée par l'Auheur mefme.

A Valence.
Chés Claude La Ville.
1547

In-16 carré, 246 pages, la dernière non chiffr., plus 5 feuillets blancs, fig.
sur bois, car. ronds.

SECOND LIVRE ‖ de Pantagruel, ‖ Roy des Dipfodes, ‖
Reftitué à fon naturel : auec fes faictz ‖ & prouelfes efpouuentables : com- ‖ pofez par M. Franç. Rabelais, ‖ Docteur
en Medecine, & ‖ Calloyer des Ifles Hieres. ‖ *PLVS* ‖ Les
merueilleufes nauigations du difciple ‖ de Pantagruel, dict
Panurge. ‖ *A Valence,* ‖ Chez Claude La Ville. ‖ 1547.

In-16 carré, 320 pages chiffr., car. ronds, fig. sur bois.

Au verso du titre, *le dixain de M. Hugues Salel, à L'autheur de ce Livre,* signé *Plus que moins.*

Le texte se termine, page 214, par ces mots : *FIN des Chronicques de PANTA-* ‖ *GRVEL, Roy des Dipſodes, reſtitué* ‖ *à leur naturel, auecq' ſes faiȼts, & ‖ proueſſes eſpouuentables : cõ- ‖ poſées par feu M. François ‖ Rabelais, abſtraȼteur de ‖ quinte eſſence.*

A la page 215, chiffrée, le titre suivant :

Pantagrueline ‖ PROGNOSTICATION, ‖ certaine, veritable, & infail- ‖ lible; Pour l'An Mil cinq cens ‖ quarante, & sept. Nouuelle- ‖ ment compoſée au proffit, & ‖ aduiſement de gents eſtourdis, ‖ & muſarts de nature. Par M. ‖ François Rabelais, Architri- ‖ clin dudit Pantagruel. ‖ De nombre d'Or, non dicitur : Ie ‖ n'en trouue poinȼt ceſte année, ‖ quelcque calculation que i'en ‖ aye faiȼt : paſſons oultre. ‖ Verte folium.

Le texte de la *Prognoſtication,* qui se termine page 233, est suivi des mots : *Fin de l'horrible, & merueilleuse ‖ hiſtoire du preux & redouté ‖ Chevalier Pantagruel.*

A la page 234, chiffrée, le titre :

Le Voyage & Na- ‖ VIGATION, QVE FIST ‖ Panurge, diſciple de Pantagruel, ‖ aux Iſles incongneuës, & eſtran- ‖ ges : & de pluſieurs choſes merueil- ‖ leuſes difficiles à croire, qu'il dit ‖ auoir veuës : dont il faiȼt Narra- ‖ tion en ce preſent Volume : & plu- ‖ ſieurs aultres joyeuſetez pour inci- ‖ ter les Leȼteurs & auditeurs à rire.

Le *Prologue de l'Autheur* commence à la page suivante, chiffrée 235, par la vignette contenant le cartouche avec les lettres *Franc. Rabel.,* qui sont absentes, comme nous l'avons dit, sur la page correspondante de la véritable édition de Claude La Ville.

Le texte des *Navigations* se termine page 320, par le mot FIN.

La page suivante, commençant un nouveau tome, porte ce titre :

TIERS ‖ Liure des Fai&z, et ‖ Di&z Heroiques du noble ‖ Pantagruel, compofés par ‖ M. Franç. Rabelais, Do&eur ‖ en Medecine & Calloier ‖ des Ifles Hieres. ‖ L'autheur fufdi& fupplie les Le&eurs bene- ‖ voles, foy referuer à rire au foixante ‖ & dixhui&iefme liure. ‖ *Nouuellement Imprimé, reueu & corri-* ‖ *gé, & de nouueau Iftorié.* ‖ *A Valence,* ‖ *Par Claude La Ville.* ‖ 1547.

In-16 carré, 349 pages, le vᵒ de la dernière blanc, & 1 f. blanc.

Au verso du titre, le dizain à l'esprit de la Royne de Navarre, suivi de *Jean Faure au Le&eur Dixain.*

Le *Prologue du Tiers livre* commence à la page suivante (numérotée 6 par erreur), avec la vignette au cartouche.

Le texte s'arrête page 280. Il a XLVII chapitres (en réalité 46, par suite de l'omission du chiffre XXVII).

La page 281 (non chiffrée) porte le titre suivant :

LE QVART ‖ LIVRE DES FAICTZ ‖ & di&z Heroiques du no- ‖ ble Pantagruel. ‖ *Composé par M. François Rabelais* ‖ *Do&eur en Medecine, & Calloier* ‖ *des Ifles Hieres.* ‖ L'an mil cinq cens quarente ‖ & hui&.

35 ff. (y compris le titre), numérotés de 283 à 349, car. ronds, grav. sur bois.

Le verso du titre & le verso de la dernière page sont blancs. Le texte du *Qvart livre* reproduit celui de l'édition de 1548 en *48 feuillets* (voir nᵒ 76). Les vignettes sont des copies de celles de cette édition. Il se compose du *Prologue* & de 11 chapitres. Il n'y a pas de table, non plus, d'ailleurs, qu'aux autres parties de l'ouvrage.

Cette contrefaçon de l'édition de Claude La Ville est de beaucoup postérieure à la date qu'elle porte.

La plupart des bibliographes pensent qu'elle a été imprimée vers 1600. Quelques-uns proposent Genève comme lieu d'impression.

Le papier en est mauvais, & l'impression peu nette.

[Bibl. Nat., Rés. 8° Y². 21. — British Museum. — Lebigre, 2346. — Behague, 941. — Clinchamp, 448. — De Ruble, 435. — Guillin d'Avenas, 1. — S. de Boissieu, 629. — Guy Pellion, 544.]

86. Édition de Pierre de Tours, *sans date.*

Nous plaçons ici la première édition collective des quatre premiers livres, antérieure à la publication définitive des livres III & IV. Les bibliographes qui l'ont citée pensent qu'elle a été imprimée, pour les deux premiers livres, vers 1545. Nous croyons qu'elle ne l'a été que postérieurement à 1548.

J.-Ch. Brunet estime — il ne dit pas pourquoi — que les deux premiers livres de cette édition ont été publiés avant les deux autres. Nous pensons, au contraire, qu'ils l'ont été simultanément. Le *Quart livre* suit ici la version de Lyon 1548. Il est certainement postérieur aux deux éditions parues, sous cette date, en 48 & 54 feuillets; telle est, du moins, l'opinion de M. Émile Picot (Cat. Rothschild, tome II, page 190).

Ce qui a fait adopter la date de 1545 pour les deux premiers livres, c'est, peut-être, l'absence du nom de l'auteur sur les deux titres. On sait, en effet, que ce nom n'a commencé à paraître qu'en 1546, sur le titre du IIIe livre.

Mais, comme nous allons le montrer, le nom de Rabelais se trouve, en toutes lettres, en tête du *Second livre,* lequel a sûrement été imprimé en même temps que le premier, puisque la foliotation n'est pas distincte dans les deux parties. Le nom de Rabelais se trouve, non pas sur le titre, mais au bas du *Prologue,* dans un *dixain* qui figure ici pour la première fois.

Premier volume :

LA VIE TRES- ‖ horrifique du grād ‖ Gargātua, père de ‖ Pantagruel, iadis ‖ compofée par M. ‖ Alcofribas, ab- ‖ ftraƈteur de ‖ quinte ef- ‖ fence ‖ * ‖ Liure plein de Panta- ‖ gruelifme. ‖ A Lyon par P. de Tours (*S. d.*)

Le fecōd ‖ LIVRE DE ‖ Pantagruel, re- ‖ ftitué à fon ‖ naturel. ‖ ❧ ‖ A Lyon par ‖ P. de Tours. (*S. d.*)

Ensemble, in-16 allongé de 232 pages chiffr., 3 ff. non chiffr. & un f. blanc. La pagination reprend ensuite à 234 (233 n'eſt pas chiffré), & va jusqu'à 464, plus 3 ff. non chiffr., le verso du dernier blanc. Grav. sur bois, car. ronds.

Le verso du premier titre contient le dizain *aux Leƈteurs,* sans les mots Vivez joyeux. Le *Prologue* commence page 3, avec la vignette de l'homme

écrivant, que nous avons déjà signalée dans l'édition de F. Juste 1537, &
dans celle du IVe livre de 1548. Le texte de Gargantua occupe 232 pages
chiffrées, plus 3 feuillets non chiffrés pour la table & 1 feuillet blanc. La
pagination reprend à 234 (v° du second titre). Ce verso contient le
dizain de *Maistre Hugues Salel à l'auteur de ce livre.* Le *Prologue* (p. 235)
commence par la vignette de l'homme écrivant, & est suivi par le dizain
nouuellement composé à la louange de l'esprit de l'auteur, où se lit le nom de
Rabelais. M. de Montaiglon s'est trompé (tome III, p. 218), en disant

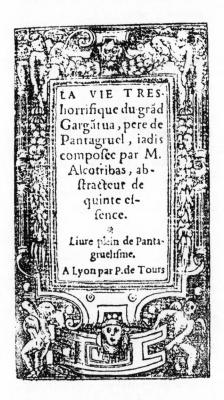
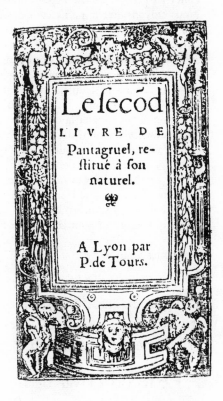

que ce dizain *est postérieur à la mort de Rabelais, & ne se trouve que dans
une édition in-16 de 1552* (sic). Nous ne connaissons pas d'édition in-16
de 1552 du 2e livre. Cette erreur est également commise par P. Jannet
(Éd. Elzévirienne, t. I, p. 178, note).

   Le texte du second livre, qui commence page 241, va jusqu'à la
page 443, dont le verso est blanc. Page 445, le titre de la *Pantagrueline
prognostication pour l'an perpétuel,* sans encadrement, verso blanc, dont le
prologue commence page 447, par la vignette de l'homme écrivant. Le

texte va jusqu'à la page 464. La *Table du second volume des faicts & dictz heroiques du noble Pantagruel* occupe ensuite 2 feuillets non chiffrés, & la

140

Dixain nouuellement com
posé à la louange du
ioyeux esprit
de l'au-
teur.

Cinq cens dixains, mille virlais,
Et en Rime mille virades,
Des plus gentes, & des plus fades
De Marot, ou de Saingelais,
Payez content sans nulz delais,
En presence des Oreades,
Des Hymnides, & des Dryades,
Ne suffiroient, ny Pontalais
A pleines balles de Ballades
Au docte, & gentil Rabelais.

De

Table de la Pantagrueline Prognoſtication, le recto d'un feuillet non chiffré, verso blanc.

Deuxième volume, dans le même encadrement :

Le tiers ‖ LIVRE DES ‖ FAICTZ ET ‖ Dictz Heroiques du ‖ noble Pantagruel, cō- ‖ poſez par M. Franç. ‖ Rabelais, Docteur en ‖ Medicine, & Calloier ‖ des Iſles Hieres. ‖ A Lyon par Pierre ‖ de Tours. (*S. d.*)

In-16 allongé, de 256 pp. chiffr., 3 non chiffr. pour la table, & 1 f. blanc, car. ronds.

Le texte suit l'édition de Wechel 1546, en 47 (46) chapitres. Il n'y a pas de privilège. *Il n'y a pas de gravures sur bois,* sauf, en tête du prologue, la vignette de l'homme écrivant.

Au verso du titre, le dizain à l'esprit de la Royne de Navarre. Le prologue commence page 3, par le mot *Bevveurs.*

Troisième volume :

Quart ‖ LIVRE DES ‖ FAICTZ ET ‖ diƈtz Heroiques ‖ du noble Pan- ‖ tagruel. ‖ A Lyon par Pierre ‖ de Tours. (*S. d.*)

In-16 allongé. 100 pages chiffr. (la dernière cotée 70 par erreur), plus
1 feuillet non chiffr. pour la table. Vignettes sur bois, car. ronds.

Le verso du titre est blanc. La page suivante commence par la vignette de l'homme écrivant.

La typographie de ce volume est un peu plus grosse que celle des précédents.

Cette édition colleƈtive des quatre premiers livres est imprimée avec une grande élégance, sur un fort beau papier.

Nous pensons qu'elle a été donnée par Rabelais lui-même ; le texte des deux premiers livres suit celui de l'édition de Juste 1542, avec des correƈtions. (Voir notre collation, nᵒˢ 38 et 39.)

[Bibl. Nat., Rés. Y². 2140, 2141 (les 4 livres, Solar, 2115); un exemplaire du tiers livre, Rés. Y². 2158. — L. Rosenthal, Kat. 79 (les 4 livres), nº 19741. — La Bibl. J. de Rothschild conserve un exemplaire des deux premiers livres (nº 1510), dans une élégante reliure italienne du xvie siècle. — Les deux premiers livres, de Ruble 432. — Les deux premiers livres, Taschereau 1648.]

L'ouvrage qui, sous le titre de *Cinquiesme & dernier livre des faiɛts & diɛts du bon Pantagruel,* est joint aux Œuvres de Rabelais, a paru, comme on le sait, plusieurs années après la mort de maître François. Son authenticité a été mise en doute dès la fin du XVIe siècle, & la question, plusieurs fois soulevée depuis, n'a pas encore été résolue. Nous croyons ce livre apocryphe, & nous nous réservons d'exposer nos arguments dans une étude actuellement en préparation. Nous nous bornerons donc, ici, à décrire les éditions imprimées dont nous connaissons l'existence, & ne parlerons pas du manuscrit que possède la Bibliothèque Nationale & qu'a reproduit in extenso M. de Montaiglon dans le tome III de son *Rabelais.*

---

87. L'ISLE ‖ Sonante, par M. ‖ FRANCOYS RABE- ‖ LAYS,

L'ISLE
Sonante, par M.
FRANCOYS RABE-
LAYS, QVI N'A POINT EN-
cores esté imprimee ne mise en lumiere:
en laquelle est continuee la nauigation faiɛte par Pantagruel,
Panurge & autres
ses officiers.

Imprimé nouuellement.
M. D. LXII.

QVI N'A POINT EN- ‖ cores esté imprimee ne mise en lumiere : ‖ en laquelle est continuee la nauiga- ‖ tion faicte par Panta- gruel, ‖ Panurge & autres ‖ ses officiers. ‖ ❧ ‖ Imprimé nou- uellement. ‖ M.D.LXII. (1562).

In-8° de 32 feuillets, non chiffr., sign. A-Hv, car. ronds.

Le verso du titre est blanc. Le texte ne comprend que 16 chapitres, dont le dernier est intitulé : *Comment Panurge arriva en l'Isle des Apedeftes à longs doigts & mains crochues.* Il n'y a ni prologue, ni table. A la fin du volume, on lit : *Fin du voyage de l'Isle sonante.* L'*Epigramme* signée *Nature Quite,* qu'on lit dans les éditions suivantes, ne se trouve pas ici.

Aucun commentateur, aucun éditeur, à notre connaissance, n'a reproduit ce titre exactement. Nous le donnons d'après un facsimilé publié dans le *Bulletin de la librairie Morgand* (mars 1883), & que M. E. Rahir nous a obligeamment autorisé à reproduire.

Nous n'avons pu rencontrer aucun exemplaire de ce livre. Celui que cite le *Bulletin Morgand* provenait de la vente Sunderland. Il a paru en 1897 à l'hôtel Drouot (Porquet), & a été acquis pour la somme de 1,500 francs par M. Guyot de Villeneuve. Il figurait en 1901 sur le catalogue de ce bibliophile, sous le n° 1014, & nous ignorons où il a passé depuis.

Il semble qu'aucun des éditeurs de Rabelais du XIXᵉ siècle n'a eu l'*Isle Sonante* entre les mains. De l'Aulnaye en donne inexactement le titre, & une variante, d'après Le Duchat. Il ajoute une réflexion erronée :

« *Il paroît,* dit-il, *par un paßage du Prologue, que Rabelais composoit ce cinquième livre en 1550.* »

Cette observation se trouve, dans le travail de De l'Aulnaye, à la rubrique de l'*Isle Sonante* 1562. Or l'*Isle Sonante* n'a pas de prologue, cela ressort du témoignage de Le Duchat, qui a eu certainement le volume sous les yeux, puisqu'il y a relevé plusieurs variantes.

Brunet, dans ses *Recherches* (p. 104), cite inexactement & incomplètement le titre. Pas plus que le bibliophile Jacob, Jannet, Burgaud des Marets, ni Montaiglon, M. Marty-Laveaux n'a vu cette édition, & dans la *Bibliographie* qui termine son sixième volume (bibliographie dont on ne peut lui faire assumer la responsabilité, puisqu'elle a été publiée après sa mort, d'après des papiers recueillis à droite & à gauche, & qu'il n'avait encore soumis à aucun contrôle), le titre de l'*Isle Sonante,* dont l'énoncé tient en 4 lignes (p. 345), ne présente pas moins de neuf fautes.

M. P. Jannet, dans ses *Variantes,* n'a pas jugé à propos de relever celles du cinquième livre, pour la singulière raison que voici : « *Le Vᵉ livre,* dit-il, *étant une publication poſthume, il n'y a pas lieu de relever les variantes d'éditions où l'auteur*

n'eut aucune part.» Il semble pourtant que ces variantes peuvent aider à résoudre le problème de l'authenticité du livre.

Le Duchat est le seul commentateur qui ait parlé d'une façon un peu détaillée de cette première version en 16 chapitres. Il nous a paru utile de grouper tout ce qu'il en a dit dans sa *Préface* & dans ses *Remarques*.

EXTRAITS DE LE DUCHAT.

1º Tome I, préface, p. xv :

«*La plus ancienne édition légitime qu'on en ait* [du Vᵉ livre] *est, dit-on, celle de 1562, en xvi chapitres, dont le dernier est celui des* Apedeftes, *fait mal à propos le viiᵉ dans l'édition complète de 1567...*»

2º Tome I, préface, page xx :

«*Pour le texte du Vᵉ livre, j'ai recouru à* l'Isle sonnante (sic) *en xvi chapitres, 1562...*»

3º Tome V, page 68, note 1 :

«*Chapitre xvi. C'est ici, immédiatement après le chapitre quinzième, que celui des* Apedeftes *a dû être placé. Sur quoi il est bon d'observer, que comme après l'impression du troisième livre, on s'empressa de publier tout ce qu'on put recouvrer du quatrième, savoir ces onze chapitres..., on se hâta de même, en 1562, de publier* l'Isle Sonnante, *qui fait le commencement du cinquième livre, en 32 feuillets in-8º, y compris le titre, conçu en ces termes :* L'Isle Sonnante par M. Françoys Rabelais, *qui n'a point encores été imprimée ne mise en lumière : en laquelle est continuée la navigation faicte par* Pantagruel, Panurge & aultres ses officiers. Et plus bas, Imprimé nouvellement M.D.LXII.

«*Les chapitres y sont au nombre de seize, dont le dernier est celui des* Apedeftes, *mal placé après le sixième dans les éditions communes, & mal supprimé dans la première du cinquième livre, à Lyon, in-16, chez Jean Martin, 1565, & dans celle de 1626. Quoique le texte de cette* Isle Sonnante *imprimée séparément soit monstrueusement corrompu en divers endroits, il ne laisse pas d'être quelquefois d'un grand secours pour des corrections considérables. Il n'y a nulle préface à la tête, & le premier chapitre commence ainsi :*

«Cestuy jour & les deux aultres subsequens ne leur apparut terre ou autre «chose nouvelle, car autrefois avoient erré ceste couste. Au quatriefme jour «commençans tournoyer le Pole, nous esloignans de l'Equinoctial nous aper-«ceufmes terre, & nous fut dict par nostre Pilote que c'estoit l'Isle des Triphes, «entendifmes un son de loing venant, frequent, & tumultueux, & nous sembloit «à l'ouyr que fussent cloches petites, grosses, mediocres ensemble sonnantes. «Comme l'on faict à Paris, Jergeau, Medon, & aultres és jours des grandes «festes. Plus approchans, plus entendions cette sonnerie se renforcer.»

«*On voit que l'orthographe n'est ni uniforme ni correcte, que* Jergeau *y est écrit pour* Gergeau, Medon *pour* Meudon, & *l'Isle des* Triphes, *vrai nom de l'Isle Sonnante*

pour l'Ifle des Tryphes, *c'eft-à-dire des Délices. Une chose digne de remarque eft que le quinzième chapitre, savoir le précédent, n'y finit point, comme dans toutes les autres éditions, par les mots* douze francs, *mais a de plus ce qui suit :*

«Sitoft que Frere Jean & les aultres de la compaignie feurent dans le navire,
«Pantagruel feit voile. Mais il f'efleva un firoch fi vehement, qu'ils perdirent
«routte, & quasi reprenans les erres du pays des Chatz-fourrez, ils entrerent
«en un grand gouffre, duquel la mer eftant fort haulte & terrible, ung Mousse
«qui eftoit au hault du trinquet cria qu'il voyoit encore les fafcheufes demeures de
«Grippeminaud, dont Panurge forcené de paour f'efcrioit : Patron mon ami,
«maugré les vents, & les vagues tourne bride ; O mon ami, ne retournons point
«en ce mefchant pays, où j'ay laiffé ma bource. Ainfi le vent les porta près
«d'une Ifle à laquelle toutesfois ils n'ofarent aborder de prime face, & entrarent
«à bien ung mille de là, près de grands rochiers.»

«Il m'a semblé qu'avec un aftérisque après les mots douze francs, *du chapitre* xv, *je pouvois y joindre les lignes précédentes, qui m'ont paru faire une suite affez raisonnable, & préparer le chapitre des Apedeftes.»*

On voit, dans cette dernière citation, par deux fois, l'emploi des prétérits en *arent,* qui peut faire penser que le faussaire avait lu Rabelais dans l'une des trois éditions de 1537-1538 (voir nᵒˢ 35 & 37), Dolet 1542 (voir nᵒˢ 40 & 41), ou Claude La Ville 1547 (voir nᵒ 84). Mais il n'est pas certain que Le Duchat ait suivi à la lettre la graphie de son modèle. Il a d'ailleurs adopté lui-même, dans tout le cours de l'ouvrage, la forme des prétérits en *arent.*

Voici maintenant les autres différences qu'il a relevées entre l'*Ifle fonante* & le *Cinquiesme livre*. Nous suivons dans la colonne de droite l'orthographe de 1564, de préférence à celle de Le Duchat.

ISLE SONANTE.	CINQVIESME LIVRE, S. L. 1564.
Manque.	Préface.

CHAP. I.

Ceftuy jour & les deux aultres fubfequens ne leur apparut terre ou aultre chofe nouvelle, car autrefois avoient erré cefte coufte. Au quatriefme jour commençans tournoyer le Pole, nous efloignans de l'Equinoctial nous aperceufmes terre, & nous fut dict par noftre Pilote que c'eftoit l'Ifle des Triphes, entendifmes un fon de loing venant, frequent, & tumultueux, & nous fembloit à l'ouyr que fuffent	Continvant noftre route, nauigafmes par trois iours sans rien defcouurir : au quatriefme aperceufmes terre, & nous fut dict par noftre pillot, que c'eftoit l'Isle Sonnante, & entendifmes vn bruit de loing venant frequant & tumultueux & nous fembloit à l'ouir que fuffent cloches groffes, petites & mediocres, enfemble fonnantes cōme lon faict à Paris, à Tours, Gergeau, Nantes & ailleurs, es iours des grandes

ISLE SONANTE.

cloches petites, groſſes, mediocres enſemble ſonnantes. Comme l'on faict à
Paris, Jergeau, Medon, & aultres és
jours de grandes feſtes. Plus approchans,
plus entendions cette ſonnerie se renforcer.

. . .mais la *coſmographie*. . .

. . . un hermitaige *en* quelque petit
jardinet. . .

. . . en temps *garré* et *bigarré* receu. . .

CIN<small>Q</small>VIESME LIVRE, S. L. 1564.

feſtes, plus approchions, plus entendions ceſte ſonnerie renforcee.

. . .mais la *chrorographie* n'y coſen-
toit. . .

. . .recognoiſsions vn hermitage &
quelque petit iardinet. . .

. . .en tēps *guerre* & *bizart*. . .

CHAP. V.

. . .*Plus* nous diſt : le motif de leur
venuë icy pres de vous, est pour veoir
si parmi vous recongnoiſtront. . .

. . .delicieuses souverainement. Puys
yssant des baings. . .

. . .*Puis* nous dit le motif de leur venue. Icy pres de vous est *ceſtuy* pour
veoir si parmy vous *recognoiſtra*. . .

. . .delicieuses, sonuerainement yssans
des bains. . .

CHAP. VII.

. . .a *pets*. . .

. . .à *peds*. . .

CHAP. VIII.

. . .Retournans à la beuverie aper-
ceuſmes un vieil Eveſgaux a teſte
verde, lequel eſtoit *accroüé, accompaigné
d'un ſoufflegan & trois onocrotales*. . .

. . .Retournans à la beuuerie apper-
çeuſmes un vieil Euesgaux à teſte
verde, lequel eſtoit *acroué accopagné de
trois Onocrotales*. . .

CHAP. XI.

. . . & paiſſent sur des *tables* de
marbre. . .

. . .chats *garenniers*. . .

. . .mangeries. . .

. . . & paiſſent sur des *pierres* de
marbre. . .

. . .Chats *garaniers*. . .

. . .mangeoires. . .

CHAP. XV.

*Voir plus haut la citation donnée par
Le Duchat, de la fin du chapitre.*

*Ce chapitre se termine dans l'édition
de 1564 par les mots* douze francs.

ISLE SONANTE.   CINQVIESME LIVRE, S. L. 1564.

CHAP. XVI.

(Les Apedeftes).   Manque dans l'édition de 1564.
                                 Il ne reparaît que dans celle de 1567,
                                 où il est placé le septième.

Manque.   L'*Épigramme* signée Nature Quite.

Au sujet du lieu d'impression, Bernier, dans ses *Jugements & Observations,* etc , *ou le véritable Rabelais reformé,* page 39, dit, dans une note marginale, en parlant de l'*Iſle Sonante : «C'eſt celle* [l'édition] *de Genève in-12»* ; l'assertion contient au moins une erreur, celle du format. Quant au témoignage de Louis Guyon (*Diverses leçons,* édition de Lyon 1604, page 386), il ne prouve pas d'une façon certaine que l'*Iſle Sonante* ait été imprimée à Paris, s'il est vrai que ce polygraphe, comme on l'a observé, n'était âgé que de quatre ans en 1562 :

«J'eſtoy à Paris, dit-il, lorsqu'il (ce livre) fut faiĉt, & ſcay bien qui en fut l'autheur, qui n'eſtoit médecin…»

On a déjà attiré l'attention sur les premières phrases de l'*Iſle Sonante,* & observé qu'elles reproduisent assez négligeamment deux passages du IVᵉ livre (chap. II & V) : *Ceſtuy jour & les deux ſubsequens ne leurs apparut terre ne chose aultre nouvelle. Car aultrefoys auoient aré ceſte route. Au quatrieme… et : jour, ja commençans tournoyer le pole peu a peu, nous esloignans de l'Aequinoĉtial.* Ces deux rappels d'un livre antérieur, corrigés dans l'édition suivante du Vᵉ livre, nous semblent être une des preuves matérielles de l'inauthenticité de ce dernier, le faussaire paraissant s'être aperçu qu'il pourrait être trahi dès les premières lignes. D'autre part, — comme l'a remarqué M. Marty-Laveaux — dans tout le cours du Vᵉ livre, on retrouve de très nombreux emprunts faits aux quatre premiers.

Cet article était composé quand, en décembre 1903, la *Revue des Études rabelaisiennes* a annoncé qu'elle allait publier la réimpression de l'*Iſle Sonante* d'après le seul exemplaire aujourd'hui connu, sans doute celui de la vente Guyot de Villeneuve dont nous parlons plus haut. Nous espérons que la promesse faite par la *Revue des Études rabelaisiennes* sera bientôt mise à exécution; mais, comme il s'agit d'un exemplaire unique, on ne pourra considérer ce texte comme définitivement réédité, que s'il l'est photographiquement.

88. LE ‖ CINQVIESME ‖ ET DERNIER LIVRE ‖ DES FAICTS ET DICTS ‖ Heroïques du bon Pantagruel, ‖ compoſé par M. François ‖ Rabelais, Doĉteur en ‖ Medecine. ‖ *Auquel eſt contenu la viſitation de l'Oracle ‖ de la Diue Bacbuc, & le mot de*

la Bou- ‖ *teille : pour lequel auoir, eſt entrepris tout ce* ‖ *long voyage.* ‖
Nouuellement mis en lumiere. ‖ M.D.L.XIIII. (1564). [*S. l.*]

LE
CINQVIESME
ET DERNIER LIVRE
DES FAICTS ET DICTS
Heroïques du bon Pantagruel,
compoſé par M. François
Rabelais, Doćteur en
Medecine.

*Auquel eſt contenu la viſitation de l'Oracle
de la Diue Bacbuc, & le mot de la Bou-
teille:pour lequel auoir, eſt entrepriſ tout ce
long voyage.*

Nouuellement mis en lumiere,

M. D. LXIIII.

*In-16 carré de 97 feuillets inexaĉtement chiffrés jusqu'à 113, plus 5 ff. non
chiffr. pour la Table & l'Épigramme. A-M, par 8 f., N par 6, car.
ronds.*

Le verso du titre est blanc. L'erreur de foliotation provient de ce que
les chiffres sautent de 16 à 33. Le texte est divisé en 47 chapitres, & ne
contient pas celui des *Apedeftes*. Il est précédé d'une *Préface*, & la table
est suivie d'un feuillet, blanc au reĉto, & contenant au verso la pièce
de vers suivante :

EPIGRAMME

*Rabelais eſt-il mort? Voicy encore un livre.
Non, sa meilleure part a repris ses eſprits
Pour nous faire présent de l'un de ses Escrits,
Qui le rend entre tous immortel & fait vivre.*

NATVRE QVITE

On a vu, dans la signature, l'anagramme d'un nommé Jean Turquet, personnage inconnu, à qui, pourtant, Paul Lacroix a forgé de toutes pièces une biographie. (On ne trouve, quoi qu'il en dise, aucun Jean Turquet dans la famille des Turquet de Mayerne.)

D'autre part, Le Motteux a cru y voir le pseudonyme d'André Tiraqueau ; mais ce jurisconsulte, ami de Rabelais, était mort en 1556, & sa personnalité ne doit pas être mise en cause ici.

Pour le texte même de l'*épigramme,* il a été diversement interprété, & il faut reconnaître qu'il est assez obscur & sybillin. M. Burgaud des Marets, qui ne croyait pas à l'authenticité du cinquième livre, en parle comme suit (tome II, page 315, note 2) :

«*Quant à Jean Turquet, il dit le contraire de ce qu'on lui fait dire. Rabelais est-il mort ? Non,* sa meilleure part a repris ses esprits. *Cela signifie : Rabelais n'est plus de ce monde ; mais son esprit y est descendu* pour nous faire présent de ce livre.»

Nous avons dit plus haut (n° précédent), que l'*épigramme* ne figure pas dans l'*Isle Sonante.* Elle est placée à la fin du volume, dans les trois premières éditions du cinquième livre, & dans toutes les suivantes (sauf celle d'Estiart 1596, où elle manque), on l'a imprimée en tête.

Cette édition passe pour la première du cinquième livre. On n'en connaît pas d'exemplaire qui contienne la figure de la Bouteille. Nous croyons que sa date est fausse, & qu'elle a été faite postérieurement à l'édition sans lieu de M.D.LXV. (n° 89), qui est plus correcte.

On peut supposer qu'elle aura été antidatée pour être jointe, après coup, à l'édition des *Œuvres* de Lyon, 1564 (voir n° 98), qui est imprimée sur le même papier, & avec des caractères typographiques semblables, mais dont l'encrage est plus net.

[Bibl. Nat., Rés. Y². 2168 & Rés. Y². 2169. — Taschereau, 1657. — H. B. (1897), n° 70. — Guyot de Villeneuve, 1015.]

89. LE ‖ CINQVIESME ‖ *ET DERNIER LIVRE* ‖ *DES FAICTS ET DICTS* ‖ Heroïques du bon Pantagruel, com- ‖ posé par M. Françoys Rabe- ‖ lais, Docteur en Me- ‖ decine. ‖ *Auquel est contenu la visitation de l'Oracle de la Diue* ‖ *Bacbuc, & le mot de la Bouteille : pour lequel auoir, est* ‖ *entrepris tout ce long voyage.* ‖ Nouuellement mis en lumiere. ‖ Imprimé l'an M.D.LXV. (1565). [*S. l.*]

LE

CINQVIESME
ET DERNIER LÌVRE
DES FÆICTS ET DICTS

Heroïques du bon Pantagruel, compoſé par M. Françoys Rabelais, Docteur en Mc-
decine.

Auquel eſt contenu la viſitation de l'Oracle de la Diuë
Bacbuc, & le mot de la Bouteille : pour lequel auoir, eſt
entrepris tout ce long voyage.

Nouuellement mis en lumiere.

Imprimé l'an M. D. LXV.

In-8° de 98 ff. non chiffr., plus un f. blanc, un autre feuillet portant au recto
l'Épigramme signée Nature quite, & un feuillet plié, contenant l'image
de la Bouteille.

Le texte est divisé en 47 chapitres, & celui des *Apedeftes* manque.

Cette édition, d'une typographie élégante, qui rappelle celle de certaines
productions de Henri Estienne, n'est connue que par un exemplaire appartenant
à la Bibliothèque Nationale. Le texte est le même que celui de 1564 sans lieu, à
cette différence près qu'il est ici beaucoup plus correct. C'est une des raisons
pour lesquelles nous croyons que l'édition de 1564 sans lieu est antidatée, &
copiée sur celle-ci.

On remarquera que la forme de la Bouteille (qui est gravée sur un feuillet
plus grand que les pages du livre, & plié) semble avoir été inspirée par l'usten-
sile que tient à la main le personnage figuré sur le frontispice du *Pantagruel* de
1537, attribué à Denis Janot (voir page 78).

[Bibl. Nat., Rés. Y². 2171.]

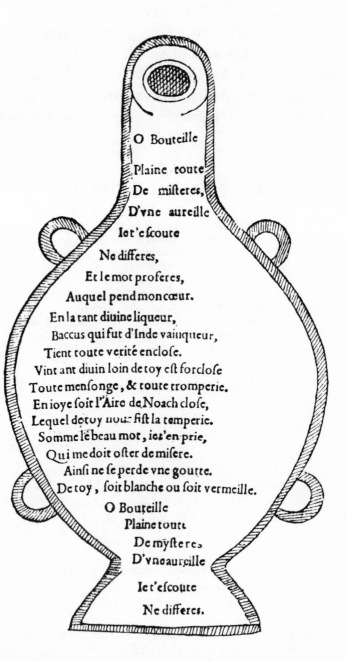

O Bouteille

Plaine toute

De misteres,

D'vne aureille

Iet'escoute

Ne differes,

Et le mot proferes,

Auquel pend mon cœur.

En la tant diuine liqueur,

Baccus qui fut d'Inde vainqueur,

Tient toute verité enclose.

Vint ant diuin loin de toy est forclose

Toute mensonge, & toute tromperie.

En ioye soit l'Aire de Noach close,

Lequel de toy nous fist la temperie.

Somme le beau mot, ie t'en prie,

Qui me doit oster de misere.

Ainsi ne se perde vne goutte.

De toy, soit blanche ou soit vermeille.

O Bouteille

Plaine toute

De mysteres,

D'vne aureille

Iet'escoute

Ne differes.

90. LE ‖ CINQVIESME ‖ ET DERNIER LIVRE DES ‖ faiᵈts & diᵈts Heroïques du bon ‖ Pantagruel, compoſé par M. ‖ François Rabelais, Do- ‖ ᵈteur en Me- ‖ decine. ‖ * ‖ *Auquel eſt contenu la viſitation de l'Oracle* ‖ *de la Diue Bacbuc, & le mot de la bou-* ‖ *teille : pour lequel auoir, eſt entrepris tout ce* ‖ *long voyage.* ‖ Nouuellement mis en lumière. ‖ A LYON. ‖ PAR IAN MARTIN, ‖ 1565.

LE

CINQVIESME

ET DERNIER LIVRE DES

faiᵈts & diᵈts Héroïques du bon
Pantagruel, compoſé par M.
François Rabelais, Do-
ᵈteur en Me-
decine.

*

*Auquel eſt contenu la viſitation de l'Oracle
de la Diue Bacbuc, & le mot de la bou-
teille:pour lequel auoir,eſt entrepris tout ce
long voyage.*

Nouuellement mis en lumiere.

A LYON.

PAR IAN MARTIN,
1565.

In-16 carré de 97 ff. inexaᵈtement chiffrés de 2 à 113, plus 2 ff. pour la table & l'Épigramme, un feuillet blanc & un feuillet plié pour l'image de la Bouteille.

Le feuillet plié manque à la plupart des exemplaires connus. Le *Bulletin de la librairie Morgand* (mars 1883) en signale un qui possède cette figure. C'est, croyons-nous, le seul cité.

Cette édition reproduit le texte de celle de 1564 sans lieu, avec les mêmes erreurs de foliotation. On y voit apparaître pour la première fois, dans l'histoire de la Bibliographie rabelaisienne, le nom de Ian Martin, nom qui est, ici, fort probablement supposé. Il figure, dès 1528, sur le titre d'une traduction française du *Peregrino* de Caviceo; en 1610, il paraît encore, avec la rubrique *Poitiers,* sur celui des *Escraignes dijonnoises* de Tabourot. Ce nom, sur le titre du Vᵉ Livre, & plus tard sur celui de certaines éditions des *Œuvres,* fait peut-être allusion à l'architecte Jean Martin, traducteur du *Songe de Poliphile,* dont un long passage se trouve imité dans le Vᵉ Livre.

[Bibl. Nat., Rés. Y². 2170.]

91. Le ‖ cinqviesme et ‖ dernier livre des ‖ faicts et dicts he- ‖ roïqves dv bon Pantagrvel, appellé ‖ vulgairement l'Isle Sonnante : ‖ composé par M. François ‖ Rabelais Docteur en Medecine. ‖ Auquel est contenu la visitation de l'Oracle de la ‖ Diue Bacbub, & le mot de la Bouteille : pour le- ‖ quel auoir, est entrepris tout ce long uoyage. ‖ *A Lyon,* ‖ 1565.

In-16 de 97 ff. chiffr. & 3 ff. non chiffr. pour la table & un fleuron.

Édition que nous trouvons citée dans le catalogue Lignerolles (n° 1786), jointe à un exemplaire des *Œuvres,* Troyes 1556. Nous n'avons pas vu cet exemplaire.

Il existe un certain nombre d'autres éditions du cinquième livre, avec titre distinct. Comme elles ont été imprimées pour être jointes aux quatre autres livres, nous les décrivons dans le chapitre suivant.

92. *LES* ‖ OEVVRES ‖ *DE M. FRAN* ‖ COIS RABE= ‖ lais Doĉteur en Me ‖ dicine, contenans ‖ la vie, faiĉts & ‖ diĉts
Heroi ‖ ques de ‖ Gargantua, & de son filz Pa= ‖ nurge :
Auec la Progno= ‖ ĉtication Panta= ‖ grueline. ‖ *M. D. LIII.*
(1553).

L E S

OEVVRES

DE M. FR⌐N

COIS RABE⸝

lais Doĉteur en Me

dicine, contenans

la vie, faiĉts &

diĉts Heroi

ques de

Gargantua, & de son filz Pa⸝

nurge: Auecla Progno⸝

ĉtication Panta⸝

grueline.

M. D. LIII.

In-16 carré de 932 pages chiffr., 21 pages non chiffr. & 3 ff. blancs. Car.
ronds.

Le premier livre se termine au bas de la page 211.

Le verso (p. 212) contient le dizain de *M. Hugues Salel,* & la page 213, ce titre :

LE ‖ SECOND ‖ LIVRE DES ‖ FAICTZ ET ‖ diɛ̄ts heroiques du ‖ bon Panta ‖ gruel, ‖ Cōpoſe par M. Francois ‖ Rabelais Docteur ‖ en Medi ‖ cine ‖ Reueu et corrige pour la seconde édition ‖ M D LIII. (1553).

Ce second livre se termine page 402. La page 403 est occupée par le dizain à l'esprit de la royne de Navarre, & la page 404 porte le titre suivant :

LE ‖ TIERS LI- ‖ VRE DES ‖ FAICTZ ET ‖ diɛ̄tz heroiques du ‖ noble Panta ‖ gruel. ‖ Compoſe par M. Francois ‖ Rabelais doɛ̄teur ‖ en Medi- ‖ cine ‖ ET Calloier des Iſles ‖ Hieres. ‖ M. DLIII. (1553).

Le *Tiers livre,* qui se termine page 645, est ici en 47 chapitres. Page 646, le titre :

LE ‖ QVART ‖ LIVRE DES ‖ faiɛ̄tz et diɛ̄tz He ‖ roiques du ‖ bon Pantagruel ‖ compoſe par M. Francois ‖ Rabelais Docteur en ‖ medicine ‖ Reueu et corrige pour la ‖ ſeconde edition. ‖ M. D. LIII. (1553).

Il n'y a pas la *Briefue Declaration,* & le livre se termine page 915.

Page 916, le titre de la *Prognoſtication pantagrueline,* dont le texte va jusqu'à la page 931.

La *Table du premier livre* commence page 932, & occupe en outre 5 pages non chiffrées. Viennent ensuite : la *Table du second volume des* ‖ *faiɛ̄tz et diɛ̄tz heroiques* ‖ *du noble Panta* ‖ *gruel,* 4 pages non chiffrées; la *Table du contenu au tiers livre* ‖ *de Pantagruel,* 5 pages non chiffrées; la *Table des ma-* ‖ *tieres contenues* ‖ *en ce quatrieſme livre des* ‖ *faiɛ̄ts et diɛ̄ts Heroic* ‖ *ques du noble et* ‖ *bon Panta-* ‖ *gruel,* 6 pages non chiffrées; et la *Table de la Prognoſtication* ‖ *pantagrueline,* une page non chiffrée. Enfin, 3 feuillets blancs complètent le volume.

Au bas de la dernière page, le registre suivant :

Regiſtre a b c d e f g h i k l m n o p q r s t v x y z. A B C D E F G H I K L M N O P Q R S T V X Y Z. AA. BB. CC. DD. EE. FF. GG. HH. II. KK. LL. MM. NN. OO., suivi d'un erratum.

C'est la première édition publiée sous le titre d'*Œuvres*.

Plusieurs bibliographes semblent croire, à tort, qu'elle a été donnée par Rabelais lui-même. Cela est inadmissible. Le fait que le *Tiers livre* suit ici le texte en 47 chapitres des premières versions, au lieu du texte définitif en 52 chapitres, nous paraît prouver que l'auteur n'a pas eu de part à cette publication, & qu'elle est posthume.

La faute du premier titre (*Panurge* au lieu de *Pantagruel*) a été expliquée de la façon la plus bouffonne par Paul Lacroix. Nous avons évité autant que possible de citer les opinions de cet étrange érudit qui a touché à tout, qui, plus que personne, a vu passer sous ses yeux les documents les plus précieux, & qui en a fait presque constamment un si fol usage. Nous donnerons ici, à titre de curiosité, son argumentation, que nous trouvons dans l'*Étude bibliographique sur le Ve livre de Rabelais* (page 9) :

> « *Le nom de Panurge*, dit-il, *était imprimé à deßein, dans le titre de cette édition, au lieu de Pantagruel, qui sentait l'hérésie, & que les catholiques, comme les proteſtants, avaient mis à l'index : il fallait détourner l'attention des cafars, comme les appelait Rabelais, & non l'attirer sur un livre imprimé en secret pour les Pantagrueliſtes & non aultres.* »

Les bibliographes sont généralement d'accord pour penser que cette édition a été imprimée à Paris. Elle est d'une typographie fort élégante, qui rappelle celle des Angeliers.

Les deux premiers livres suivent le texte de Pierre de Tours sans date (n° 86); le *Tiers livre,* celui de Wechel 1546 (n° 67) & le IVe livre, l'édition sans lieu de 1552 (n° 79).

[Bibl. Nat., Rés. Y². 2174. — Taschereau 1654. — J. Renard, 549 (exemplaire aux armes de Louis XIII & Anne d'Autriche). — Bibl. du Musée Condé, n° 1654.]

93. LES ‖ OEVVRES ‖ DE M. FRANCOIS ‖ RABELAIS DOCTEVR ‖ en Medecine contenans la ‖ vie, faits & dits Heroi ‖ ques de ‖ *Guargantua, & de ſon filz Panurge :* ‖ *Auec la pronoſtication Pantagrue-* ‖ line. ‖ A TRŌYE ‖ Par Loys que ne ſe meur point (*Louis Vivant?*) ‖ 1556.

2 parties in-16, avec quatre titres. 415 pages chiffr. et 547 pages chiffrées, plus 12 feuillets non chiffr. pour les Tables.

LES
OEVVRES
DE M. FRANCOIS
RABELAIS DOCTEVR
en Medecine,contenans la
vie,faits & dits Heroi-
ques de

Guargantua,& de fon filz Panurge:
Auec la pronoftication Pantagrueline.

A TROYE
Par Loys que ne fe meur point
1556

Le texte suit celui de l'édition précédente. Pour le premier livre, il s'arrête au bas de la page 219 de la première partie ; le verso, non chiffré, contient le dizain de Hugues Salel, & la page 221, chiffrée, donne le titre suivant :

LE ‖ SECOND LI- ‖ VRE DES FAICTS ‖ ET DICTS HE- ‖ roiques du bon Pantagruel ‖ ℰ ‖ Composé par M. François Rabelais ‖ Docteur en Medecine ‖ **Reueu & corrigé** ‖ **pour la seconde** ‖ **edition** ‖ M.D.XLVI. (*sic*).

A la suite du *Prologue,* se trouve le dizain : *Cinq cens dixains, mille virlais...* Le texte du livre, qui suit l'édition de P. de Tours sans date, s'arrête au bas de la page 415, dont le verso est blanc.

Le titre que nous venons de citer, & qui porte la date de M.D.XLVI. (1546), se trouve au 7ᵉ feuillet du cahier M. La date est par consé-

quent fautive, ce second livre ayant été imprimé en même temps que le premier.

La seconde partie contient les livres III & IV, la *pronoſtication Pantagrueline pour l'an perpétuel,* & les *Tables :*

LE ‖ TIERS LI- ‖ VRE DES FAICTS ET DICTS HEROI- ‖ QVES DV NOBLE ‖ Pantagruel, ‖ Compoſe par Maiſtre François Rabe ‖ lais docteur en medecine. ‖ Et Calloier des Iſles ‖ Hieres. ‖ (*Ici, le fleuron du premier titre.*) ‖ A TROYE. ‖ Par Loys qui ne se meurt point. ‖ 1556.

Le texte, en 47 chapitres (46, par suite de l'omission du chiffre XXVII), s'arrête au bas de la page 251, dont le verso est blanc. A la page 253, chiffrée, le titre :

LE ‖ QVART ‖ LIVRE DES FAICTS ‖ ET DICTS HE- ‖ roic- ques du bon ‖ Pantagruel. ‖ **ℭ** ‖ Compoſe par M. François ‖ Rabelais Doƈteur en ‖ Medicine. ‖ Reueu & corrigé pour la ‖ ſeconde edition. ‖ A TROYE ‖ par Loys qui ne ſe meurt point. ‖ 1556.

Le texte, en 67 chapitres, s'arrête page 531. Au verso, page 532, le titre de la *pronoſtication Pantagrueline,* dont le texte commence page 533 & va jusqu'à 547. Le verso de cette dernière est blanc. Suivent 12 feuillets de tables, le verso du dernier blanc.

[Nodier, 860. — Guillin d'Avenas, 2. — Lignerolles, 1786. — Cigongne, 1897 (Bibl. du Musée Condé, 1646 et 1647).]

94. LES ‖ OEVVRES DE ‖ M. François Rabelais, ‖ Doƈt- eur en Me- ‖ decine, ‖ * ‖ Contenans la vie, faiƈts & ‖ diƈts Heroïques de Gar- ‖ gantua, & de ſon filz ‖ Pantagruel. ‖ Auec la Prognoſtication ‖ Pantagrueline. ‖ M. D. LVI. (1556). [*S. l.*]

In-16 carré de 740 pages chiffrées, plus 14 ff. non chiffr., car. ronds; les Prologues sont en italiques.

L E S
O E V V R E S   D E
M. François Rabelais,
Docteur en Me-
decine,
*

Contenans la vie,faicts &
dicts Heroïques de Gar-
gantua , & de son filz
Pantagruel.

Auec la Prognostication
Pantagrueline.

M. D. L V I.

Au verso du titre, le dizain *Aux lecteurs,* en caractères italiques. Le texte commence au recto du feuillet suivant (p. 3). Le premier livre se termine page 169, au bas de laquelle se trouve le dizain de Hugues Salel. Au verso (p. 170) :

Les Faicts & Dicts He- ‖ roiques du bon ‖ Pantagruel. ‖ * ‖ LIVRE II. ‖ Prologue de l'Auteur.

Le *Prologue* commence sur la même page, & le texte de *Pantagruel* (en 34 chapitres, inexactement chiffrés 33) va jusqu'à la page 316. Au bas de cette page, le dizain *à l'Esprit de la Royne de Navarre,* & à la page suivante le titre :

Les Faicts & Dicts He- ‖ roiques du bon ‖ Pantagruel ‖ * ‖ Livre III ‖ Prologue de l'Auteur.

Le prologue commence par le mot *Bvveurs,* & le texte du livre, qui s'arrête page 511, est en 48 chapitres, inexactement chiffrés I-XLIX (les chiffres XXVII & XLVII manquent & il y a deux chapitres chiffrés XLV). Il suit probablement l'édition du *Tiers livre* dont nous ignorons la date, & que nous avons citée (n° 70) d'après Brunet.

Le verso de la page 511 est blanc & le titre du *Quart livre* occupe quatre lignes sur la page 513 :

Les Faiĉts & Diĉts He- ‖ roiques du bon ‖ Pantagruel. ‖
ẝ ‖ LIVRE IV.

L'*Epiſtre à mon Seigneur Odet cardinal de Chaſtillon* commence (en italiques) page 514, & le texte du livre IV, en 67 chapitres, s'arrête page 726. Il est suivi de la *Pantagrueline prognoſtication pour l'an perpetuel* (pages 727-740). La *Table* occupe ensuite 15 pages non chiffrées, & la *Brieue declaration*, 13 non chiffrées.

Cette édition est imprimée en petits caraĉtères très nets, qui rappellent les produĉtions de J. de Tournes.

Le texte du livre IV suit un exemplaire non cartonné de Fezandat 1552, avec la *Brieue declaration*. On y remarque, à la fin du chapitre XXXII, la phrase *Caluins impoſteurs de Geneue*, qui avait été supprimée dans Baltasar Aleman 1552 & dans 1553 sans lieu.

Les deux premiers livres suivent le texte de F. Juste 1542.

[Bibl. Nat., Rés. Y². 2175. — Ruble, n° 438. — Taschereau, n° 1655. — De Montesson. — Potier (1870), n° 1388. — J. de Rothschild, 1515. — Tripier, 551. — Lacarelle, 348. — Paillet, 36. — Musée Condé, 1645.]

95. LES ‖ OEVVRES ‖ DE Mᵉ FRANÇOIS ‖ RABELAIS, DOC- TEVR ‖ en Medecine. ‖ *Contenant cinq liures, de la vie, faiĉtz, & ‖ dits heroïques de Gargantua, & de ‖ ſon Fils Pantagruel.* ‖ Plus, la Prognoſtication Pantagrueline, ‖ auec l'oracle de la Diue Bacbuc, & ‖ le mot de la Bouteille. ‖ *Augmenté des Nauiga- tions & Iſle Sonante. L'Iſle ‖ des Apedefres. La Creſme Philoſo- phale, auec ‖ vne Epiſtre Limoſine, & deux autres Epiſtres ‖ à deux Vieilles de differentes mœurs.* ‖ Le tout par Mᵉ François Rabe- lais. ‖ A LYON, ‖ PAP IEAN MARTIN. ‖ 1558.

Trois parties faĉtices in-12 : 347 pp. chiffr. & 7 non chiffr. pour les 2 premiers livres; 469 pages chiffr. & 9 non chiffrées pour les livres III & IV, & 166 pages chiffrées plus 16 feuillets non chiffrés, le verso du dernier blanc, pour le cinquiesme livre & les pièces annexes. Sign. A-Z ᵥᵢ, Aa-Vu ᵥᵢ.

LES
OEVVRES
DE Mᶜ FRANÇOIS
RABELAIS, DOCTEVR
en Medecine.

Contenant cinq liures, de la vie, faicts, &
dits heroïques de Gargantua, & de
fon Fils Pantagruel.

Plus, la Prognoftication Pantagruéline,
auec l'oracle de la Diue Bacbuc, &
le mot de la Bouteille.

Augmenté des Nauigations & Ifle Sonante. L'Ifle
des Apedefres. La Crefme Philofophale, auec
vne Epiftre Limofine, & deux autres Epiftres
à deux Vieilles de differentes mœurs.

Le tout par Mᶜ François Rabelais.

A LYON,
PAP IEAN MARTIN.

1558.

Cette édition est antidatée. Elle est certainement postérieure à 1584,
& a même probablement été imprimée après 1600. Les pièces annexes
qu'elle contient à la suite du 5ᵉ livre n'ont paru, dans leur ensemble, avec
les *Œuvres* de Rabelais qu'en 1584.

C'est à tort que les auteurs du *Supplément du Manuel* prétendent que le
texte daté de 1558 suit celui d'*Eftiart 1596*. En effet, le *Tiers livre* est ici
en 52 chapitres, tandis qu'il est en 48 dans l'in-16 de 1596 (voir nº 115).

[Bibl. Nat., Rés. Y². 2176-2178, exemplaire de Huet, annoté de sa
main.]

96. LES ‖ OEVVRES ‖ DE Mᶜ FRANÇOIS ‖ RABELAIS, DOC-TEVR ‖ EN MEDECINE. ‖ *Contenant cinq livres, de la vie, faicts, &* *dits* ‖ *heroïques de Gargantua, & de fon* ‖ *Fils Pantagruel.* ‖ Plus, la Prognoſtication Pantagrueline, auec ‖ l'oracle de la Diue Bacbuc, & le mot de ‖ la Bouteille. ‖ *Augmenté des Nauigations* *& Iſle Sonante L'Iſle des* ‖ *Apodefres. La Crefme Philofophale, auec vne* ‖ *Epiftre Limofine, & deux autres Epiftres à deux* ‖ *Vieilles* *de différentes mœurs.* ‖ Le tout par Mᶜ François Rabelais. ‖ (*fleuron*) ‖ *A LYON,* ‖ PAR IEAN MARTIN, ‖ 1558.

> *Trois parties factices in-8° : 322 pages chiffr. & 4 ff. non chiffr. (le vᵒ du* > *dernier blanc), pour les deux premiers livres; 428 pages chiffr. & 5 ff. non* > *chiffr. (le vᵒ du dernier blanc), pour les livres III & IV, & 154 pages* > *chiffr., pour le Vᵉ livre, plus 15 ff. non chiffr., pour la Table & les* > *pièces annexes, y compris la Prognoftication. Car. ronds.*

Le fleuron du titre est le même que celui qu'on remarque sur l'édi-tion de Lyon, 1599, Jean Martin.

Édition antidatée, comme la précédente. Elle suit le même texte, mais est très différente au point de vue de la typographie & du papier. Elle nous semble avoir été imprimée à Rouen, après 1620.

[Arsenal, B.-L., 14784ᴬ. — Bibl. Sainte-Geneviève, Y. 4073.]

97. LES ŒVVRES DE ‖ M. FRANÇOIS RABELAIS, ‖ Docteur en Me- ‖ decine. ‖ Contenans la vie, faits & dits Heroiques de Gar- ‖ gantua, & de son filz ‖ Pantagruel. ‖ Auec la Pro-gnoſtication Pantagrueline. ‖ M D. LIX (1559). [*S. l.*]

> *2 tomes in-16 carré de 418 pages chiffr., plus 5 ff. non chiffr. de table, &* > *2 ff. blancs pour les 2 premiers livres & la prognoftication; 533 pp. chiffr.,* > *plus 5 ff. non chiffr. de table pour les livres III & IV.*

Nous n'avons pas vu cette édition. Brunet (*Recherches*, p. 118) dit qu'elle n'est pas inférieure, pour la beauté de l'impression, aux deux éditions de 1556, & qu'elle donne le 3ᵉ livre complet. *La Prognoftication* s'y trouve placée après le 2ᵉ livre.

[Taschereau, 1656. — Lignerolles, 1787.]

98. Les ‖ Oeuvres de ‖ M. François Rabelais, ‖ Docteur en Me- ‖ decine. ‖ Contenant la vie, faits & dits Heroiques de Gar ‖ gantua, & de fon filz ‖ Pantagruel. ‖ Auec la Pro- gnoftication Pantagrueline. ‖ A LYON, ‖ M. D. LXIIII (1564).

> *2 parties in-16 de 418 pp. chiffr., plus 5 ff. non chiffr. & 2 ff. blancs (2 premiers livres), & 533 pages chiffr., plus 11 pages non chiffr. (livres III & IV); titre encadré.*

Nous n'avons vu, de cette édition, que la seconde partie, dont les signatures sont en lettres redoublées, de *aa* jusqu'à *zz iiij*, et de *AA* à *LL iiij*. Elle semble avoir été faite sur celle de 1559; la disposition des pages est la même. Les pas- sages grecs y sont dans les caractères propres à cette langue, ce qui n'est pas le cas de la plupart des éditions suivantes. La *Prognoftication* suit le livre II.

On y trouve parfois joint le *Cinquiesme livre* portant la même date, & qui est, comme nous l'avons dit (voir nº 88), imprimé sur le même papier & avec les mêmes caractères, mais dont l'encrage est moins net.

[Taschereau, 1657. — Guillin d'Avenas, 4.]

99. LES ‖ OEVVRES ‖ DE M. FRANÇOIS RA ‖ BELAIS DOCTEVR ‖ en Medecine, ‖ *⁎* ‖ *Cōtenans cinq liures de la vie, faicts* ‖ *& dicts Heroiques de Gargan* ‖ *tua, & de fon fils Pantagruel :* ‖ *Auec l'oracle de la Diue Bacbuc, & le mot de la Bouteille.* ‖ PLVS, ‖ La Prognoftication pan ‖ tagrueline. ‖ A LYON ‖ M. D. LXV. (1565).

> *Trois parties in-16 carré. Livres I & II, & la Prognoftication: 418 pages chiffr., plus 5 ff. non chiffr. & 2 ff. blancs; livres III & IV : 533 pages chiffr., plus 11 pages non chiffr.; livre V : 97 feuillets chiffr., plus 7 ff. non chiffr. pour la table, l'Epiftre du Lymosin & la Chrefme philofophale. Les titres sont dans un encadrement de satyres.*

Les deux premiers livres sont signés de *A* à *DD*. Les livres III & IV, qui suivent, sans titre, avec pagination nouvelle, sont signés de *aa* à *LL*.

C'est ici la première édition des *Œuvres* annonçant cinq livres sur le titre (nous avons dit que les deux éditions de 1558 sont antidatées). Le chapitre des *Apedeftes* manque au Vᵉ livre, qui est intitulé :

LE ‖ CINQUIESME ‖ et dernier li ‖ vre des faicts et ‖ dicts heroïques du bon Panta ‖ gruel, appelé vulgairemēt ‖

l'Iſle Sonnāte : cōpoſé ‖ par M. Frāçois Ra ‖ belais doɛteur
en medecine ‖ *auquel eſt contenu la viſitation* ‖ *de l'oracle de la*
Diue Bacbuc et ‖ *le mot de la Bouteille : pour lequel* ‖ *auoir eſt entre-*
pris tout ce long ‖ *voyage.* ‖ A LYON ‖ M.D.LXV. (1565).

La *Chreſme philoſophale*(1), et l'*Epiſtre du Lymoſin* paraissent ici pour la première
fois.

L'auteur de ces deux pièces est inconnu. La dernière se termine par ces mots :
Ainsi signé Desbride Gousier. Or ce sobriquet plaisant se trouve, au bas d'une
pièce de vers de Roger de Collerye : *Cry pour l'abbé de l'église d'Auxerre & ses*
suppoſtʒ :

> «Faiɛt & donné en ung beau jardinet,
> Tout au plus près d'un joly cabinet
> Où bons buveurs ont planté maint rosier.
> Scellé en queue, & signé du signet
> Comme il appert, de *Desbridegoʒier.*»

(Voir *Œuvres de Roger de Collerye,* Paris, Jannet, 1855, in-8°, p. 276.)
Collerye, mort en 1536, & qui, par conséquent avait pu lire le chapitre v
de *Pantagruel,* serait-il l'auteur de l'*Epiſtre du Lymosin ?*

[Taschereau, 1658. — E. Weyer, 59.]

100. Les Oeuvres de ‖ M. François ‖ Rabelais, do ‖ ɛteur
en medecine, ‖ contenans cinq liures de la vie, ‖ faits et
dits ‖ heroïques de Gargantua & de ſon ‖ fils Pantagruel. ‖
PLVS ‖ la Prognoſtication pantagrueline avec l'oracle ‖ de la
Diue Bacbuc, & le mot de la Bouteille. ‖ De nouueau ueu
et augmenté de ce qui ſen ‖ ſuit outre les précédentes impreſſions. ‖ Les Nauigations, & iſle ſonnante. L'iſle des
Apedeftes, la Creſme philoſophale, auec ‖ vne epiſtre Limoſine. Le tout ‖ par M. François Rabelais. ‖ A LYON, ‖ par
Jean Martin ‖ 1567.

(1) Au sujet de la *Chresme philosophale,* voir une spirituelle plaquette, intitulée :
Protée-Cigale, équation curieuse, discuſſion mirificque & veri similes solutions de l'Vtrum X
de la Chresme philosophale des queſtions encyclopédiques de Pantagruel, par G. der Flag,
apprentif abſtraɛteur de quinteſſence. Tettigopolis, 1864, *in-8° de 71 pages, fig. sur bois.*
La dernière page porte la signature : *Breſt, imprimerie Anner, Rampe 55.* Nous
n'avons pas pu découvrir le malin auteur qui se cache sous le pseudonyme de
G. der Flag.

Trois parties in-16, car. ronds. Livres I & II, & Prognostication : 320 pages chiffr. plus 4 ff. non chiffr.; livres III & IV : 408 pages chiffr. plus 4 ff. non chiffr.; livre V : 160 pages.

Si cette édition, que nous n'avons pas vue, n'est pas antidatée, elle est la première dans laquelle on ait rétabli, au 5e livre, le chapitre des *Apedeftes*, qui était le XVIe dans l'*Isle Sonante* de 1562, & qu'on a placé ici le VIIe. Il est resté à cette place dans toutes les éditions suivantes, jusqu'à celle de Le Duchat, publiée en 1711.

101. LES ‖ OEVVRES DE MAI- ‖ STRE FRANCOIS RABE= ‖ lais, Docteur en medecine. ‖ *Contenant cinq liures de la vie,* ‖ *faicts & dicts heroïques de* ‖ *Gargantua, & de son* ‖ *fils Pantagruel.* ‖ Et augmentez de l'Isle des Apede- ‖ fres, de la cresme Philosophale, ‖ & d'vne epistre Limosine : outre ‖ la nauiga- tion en l'Isle Sonnante, ‖ la visitatiō de l'oracle de la Diue ‖ Bacbuc, & le mot de la Bouteille. ‖ LA ‖ *Pronostication Pan- tagrueline.* ‖ A LION. ‖ Par Iean Martin. ‖ 1569.

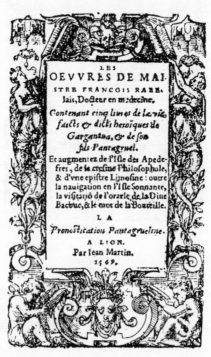

In-16 carré, divisé en trois parties, mais d'une façon factice, les signatures se suivant : 402 pp. chiffr., plus 7 ff. non chiffr.; 533 pp. chiffr., plus 11 pages non chiffr.; 238 pp. chiffr. (les pages 203-208 ne sont pas chiffrées), plus 1 f. blanc.

L'encadrement du titre, que l'on retrouve dans les éditions de 1571 Estiart & 1573 Estiard (nᵒˢ 102 & 104), se voit sur plusieurs ouvrages imprimés *par* ou *pour* Claude Micard, à Paris, entre 1569 & 1575.

Il est reproduit, ici en tête du IIᵉ, du IIIᵉ & du Vᵉ livres.

Le IIIᵉ livre n'a pas de titre; l'encadrement est en bordure des premières lignes du prologue.

Les passages grecs sont en caractères romains.

Le *tiers livre* est complet, en 52 chapitres.

Au verso du premier titre, au-dessus du dizain aux lecteurs, se trouve un petit portrait gravé en bois, que nous reproduisons ci-dessous.

Ce médaillon, qui est répété à la fin du *Tiers livre* & en tête du 5ᵉ livre, est le premier portrait que nous ayons rencontré dans une édition de Rabelais.

M. d'Albenas ne le mentionne pas. Il a été gravé à nouveau pour l'édition d'Estiart 1571 (voir n° 102).

Il semble que ce petit bois qu'on ne peut pas considérer comme représentant sûrement Rabelais, a été fabriqué d'après un profil de Clément Marot, qui a paru dans le recueil de portraits publié sans date à Lyon par Jean de Tournes (vers 1556).

Cette édition rappelle, pour le papier & la typographie, la seconde édition des *Dialogues du nouveau françois italianizé* (à Envers chez Guillaume Niergue 1579), dont l'impression, comme celle de la première, bien que différente, est attribuée à l'auteur, Henri Estienne.

On va voir que le nom de Nierg, autrement autographié, a également figuré sur des éditions de Rabelais. Il est possible que Jean ou Ian Martin, Estiart ou Estiard, Guillaume Niergue & François Nierg cachent quelquefois un seul & même imprimeur.

Il est en tout cas difficile d'admettre, comme Le Duchat l'a proposé, que H. Estienne ait pu laisser sortir de ses presses, à moins qu'il ne l'ait fait malicieusement, des textes aussi peu corrects que le sont en général ceux des éditions rabelaisiennes dont nous parlons.

[Bibl. de la ville de Besançon, 4773.]

102. OEVVRES DE ‖ MAISTRE FRAN- ‖ çois Rabelais, docteur ‖ en medecine. ‖ Contenāt cinq liures de la vie, ‖ faits & dits heroïques de Gargā- ‖ tua, & de son fils Pantagruel. ‖ PLVS ‖ *La Pronostication Pantagrueline,* ‖ *auec l'oracle de la Diue Bacbuc, &* ‖ *le mot de la Bouteille.* ‖ De nouueau veu & augmenté de ce qui ‖ s'ensuit outre les autres impressions. ‖ Les nauigations & Isle Sonnante. L'isle ‖ des Apedeftes, la cresme Philosophale, ‖ auec vne Epistre limosine, le tout par ‖ M. Francois Rabelais. ‖ A LION, ‖ par Pierre Estiart. ‖ 1571.

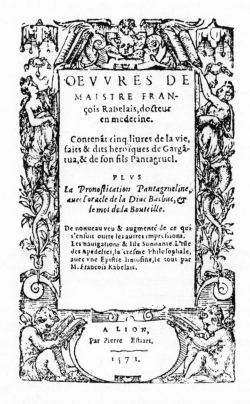

3 parties in-16. Livres I & II, & Prognostication : 320 pages chiffr., &
4 ff. non chiffr. pour la table; livres III & IV: 408 pages chiffr., &
4 ff. non chiffr.; livre V : 149 pages chiffr., & 6 ff. non chiffr. pour

l'Epiſtre du Lymoſin, la chresme & la table; petits caraɛteres ronds très nets, 35 lignes à la page.

Au verso du titre, au-dessus du dizain aux leɛteurs, le portrait que voici, que M. d'Albenas ne mentionne pas,

& qui est la copie de celui de l'édition précédente. Le bois a été regravé, la figure est un peu plus allongée. Le portrait reparaît en tête des livres III & V. Les passages grecs sont ici imprimés en caraɛteres romains.

[Labitte (1891), n° 696. — Taschereau, 1659. — Luzarche, 2904. — Lignerolles, 1788 & 1789.]

103. LES ‖ OEVVRES ‖ DE M. FRANCOIS ‖ Rabelais, Do-ɛteur en Medecine. ‖ *Contenant cinq Liures de la vie, faiɛts, & diɛts* ‖ *Heroiques de Gargantua, & de ſon fils* ‖ *Pantagruel.* ‖ Plus, la Prognoſtication Pantagrueline, ‖ auec l'oracle de la Diue Bacbuc, & le ‖ mot de la Bouteille. ‖ *Augmenté de ce qui s'en-ſuyt.* ‖ *Les Nauigations & Iſle Sonante. L'Iſle des* ‖ *Apedeſres, La creſme Philoſophale auec vne* ‖ *Epiſtre Limoſine. Le tout par Maiſtre* ‖ *François Rabelais.* ‖ A LYON. ‖ Par Pierre Estiard. ‖ 1573.

Trois parties in-16. Livres I & II : 402 pages chiffr , plus 5 ff. non chiffr. ; livres III & IV : 576 pages chiffr., plus 6 ff. non chiffr., fleuron au verso du dernier ; livre V : 210 pages chiffr., plus 5 pages non chiffr. pour la table, 19 pages non chiffr. pour la Prognoſtication, 6 pages non chiffr. pour l'Epiſtre du Limousin, suivie du Dixain (Pour indaguer), qui eſt incomplet de deux vers, 3 pages pour la Chresme, puis un feuillet contenant un fleuron au reɛto & blanc au verso, & un feuillet blanc.

LES
OEVVRES
DE M. FRANCOIS
Rabelais, Docteur en Medecine.

Contenant cinq Liures de la vie, faicts, & dicts
Heroïques de Gargantua, & de son fils
Pantagruel.

Plus, la Prognostication Pantagrueline,
auec l'oracle de la Diue Bacbuc, & le
mot de la Bouteille.

Augmenté de ce qui s'ensuyt.

Les Nauigations & Isle Sonante. L'Isle des
Apedefres, La cresme Philosophale, auec vne
Epistre Limosine. Le tout par Maistre
François Rabelais.

A L Y O N.

Par Pierre Estiard.

1 5 7 3.

Le titre du cinquième livre ne porte ici ni nom de lieu, ni nom d'imprimeur.
Ce titre est identique à celui de l'édition de Lyon, Jean Martin, 1584, ainsi que

LE CINQVIEME
Liure des faicts & dicts Heroïques du bon Pan-
tagruel.

Auquel est contenu ce qui s'ensuit.

Les nauigations & Isle Sonnante. L'Isle des
Apedefres, de nouueau adiousté. La
cresme Philosophale. Vne
Epistre Limosine.

Auec la visitation de l'oracle de la Diue
Bacbuc, & le mot de la Bouteille : pour
lequel a esté entreprins tout ce long
voyage. Le tout composé par M. François Rabelais Docteur en Medecine.

le fleuron qui le précède (voir n° 109). Le texte du livre est imposé différemment ; l'édition de 1584 a, en outre, *deux Epiſtres à deux Vieilles.*

[Arsenal, B.-L., 14784.]

104. LES ‖ OEVVRES ‖ DE M. FRANÇOIS ‖ Rabelais, Doꞔteur en ‖ Medecine. ‖ *Contenāt cinq liures de la vie, faits* ‖ *& dits heroiques de Gargantua* ‖ *& de son filz Pantagruel.* ‖ Plus la Prognoſticatiō Pan ‖ tagrueline, auec l'oracle ‖ de la diue Bacbuc, & le ‖ mot de la Bouteille. ‖ *Augmenté de ce qui* ‖ *s'enſuyt.* ‖ *Les Nauigations, & Iſle Sonante* ‖ *L'Iſle des Apedefres,* *La creſme phi-* ‖ *loſophale auec vne Epiſtre Limoſi-* ‖ *ne. Le tout par* *M. Franç. Rabelais.* ‖ A LYON. ‖ Par Pierre Eſtiard. ‖ 1573.

*Trois parties in-16. I*er *& II*e *livres : 402 pages chiffr., 5 ff. non chiffr. &* *2 ff. blancs (la Prognoſtication eſt absente, malgré l'annonce du titre) ;*

IIIe & IVe livres : 576 pages non chiffr. & 6 ff. non chiffr., titres encadrés (voir n° 99); V^e livre : 209 pages chiffr., plus 15 pages non chiffr. & 2 ff. blancs, le verso du dernier contenant la figure de la Bouteille.

Ici, le 5e livre, qui fait partie du volume, puisqu'il commence au milieu d'un cahier, porte un nom d'imprimeur & un lieu d'impression différents : *A Anvers. Par François Nierg. 1573.* Le titre n'est pas encadré.

LE CINQVIESME
Liure des Faictz & dictz Heroiques du bon Pan-
tagruel.

Auquel est contenu ce qui sensuyt.

Les nauigations & Isle sonnāte. L'Isle des
Apedestes, de nouueau adiousté. La
cresme philosophale. Vne
epistre limosine.

Auec la visitation de l'oracle de la Diue
Bacbuc, & le mot de la Bouteille: pour
lequel a esté entreprins tout ce long
voyage. Le tout composé par M. François Rabelais Docteur en Medecine.

A ANVERS.
Par François Nierg.
1573.

C'est cette version du cinquième livre que Le Duchat cite comme l'édition d'Anvers, François Nierg 1573, & non celle que nous décrivons au numéro suivant.

A la fin du livre, après un feuillet blanc, un autre feuillet, blanc au recto, avec, au verso, le *Pourtraict de la Bouteille.*

[Bibl. de l'Institut, R. 180**. — Yemeniz, 2375.]

105. *LES* ‖ OEVVRES ‖ DE M. FRAN- ‖ ÇOIS RABELAIS ‖ Docteur en Me- ‖ decine. ‖ Contenant cinq liures de la vie, faicts, & ‖ dits heroïques de Gargantua, & de ‖ son fils Pantagruel. ‖ PLVS ‖ *La Pronoſtication Pantagrueline, auec l'oracle* ‖ *de la diue Bacbuc, & le mot de la Bouteille.* ‖ De nouueau veu & augmenté de ce qui ‖ s'enſuit, outre les autres impreſſions. ‖ Les nauigations & Iſle ſonnante. L'Iſle ‖ des Apedefres, La creſme Philoſophale ‖ auec vne Epiſtre Limoſine. Le tout par ‖ M. François Rabelais. ‖ A ANVERS, ‖ Par François Nierg. ‖ 1573.

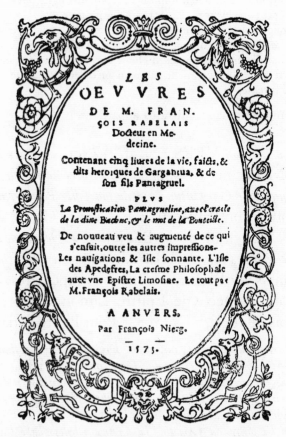

Trois parties in-16, car. ronds très menus, 35 lignes à la page. Livres I & II

& Pantagrueline Pronoſtication : 320 p. chiffr., plus 4 ff. non chiffr.; livres III & IV: 408 p. chiffr. & 4 ff. non chiffr.; livre V: 149 p. chiffr. & 11 p. non chiffr.

Tous les titres (titre général, second, troisième & cinquième livres), dans le même encadrement, portent l'indication : A Anvers, par François Nierg. 1573.

Le verso de la première page est occupé par le dizain *Aux lecteurs;* le *Gargantua* se termine page 163, dont le verso est blanc. La page 165, non chiffrée, annonce le *second livre,* dans l'encadrement, & contient en outre le dizain de Hugues Salel. Au-dessous du titre du *Tiers livre,* se lit le dizain *à l'esprit de la royne de Navarre,* & le verso est blanc. L'*Epigramme* signée *Nature Quite* est au verso du titre du *cinquiesme livre.*

Cette édition, fort élégamment imprimée, reproduit, ligne pour ligne, celle de Pierre Estiart 1571 (voir n° 102). Le portrait n'y figure pas.

Aucun bibliographe, à notre connaissance, ne l'a encore décrite; celle que mentionnent Le Duchat & Brunet sous le même nom d'imprimeur & la même date, & qu'ils attribuent aux presses d'Henri Estienne, est l'édition partielle du cinquième livre que nous citons au numéro précédent, & qui est d'une typographie fort différente.

[D'après un exemplaire qui nous appartient.]

106. LES ‖ OEVVRES ‖ DE M. FRANÇOIS ‖ Rabelais, Docteur en ‖ Medecine. ‖ *Contenant cinq liures de la vie, faictz & dicts ‖ Heroiques de Gargantua, & de ſon ‖ filz Pantagruel.* ‖ PLVS ‖ La Prognoſtication Pantagrueline, auec ‖ l'Oracle de la diue Bacbuc, & le ‖ mot de la Bouteille. ‖ *De nouueau veu & augmenté de ce qui s'enſuyt.* ‖ *Outre les precedentes Impreſſions.* ‖ Les Nauigations & Iſle Sonante. L'Iſle des ‖ Apedefres, La creſme philoſophale, ‖ auec vne Epiſtre Limoſine. Le ‖ tout par M. François ‖ Rabelais. ‖ A LYON. ‖ Pour Pierre Eſtiard. ‖ 1574.

Trois parties factices in-16, car. ronds. I & II (la Prognoſtication manque, malgré l'annonce du titre) : 402 pages chiffr., plus 5 ff. de table & 2 ff. blancs, le verso du dernier occupé par le dizain à l'Eſprit de la Royne de Navarre; III & IV: 576 pages chiffr., plus 6 ff. non chiffr., fleuron au verso du dernier; livre V: 209 pages chiffr., plus 15 pages non chiffr., pour l'Epiſtre du Lymosin, la Cresme Phylosophalle (sic), la table & un fleuron, & 2 ff. blancs.

LES
OEVVRES
DE M. FRANÇOIS
Rabelais, Docteur en
Medecine.

Contenant cinq liures de la vie, faictz & dictz
Heroiques de Gargantua, & de son
filz Pantagruel.

PLVS
La Prognostication Pantagrueline, auec
l'Oracle de la diue Bacbuc, & le
mot de la Bouteille.

De nouueau veu & augmenté de ce qui s'ensuyt,
Outre les precedentes Impressions.

Les Nauigations & Isle Sonante. L'Isle des
Apedefres, La cresme philosophale,
auec vne Epistre Limosine. Le
tout par M. François
Rabelais.

A LYON.
Pour Pierre Estiard.
1574

Ici, le 5ᵉ livre, qui appartient au volume, puisqu'il commence au milieu d'un cahier, porte un nom d'imprimeur, une date & un lieu différents : *A Anvers. Par François Nierg 1573.* Son titre est identique à celui du cinquième livre joint à l'édition des *Œuvres* d'Estiard 1573 (voir page 204). La figure de la Bouteille n'est pas dans cette édition.

[Bibl. Nat., Rés. Y². 2179.]

107. LES ‖ OEVVRES DE ‖ M. FRANCOIS ‖ RABELAIS DO- ‖ cteur en Medecine. ‖ Contenans cinq Liures de la vie, faits, & dits ‖ heroïques de Gargantua, & de son ‖ fils Pantagruel. ‖ PLVS ‖ *La Prognostication Pantagrueline, auec l'oracle* ‖ *de la diue Bacbuc, & le mot de la Bouteille.* ‖ De nouueau veu & augmenté de ce qui s'en- ‖ suit, outre les autres impressions. ‖ Les na-

uigations & Ifle fonnante. L'Ifle des ‖ Apedefres, La crefme Philofophale, auec ‖ vne Epiftre Limofine. Le tout ‖ par M. François ‖ Rabelais. ‖ *EN ANVERS.* ‖ PAR FRANCOIS NIERG ‖ 1579.

LES

OEVVRES DE

M. FRANCOIS

RABELAIS DO-
cteur en Medecine

❦❦❦

Contenans cinq Liures de la vie, faits, & dits
heroïques de Gargantua, & de fon
fils Pantagruel.

PLVS

La Prognoftication Pantagrueline, auec l'oracle
de la diue Bacbuc, & le mot de la Beuteille,

De nouueau veu & augmenté de ce qui s'enfuit, outre les autres impreffions.

des nauigations & Ifle fonnante. L'Ifle des
Apedefres, La crefme Philofophale, auec
vne Epiftre Limofine. Le tout
par M. François
Rabelais

EN ANVERS.

PAR FRANCOIS NIERG

1579.

In-16 de 1150 pages chiffr., plus 14 ff. non chiffr. & 1 f. blanc.

Cette édition est très différente, pour le papier & l'impression, de celle de Nierg 1573. Elle n'est certainement pas sortie des mêmes presses. Le texte en est également différent. Le cinquième livre suit l'édition de Ian Martin 1565 ; il ne contient pas le chapitre des *Apedeftes,* malgré ce qu'annonce le titre général. La *Cresme philofophale* & l'*Epiftre limosine,* annoncées au même titre, n'y figurent pas non plus. La Prognostication est à la suite du deuxième livre. Le Tiers livre est complet en 52 chapitres.

Au chapitre XXXII du quatrième livre, se lit la phrase : *Demoniacles Calvins imposteurs de Genève,* qui n'est pas dans l'édition de 1573.

L'exemplaire de la Bibliothèque Nationale a appartenu à Jamet le jeune, qui

a couvert les marges de notes manuscrites, & a ajouté de nombreux feuillets pour en inscrire d'autres. La plupart de ces notes sont empruntées à Le Duchat; certaines sont personnelles. Elles ont été relevées en partie & publiées dans le *Bulletin du bouquiniste*, du 15 août 1863.

[Bibl. Nat., Rés. Y². 2183.]

108. LES OEVVRES de M. François Rabelais, contenant cinq livres de la vie, faicts et dicts heroiques de Gargantua et de son filz Pantagruel. Lyon. Pierre Estiard, 1580.

In-16.

Le catalogue Le Petit (de Maxéville), nº 1270, mentionne cette édition, que nous n'avons pas vue, & fait suivre l'énoncé sommaire du titre, des lignes suivantes :

«*Édition rare, ayant échappé aux recherches de M. Brunet, qui décrit minutieusement dans la dernière édition du* Manuel, *toutes les éditions d'Estiard, sans citer celle-ci.*»

Nous ignorons où a passé l'exemplaire, que le catalogue annonce comme grand de marges & relié en vélin. Au sujet des éditions d'Estiard, le *Manuel* ne les décrit pas minutieusement. Brunet déclare, d'ailleurs, que, de quatre qu'il mentionne, il n'en a vu que *deux*.

109. LES ‖ OEVVRES ‖ DE M. FRANCOIS ‖ Rabelais, Docteur en ‖ Medecine. ‖ *Contenant cinq Liures de la vie, faicts, & dits* ‖ *Heroiques de Gargantua, & de son* ‖ *fils Pantagruel.* ‖ PLVS, la Prognostication Pantagrueline, ‖ auec l'oracle de la Diue Bacbuc, ‖ & le mot de la Bouteille. ‖ Augmenté de ce qui s'ensuit. ‖ *Les Nauigations & Isle Sonante. L'Isle des* ‖ *Apedefres, la Cresme Philosophale, auec vne* ‖ *Epistre Limosine, & deux autres Epistres* ‖ *à deux Vieilles de différentes mœurs.* ‖ Le tout par M. François Rabelais. ‖ A LYON ‖ PAR IEAN MARTIN. ‖ 1584.

Trois parties in-16 de 402 pages chiffr., plus 5 ff. non chiffr.; 576 pages chiffr., plus 6 ff. non chiffr., au verso du dernier, un fleuron semblable à celui de la page correspondante de l'édition de Lyon, Estiard 1573 (voir nº 103), & 210 p. chiffr., plus 19 ff. non chiffr.; car. ronds.

LES
OEVVRES
DE M FRANÇOIS
Rabelais, Docteur en
Medecine

Contenant cinq Liures de la vie, faicts, & dits
Heroïques de Gargantua, & de son
fils Pantagruel.

PLVS, la Prognostication Pantagrueline,
auec l'oracle de la Diue Bacbuc,
& le mot de la Bouteille.

Augmenté de ce qui s'ensuit.

Les Nauigations & Isle Sonante. L'Isle des
Apedefres, La Cresme Philosophale, auec vne
Epistre Limosine, & deux autres Epistres
à deux Vieilles de differentes mœurs.

Le tout par M. François Rabelais.

A LYON
PAR IEAN MARTIN

———————

1 5 8 4.

Nous avons dit plus haut (voir n° 103) que le titre du cinquième livre, sans lieu ni date, est identique à celui du même livre qui suit l'édition de Lyon, Estiard 1573, & que ce livre est ici augmenté des *Epistres à deux Vieilles,* qui paraissent pour la première fois en 1584 à la suite des Œuvres de Rabelais. Ces deux pièces sont de François Habert d'Issoudun ; elles avaient paru en 1551, dans la seconde édition des *Sermons satyriques du sententieux poete Horace,* donnés par ce poète chez Michel Fezandat. L'une d'elles paraphrase la XIIe épode d'Horace, *Ad anum libidinosam.*

[Bibl. Nat., Rés. Y². 2183-2184.]

110. Les mêmes, même date.

J.-Ch. Brunet cite, sans en donner le titre, une autre édition de Jean Martin avec la date de 1584. Il la décrit :

In-16 de 32 pages préliminaires, 388 & 404 pages de texte.

Il ajoute qu'elle est fort jolie d'impression, mais il oublie de renseigner le lecteur sur ce que contiennent les «32 pages préliminaires». (Voir *Recherches*. . ., p. 120.) Nous ne l'avons pas rencontrée.

III. Les Oeuvres de M. François Rabelais. . . Lyon, Jean Martin, 1586. *In-16.*

Édition citée par le *Manuel.* Nous ne l'avons pas vue, & ne possédons aucun renseignement à son sujet.

112. LES ‖ OEVVRES ‖ DE Mᵉ FRANÇOIS ‖ RABELAIS, DOC-TEVR ‖ en Medecine. ‖ *Contenant cinq liures, de la vie, faicts, & ‖ dits heroïques de Gargantua, & de ‖ fon fils Pantagruel.* ‖ Plus, la Prognoſtication Pantagrueline, ‖ auec l'oracle de la Diue Bacbuc, & ‖ le mot de la Bouteille. ‖ *Augmenté des Nauiga-tions & Iſle Sonante. L'Iſle ‖ des Apedefres. La Creſme Philoſophale, auec ‖ vne Epiſtre Limoſine, & deux autres Epiſtres ‖ à deux Vieilles de differentes mœurs.* ‖ Le tout par Mᵉ François Rabelais. ‖ A LYON, ‖ PAR IEAN MARTIN. ‖ M.D.LXXXVIII. (1588).

> *Trois parties in-12 de 347 p. chiffr., plus 7 pages non chiffr. ; 469 p. chiffr., plus 9 p. non chiffr., & 166 p. chiffr., plus 16 ff. non chiffr., le vᵒ du dernier blanc.*

La division en trois parties n'est qu'apparente. Les signatures se suivent, en effet ; elles vont de *A* à *Z* & de *Aa* à *Vu*ᵥᵢ. Cette édition, probablement anti-datée, est identique, ligne pour ligne, mot pour mot, à celle de 1558 in-12 (voir nᵒ 95). Les lettres ornées sont différentes.

113. LES OEVVRES ‖ DE M. FRANÇOIS ‖ RABELAIS, DOC-TEVR ‖ en Medecine. ‖ *Contenant cinq liures de la vie, faicts & ‖ dits Heroïques de Gargantua, & ‖ de fon fils Pantagruel.* ‖ Plus, la Prognoſtication Pantagrueline, ‖ auec l'Oracle de la Diue Bacbuc, ‖ & le mot de la Bouteille. ‖ Augmente de ce qui s'enfuit. ‖ *Les Nauigations & Iſles Sonantes. L'Iſle des ‖ Apedefres, La Creſme Philoſophale, ‖ auec vne Epiſtre Limoſine, & deux ‖ autres Epiſtres à deux Vieilles ‖ de differentes mœurs.* ‖

14.

Le tout par M. François Rabelais. ‖ A LYON, ‖ Par Iean
Martin. ‖ M.D.XCIII. (1593).

*Trois parties in-12 de 170 ff. chiffr., plus 4 ff. non chiffr.; 231 ff. chiffr., plus
4 non chiffr., & 84 ff. chiffr., plus 17 ff non chiffr. & 1 f. blanc.*

La division en trois parties n'est qu'apparente. Les signatures se suivent. Elles
vont de *A* à *Z* & de *a* à *v₅*. Cette édition ne diffère des in-12 signés Jean Martin
que par le fait qu'elle est chiffrée par feuillets au lieu de l'être par pages. La typographie est soignée. Le papier est médiocre.

[Bibl. Nat., Rés. Y². 2187.]

114. Les Oeuvres de M. François Rabelais, docteur en
Medecine, contenant cinq livres de la vie, Faits et dits
heroyques de Gargantua et de son fils Pantagruel. A Lyon,
par Jean Martin M.D.XCVI. (1596).

In-12.

Le cinquième livre a un titre à part sous la même date.

Nous empruntons ce titre au catalogue Guillin d'Avenas. L'édition suivrait,
d'après ce catalogue, celle de 1558 in-12, «avec quelques variantes d'orthographe
& de noms propres estropiés». (Ils le sont déjà passablement dans l'édition
de 1558.)

[Guillin d'Avenas, 5.]

115. *LES* ‖ OEVVRES ‖ DE M. FRAN- ‖ çois Rabelais, Do- ‖
cteur en Me- ‖ decine, ‖ *Contenans la vie, faicts &* ‖ *dicts He-*
roïques de Gar- ‖ *gantua, & de son filz* ‖ *Pantagruel.* ‖ Auec la
Prognostication ‖ Pantagrueline. ‖ *M.D.XCVI.* (1596). [*S. l.*]

Le Vᵉ livre porte : A LION, par PIERRE ESTIART. cIɔ.Iɔ.XCVI. (1596).

*Deux parties in-16 de 800 p. chiffr., plus 15 ff. chiffr. & 1 f. blanc; 184 p.
non chiffr., plus 5 ff. non chiffr. & 1 f. blanc.*

Cette édition, pour les quatre premiers livres, est une reproduction assez fidèle
de l'édition de 1556 sans lieu (voir n° 91). La seule différence notable est qu'à la

fin du chapitre XXXII du quatrième livre, on a supprimé la phrase : *demoniacles Calvins imposteurs de Genève.* Le troisième livre, comme dans l'édition de 1556, est divisé en 49 (48) chapitres, avec les mêmes erreurs de numérotation. La *Briefue declaration* suit le quatrième livre, ce qui donne à cette édition un certain intérêt. Elle est, à notre connaissance, la seule, publiée sous le titre d'*Oevvres,* qui, depuis l'édition de 1556, reproduise cette pièce importante. Elle est élégamment imprimée, en caractères très fins.

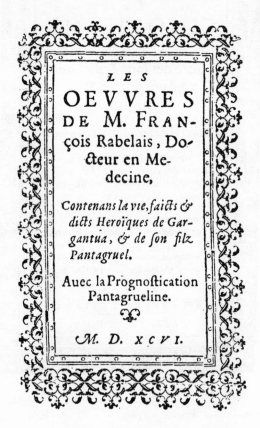

Le Duchat, qui n'a pas connu l'édition de 1556, s'est souvent servi de celle que nous décrivons ici. Il est probable que le cinquième livre que l'on y trouve généralement joint, & qui porte tantôt la date de 1596, comme l'indique notre facsimilé, tantôt celle de 1597, si nous en croyons le catalogue Guillin d'Avenas, a été imprimé après que les quatre premiers ont été mis en vente. Nous possédons, en effet, un exemplaire dans sa reliure originale, qui ne contient que la première partie, suivie de quatre feuillets de garde du même papier que le volume. Le cinquième livre, imprimé en italiques, suit l'édition de 1571 (voir n° 102); mais l'épigramme *Nature quite* manque.

Il est peu vraisemblable que cette édition ait été imprimée à Lyon. Nous pensons qu'elle a dû sortir des presses protestantes de Montbéliard, ou peut-être de celles de La Rochelle. (*Voir p. 256, à :* DUREL.)

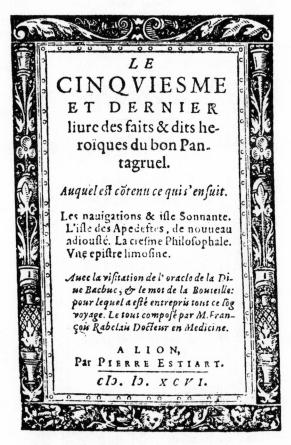

[Bibl. Nat., Rés. Y². 2190-91. — Pichon, 980 (ex. d'Hoym.) — Taschereau, 1660. — Potier, 1389. — J. de Rothschild, 1516. — Guillin d'Avenas, 6.]

116. LES ‖ OEVVRES ‖ DE M. FRANCOIS ‖ RABELAIS, DOC-TEVR ‖ en Medecine. ‖ *Contenant cinq liures de la vie, faits, &* ‖ *dits Heroyques de Gargantua, & de* ‖ *fon fils Pantagruel.* ‖ Plus, la Prognoſtication Pantagrueline, ‖ auec l'Oracle de la Diue Bacbuc, ‖ & le mot de la Bouteille. ‖ Augmenté de ce qui

f'enfuit. ‖ *Les Nauigations & Ifles Sonantes, L'Ifle des Apedefres* ‖ *La Crefme Philofophale, auec vne Epiftre* ‖ *Limofine, & deux autres Epiftres à deux* ‖ *Vieilles de differentes mœurs.* ‖ Le tout par M François Rabelais. ‖ A LYON, ‖ Par Iean Martin. M. D. XC IX. (1599).

> *Trois parties (factices) in-12, car. ronds, 322 pp. chiffr., plus 4 ff. non chiffr.; 435 pp. chiffr., plus 9 pp. non chiffr.; & 154 pp. chiffr., plus 16 ff. non chiffr.*

Cette édition, assez élégamment imprimée, suit le texte de celle de 1558, in-12 (voir n° 95).

[Bibl. Nat., Rés. Y². 835 B.]

117. Les Oeuvres... 1599. Chez les héritiers de Simon Jean.

Édition signalée par Regis; nous ne la connaissons pas.

Regis la cite d'après une communication du colonel Below, «adjudant de S. A. R. le prince royal de Prusse, amateur très versé dans l'histoire littéraire du xvie siècle», qui possédait un exemplaire de cette édition en 1840.

Elle serait identique à celle de J. Martin, sans date.

118. les ‖ OEVVRES ‖ de m. francois ‖ Rabelais, Doctevr ‖ en Medecine. ‖ *Contenant cinq liures de la vie, faits, & dits* ‖ *Heroïques de Gargantua, & de fon* ‖ *fils Pantagruel.* ‖ Plus, la Prognoftication Pantagrueline, auec ‖ l'Oracle de la Diue Bacbuc, & ‖ le mot de la Bouteille. ‖ Augmenté de ce qui s'enfuit. ‖ *Les Nauigations & Ifles Sonantes, L'Ifle des Ape-* ‖ *defres, La Crefme Philofophale, auec vne Epiftre* ‖ *Limofine, & deux autres Epiftres à deux* ‖ *Vieilles de differentes mœurs.* ‖ *Le tout par M. François* ‖ *Rabelais.* ‖ Derniere edition de nouueau reueuë ‖ & corrigee. ‖ A LYON, ‖ Par Iean Martin. ‖ 1600.

> *Trois parties factices in-12, de 347 pp. chiffr., plus 7 pp. non chiffrées; 469 pp. chiffr., plus 9 pp. non chiffr.; & 166 pp. chiffr., plus 17 ff. non chiffr., le dernier blanc.*

Le cinquième livre, qui commence au 9ᵉ feuillet du cahier *Mm,* a un titre à part, avec la date 1600. Le verso de l'avant-dernier feuillet est occupé par un fleuron.

Cette édition, qui semble être sortie d'une presse rouennaise, est d'une typographie assez nette, & le papier en est fin.

119. LES OEVVRES… à Anvers, par Iean Fuet, 1602.

In-12.

Nous n'avons pas rencontré cette édition, qui est mentionnée par plusieurs bibliographes, & qui est probablement semblable à la suivante.

120. LES ‖ OEVVRES DE ‖ M. FRANCOIS ‖ RABELAIS, DOCTEVR ‖ en Medecine ‖ *Contenant cinq liures de la vie, faits & dits* ‖ *Heroïques de Gargantua, & de fon* ‖ *fils Pantagruel.* ‖ Plus, la Prognoftication Pantagrueline, auec ‖ l'Oracle de la Diue Bacbuc, & ‖ le mot de la Bouteille. ‖ Augmenté de ce qui s'enfuit. ‖ *Les Nauigations & Ifles Sonantes, L'Ifle des* ‖ *Apedefres, La Crefme Philofophale, auec vne* ‖ *Epiftre Limofine, & deux autres Epi-* ‖ *ftres à deux Vieilles de differentes* ‖ *mœurs. Le tout par M. Fran-* ‖ *çois Rabelais.* ‖ Derniere edition de nouueau reueuë & corrigee. ‖ *A ANVERS,* ‖ Par IEAN FVET. ‖ 1605.

> *Trois parties factices, in-12 allongé de 347 pp. chiffr., plus 7 pp. non chiffr.; 469 pp. chiffr., plus 9 pp. non chiffr.; & 166 pp. chiffr., plus 19 pp. non chiffr., une page & 1 f. blancs.*

[Bibl. Nat., Rés. Y². …]

121. Les mêmes, avec un Vᵉ livre daté de 1608.

Le Catalogue de la librairie Émile Paul & Chevallier, 1889, page 381, nᵒˢ 3997 & 3998, signale deux éditions d'Anvers, Jean Fuet 1605, semblables, dit le catalogue, pour la division & le nombre des pages, mais avec des ornements typographiques différents. L'une d'elles a un Vᵉ livre daté 1608.

122. LES ‖ OEVVRES ‖ DE M. FRANCOIS ‖ RABELAIS, DOCTEVR ‖ en Medecine. ‖ *Contenant cinq liures de la vie, faits*

& dits ‖ *Heroiques de Gargantua, & de ſon* ‖ *fils Pantagruel.* ‖ Plus, la Prognoſtication Pantagrueline, ou ‖ Almanac pour l'An perpetuel, Auec l'Epi- ‖ ſtre du Limoſin Excoriateur : Et la ‖ Creſme Philoſophale. ‖ Le tout de nouueau reueu, corrigé & re- ‖ ſtitué en pluſieurs lieux. ‖ A LYON, ‖ Par IEAN MARTIN. (*S. d.*)

> *Trois parties in-12, de 347 pp. chiffr., plus 7 pp. non chiffr.; 469 pp. chiffr., plus 9 pp. non chiffr.; & 166 pp. chiffr., plus 17 ff. non chiffr., le dernier blanc.*

Le cinquième livre a un titre à part, avec la date 1608 (en chiffres arabes). Cette édition, d'une typographie assez élégante, comparativement aux petites éditions in-12 portant le nom de Jean Martin, nous paraît avoir été imprimée à Rouen.

123. Les mêmes. A LYON, Par IEAN MARTIN. *In-12, sans date.*

Édition identique à la précédente. Elle n'en diffère que par les ornements typographiques & par le titre du cinquième livre, qui est daté de M DC VIII (en chiffres romains).

[La Bibl. de l'Institut en possède un exemplaire.]

124. LES ‖ OEVVRES ‖ DE M. FRANCOIS ‖ RABELAIS, DOC-TEVR ‖ en Medecine. ‖ *Contenant cinq liures, de la vie, faiĉts & ‖ diĉts heroiques de Gargantua, & de ‖ ſon fils Pantagruel.* ‖ Et augmentees de l'Iſle des Apedefres, de la ‖ chreſme Philoſophale, & d'vne epiſtre Li- ‖ moſine : Outre la nauigation en l'Iſle Son- ‖ nante, la viſitation de l'oracle de la Diue Ba- ‖ buc, & le mot de la Bouteille. ‖ *Plus la Prognoſtication Pantagrueline, ou ‖ Almanach pour l'an perpetuel.* ‖ A LYON. ‖ Par IEAN MARTIN. (*S. d.*)

> *Trois parties in-12 de 347 pp. chiffr., plus 7 pp. non chiffr.; 469 pp. chiffr., plus 9 pp. non chiffr.; & 166 pp. chiffr., plus 17 feuillets non chiffrés, le verso de l'avant-dernier & le dernier blancs.*

Le V° livre a un titre à part, également sans date.

Le texte de cette édition suit celui de l'in-12 daté de 1558.

125. LES ‖ OEVVRES ‖ DE M. FRANCOIS ‖ Rabelais, Doctevr ‖ en Medecine, ‖ *Contenāt cinq liures de la vie, faits & dits ‖ Heroïques de Gargantua, & de fon ‖ fils Pantagruel.* ‖ Plus, la Prognoftication Pantagrueline, ou ‖ Almanac pour l'an per-petuel, Auec l'Epi- ‖ ftre du Limofin Excoriateur : Et la ‖ Crefme Philofophale. ‖ Le tout de nouueau reueu, corrigé & re ‖ ftitué en plufieurs lieux. ‖ A LYON, ‖ Par Iean Martin. ‖ 1608.

> *Trois parties in-12 de 347 pp. chiffr., plus 7 pp. non chiffr.; 469 pp. chiffr., plus 9 pp. non chiffr.; & 166 pp. chiffr., plus 17 ff. non chiffr., le dernier blanc.*

Le Ve livre a un titre à part, avec la date 1608. Le verso de l'avant-dernier feuillet est occupé par le même fleuron que celui qui orne la dernière page de l'édition de 1600 (voir n° 118), alors que cette page est blanche dans les trois éditions précédentes qui suivent toutes, comme celle-ci, du reste, le texte de l'in-12 daté de 1558.

126. LES OEVVRES de M. François Rabelais, contenant cinq liures... A Troyes, par Loys qui ne se meurt point, 1613.

> *Trois parties faćtices in-12.*

Édition semblable, comme disposition, & pour le texte, aux précédentes. Elle semble imprimée à Rouen & on l'a attribuée à tort à l'imprimeur de 1556 (voir n° 93). L'indication fantaisiste du lieu d'impression est la seule différence que présente cette édition avec celles de format in-12 qui portent le nom de Jean Martin.

127. LES ‖ OEVVRES ‖ DE MAISTRE ‖ FRANÇOIS ‖ RABELAIS, DOCTEVR ‖ en Medecine. ‖ *CONTENANT CINQ LIVRES ‖ de la vie, faićts & dićts Heroiques de ‖ Gargantua, & de fon fils Pantagruel.* ‖ Plus la Prognoftication Pantagrueline, ou Al- ‖ manach pour l'An perpetuel, auec l'Epiftre du ‖ Li-mofin Excoriateur & la Crefme Philofo- ‖ phale. ‖ *Imprimé fuyuant la premiere Edition Cenfuree ‖ en l'Annee 1552.* ‖ M.DC.XXVI. (1626).

LES
OEVVRES
DE MAISTRE
FRANÇOIS
RABELAIS , DOCTEVR
en Medecine.

*CONTENANT CINQ LIVRES
de la vie , faicts & dicts Heroiques de
Gargantua, & de son fils Pantagruel.*

Plus la Prognostication Pantagrueline, ou Almanach pour l'An perpetuel, auec l'Epiftre du
Limofin Excoriateur & la Crefme Philofophale.

*Imprimé suyuant la premiere Edition Cenfuree
en l'Annee 1552.*

M. DC. XXVI.

*In-8° de 1058 pp. inexactement chiffrées, les deux dernières sans numérotation,
& la précédente portant le chiffre 4011, plus 11 ff. non chiffr. pour la table.*

On trouve, très rarement, un *autre tirage* de cette édition, ayant, comme
titre, un portrait de Rabelais, gravé par Michel Lasne, avec, au verso, le dizain
Aux lecteurs, &, au bas, les lignes suivantes :

Les Oeuures de M. F. Rabelais. D. en Medefine ‖ *ou eſt contenue
lhiftoire des faicts heroiques de* ‖ *Gargantua & de son fils Pantagruel.*

On pourrait croire que cette planche a été gravée pour remplacer, en carton, le titre erroné qui annonçait des pièces absentes de l'édition. Il n'en est rien; le portrait correspond au 8ᵉ feuillet du premier cahier. Les deux tirages présentent, en outre, de légères différences, & celui dont le titre est gravé a précédé l'autre, comme le prouvent certaines corrections.

Il existe un tirage à part de la planche de M. Lasne. Le verso en est

blanc, & au-dessous des mots *Les Œuvres de M. F. Rabelais,* etc., on a ajouté : *Chez P. Mariette a lesperance.*

Édition particulièrement intéressante, en ce qu'elle interrompt la série des contrefaçons signées Jean Martin & qu'elle est, en quelque sorte, depuis 1553, la première composée sur des versions originales des livres séparés. Disons tout de suite qu'elle est imprimée avec une grande négligence, qu'elle contient presque à chaque ligne plusieurs coquilles, que la pagination en est fort fantaisiste & que la mise en pages présente en divers endroits des interversions. Elle ne doit point, pourtant, être méprisée, & Le Duchat s'en est souvent servi utilement. Elle a, en effet, été faite sur de bons textes &, malgré ses fautes typographiques, a pu donner de précieuses indications à l'éditeur de 1711.

Elle est divisée en cinq parties. Le titre imprimé a été inspiré par celui de l'édition de J. Martin, sans date (n° 122); il annonce la *Prognostication Pantagrueline, ou Almamach pour l'An perpetuel, auec l'Epistre du Limosin Excoriateur & la Cresme Philosophale,* bien que ces pièces ne figurent pas dans le volume.

Mais le texte suit, pour les deux premiers livres, l'édition de Pierre de Tours sans date (n° 86), moins la *Prognostication;* pour les troisième & quatrième, les éditions de Fezandat 1552, & pour le cinquième, celle de Ian Martin 1565.

Chaque livre a un titre à part, avec la date de M.DC.XXVI. Le *Premier* va jusqu'à la 212ᵉ page, chiffrée 235 & signée N$_{iij}$; il se termine par le mot FIN.

Le *Second livre* occupe 172 pages. La dernière, chiffrée 358, se termine par les mots : *Fin des Croniques de Pantagruel Roy des Di-* ‖ *psodes restituez à leur naturel, auec ses* ‖ *faicts, & prouesses espouuetables : cō-* ‖ *posez par feu M. Alcofribas* ‖ *açstracteur de quin-* ‖ *te essence.*

La page suivante, chiffrée 359 & signée Aa$_{iiij}$, contient le dizain de *François Rabelais à l'Esprit de la Royne de Nauarre,* & le verso, le profil que l'on verra à la fin de cet article, page 222.

Nous avons retrouvé une *reproduction* de ce bois (celui qui a servi à l'édition de Rabelais de 1626 a été gravé avant 1600) dans plusieurs éditions hollandaises de la Satyre Ménippée (1600, 1604, 1611, 1624, 1634), où il est donné comme le portrait du Seigneur Agnoste. Il est aisé de voir que la planche du *Rabelais* de 1626 est *antérieure* aux reproductions dont nous parlons; nous n'avons pas pu découvrir la publication pour laquelle elle a été gravée originairement.

Le *Troisiesme livre,* dont le titre rappelle, par sa disposition typographique, celui de l'édition de Fezandat, dont il répète l'indication : *Reueu, & corrigé par l'Autheur, sus la censure antique,* suit, comme nous le disions plus haut, le texte de cette édition. Il va jusqu'à la page chiffrée 605, dont le verso est blanc.

Le *Quatriesme livre* qui suit un exemplaire *non cartonné* de l'édition de Fezandat, & sans *la briefve declaration,* s'arrête à la page 935, dont le verso est blanc.

Puis le *Cinquiesme livre,* « Imprimé fus la censure antique », occupe les pages 939-1106 (les deux dernières non chiffr.), & se termine par ces deux lignes :

Fin des Oeuvres de Maiſtre François
Rablais, Docteur en Medecine.

Il ne contient pas le chapitre des *Apedeftes.*

La typographie, assez élégante, nous semble parisienne.

[Bibl. Nat., Rés. Y². 837 (sans le frontispice gravé). — Institut, R. 180* (sans le frontispice). — Cat. Herpin (2ᵉ partie), 137, (ex. avec frontispice). — Renard, 550, (ex. avec frontispice).]

128. LES ‖ OEUVRES ‖ DE ‖ M. FRANÇOIS RABELAIS, ‖ Docteur en Medecine. ‖ *Dont le contenu ſe voit à la page* ‖ *ſuivante.* ‖ Augmentées de la vie de l'Auteur & de ‖ quelques Remarques ſur ſa vie ‖ & ſur l'hiſtoire. ‖ *Avec l'explication de tous les mots* ‖ *difficiles.* ‖ Tome I. ‖ 🌑 ‖ M. DC. LXIII. (1663). [*S. l.*]

Deux tomes in-12, une seule pagination, jusqu'à la page 946.

Tome I : 12 feuillets liminaires pour le titre (en rouge & noir), l'imprimeur au lecteur (1 feuillet), la Vie de M. Francois Rabelais, docteur en Medecine (5 feuillets), Particularités de la vie & mœurs de M. François Rabelais (5 pages), le Prologue (4 pages). Le texte commence ensuite page 1, & va jusqu'à 488. (Les pages 215-216 sont répétées.) Suivent 5 feuillets non chiffrés pour les tables des trois premiers livres, & 2 feuillets blancs. Il manque, en tête du *Gargantua,* le dizain *Aux lecteurs.*

Tome II : Titre en noir :

LES ‖ OEUVRES ‖ DE ‖ M. FRANÇOIS RABELAIS, ‖ Docteur en Mede-cine. ‖ TOME II. ‖ 🌑 ‖ M DC LXIII· (1663). — 458 pages chiffrées de 489 à 946 (le chiffre 489 est au recto du feuillet qui suit le titre) & 4 feuillets de table pour les livres IV & V.

Le cinquième livre se termine page 842. Les pages suivantes sont occupées par la *Pantagrueline Prognostication, l'Epistre du Limousin, la Chresme philosophale, deux Epistres à deux vieilles; l'Alphabet de l'Auteur français* (p. 868-940), la *Brieve déclaration* (abrégée) & l'*Eclaircißement de quelques endroits difficiles du Rabelais.*

Cette dernière pièce (*l'Eclaircißement*), ainsi que la *Vie de Rabelais* placée en tête du tome I sont attribuées à Pierre Du Puy.
Quant à *l'Alphabet de l'Auteur français,* bien que paraissant ici pour la pre-mière fois, il semble avoir été écrit en 1611, à en juger par le passage suivant (p. 936) :

«*Turelupin.* Est un nom d'injure & de mespris, depuis *deux cent trente* «*sept ans en çà,* que certains personnages appelés *Turelupins,* autrement la «compagnie de pauvreté, furent estimez heretiques du temps de Charles «cinquiesme, Roy de France, & Grégoire onzieme, Pape, *environ l'an* «*1374.* »

Cette édition, que l'on a longtemps recherchée et payée fort cher, parce qu'elle est d'une grande élégance typographique, n'a qu'une valeur médiocre au point de vue du texte. Elle n'est d'ailleurs pas rare. Elle sort des presses de Louis & Daniel Elzevir (Amsterdam). Bien que M. Willems, dans son ouvrage sur les *Elzevier* (n° 1316), ait cru démontrer que ce texte était moins défectueux qu'on ne pourrait le penser, il n'en est pas moins vrai que le troisième livre suit ici une des éditions incomplètes en 49 chapitres (48, par suite de l'absence du chiffre XLVI), & qu'il manque, en tête de l'ouvrage, le dizain *Aux lecteurs.* Il y a, en outre, à toutes les pages de nombreuses fautes.
Quoi qu'il en soit, cette édition de 1663 peut figurer honorablement, à titre

d'élégant bibelot, dans les bibliothèques de luxe, à la condition que l'exemplaire soit relié en maroquin ancien, & ait au moins 130 millimètres de hauteur.

Il en existe deux tirages, l'un sur papier fort, qui a jauni avec le temps, & l'autre sur papier fin, qui est resté admirablement blanc.

[Bibl. Nat., Rés. Y². 2192. — Arsenal, 14786 et 14786 *bis*. — Institut, R. 181. — J. de Rothschild, 1517. — Pixerecourt, 1406. — L. Double, 219, etc.]

129. LES OEUVRES, etc. (à la sphère), M DC LXVI. (1666).

Même titre que la précédente édition, à la date près, mêmes dispositions, même pagination; on pourrait croire qu'elle a été tirée sur les mêmes formes, s'il n'existait une légère différence dans les P majuscules.

Elle sort sans doute des mêmes presses. Bien qu'elle soit aussi belle que celle de 1663, elle est beaucoup moins recherchée. Elle a été également tirée sur papier fort & sur papier fin.

130. LES ‖ ŒUVRES ‖ DE ‖ M. FRANÇOIS RABELAIS ‖ Docteur en Medecine. ‖ *Dont le contenu se voit à la page* ‖ *suivante.* ‖ Augmentées de la vie de l'Auteur & de ‖ quelques Remarques sur sa vie ‖ & sur l'histoire. ‖ *Avec la Clef & l'explication de tous les* ‖ *mots difficiles.* ‖ TOME I. ‖ 🏵 ‖ M DC LIX (1659).

Le faux titre, en noir, porte : RABELAIS ‖ M.DC.LXIX. (1669).

> *Deux vol. grand in-12, avec pagination distincte : 12 ff. non chiffr., 488 p. chiffr., plus 5 ff. non chiffr.; & 459 p. chiffr., plus 9 p. non chiffr.*

Le titre du premier tome est imprimé en rouge & noir. Celui du second, en noir, ne porte que ces lignes : Les ŒUVRES ‖ DE ‖ M. FRANÇOIS RABELAIS, ‖ Docteur en Medecine. ‖ TOME II. ‖ 🏵 ‖ M.DC.LXIX. (1669).

C'est une contrefaçon antidatée. Elle contient les mêmes pièces que les deux précédentes, avec, en plus, une *Clef du Rabelais,* qui trahit la fausseté de la date. Cette *clef,* en effet, a paru pour la première fois en 1675 (voir n° 131), & ce qui le prouve, c'est l'indication placée en face du mot *Coüillatrix : Voyez tome II,* (p.) *398,* alors qu'on devrait lire *tome II, p. 18.* On a copié sans contrôle la *clef* de 1675, où se lit également : *Voyez tome II, 398.* Ici, notre explication se complique d'un fait ridicule, le chiffre *398* étant encore erroné dans l'édition de 1675, & mis pour 498. Mais ce qui, dans cette dernière, est une coquille qui se comprend, révèle le faux dans la contrefaçon datée de 1659 & 1669.

Dans le *Bulletin du bibliophile* de juin-juillet 1851, M. J. Chenu a publié une note sur cette édition, qu'il croit véritablement imprimée par les Elzevir. La simple inspection de la sphère imprimée sur les titres démontre l'impossibilité de cette hypothèse. L'édition que nous décrivons — fort élégante, d'ailleurs, autant au point de vue typographique qu'à celui de la qualité du papier — nous paraît avoir été imprimée à Rouen.

Elle a été elle-même contrefaite plusieurs fois, probablement à Bruxelles. Nous en avons sous les yeux trois différentes imitations (avec la date de 1659 sur les deux tomes), mal imprimées, sur mauvais papier. On en trouve d'autres, sous la même date, & l'indication : *A Bruxelles, chez Henri Frix, vis-à-vis la Madeleine, & Amsterdam, Adrien Moetians, à la Librairie Française;* d'autres encore, portant les dates 1721, 1724 & 1734, *à Bruxelles, chez Nicolas Langlois, proche la Madeleine.*

[Bibl.Nat., Rés. Y². 2194, exemplaire de Huet, annoté de sa main.]

131. LES ‖ OEUVRES ‖ DE ‖ M. FRANÇOIS RABELAIS ‖ Docteur en Medecine. ‖ *Dont le contenu se voit à la page* ‖ *suivante.* ‖ Augmentées de la vie de l'Auteur & ‖ de quelques Remarques sur sa ‖ vie & sur l'histoire. ‖ *Avec l'explication de tous les mots* ‖ *difficiles.* ‖ Et la Clef nouvellement augmentée. ‖ TOME I. ‖ 🌐 ‖ M DC LXXV. (1675).

Deux vol. in-12, avec pagination suivie jusqu'à 946, mêmes dispositions que les n°ˢ 128 & 129, plus, à la fin du premier tome, deux feuillets (le second blanc) pour la clef.

Le titre du premier volume est tiré en rouge & noir, celui du second, en noir. C'est une copie de l'édition de 1663. Elle ne sort pas des presses elzéviriennes. Comme nous le disons plus haut (n° précédent), c'est ici que paraît la *Clef* pour la première fois.

132. LES ‖ OEUVRES ‖ DE ‖ M. FRANCOIS RABELAIS ‖ Docteur en Medecine. ‖ *Dont le contenu se voit à la page* ‖ *suivante.* ‖ Augmentées de la vie de l'Auteur ‖ & de quelques Remarques sur ‖ sa vie & sur l'histoire. ‖ *Avec l'explication de tous les mots* ‖ *difficiles.* ‖ Et la Clef nouvellement augmentée. ‖ TOME I. ‖ 🌐 ‖ M DC LXXXXI (1691).

Deux vol. in-12, mêmes dispositions que la précédente.

C'est une copie de l'édition de 1675. Les ornements typographiques semblent indiquer qu'elle a été imprimée à Bruxelles.

De l'Aulnaye cite une édition à la sphère de 1681. Nous ne l'avons jamais vue, & nous soupçonnons de l'Aulnaye d'avoir mal lu la date en chiffres romains de celle que nous venons d'indiquer. Le même commentateur parle d'une édi-tion de Paris, Houry 1697. Il est à craindre qu'il n'ait fait confusion avec le *Véritable Rabelais reformé* de Bernier. Regis a reproduit sans discussion ces deux affirmations de l'éditeur de 1820.

133. OEUVRES ‖ DE MAITRE ‖ FRANÇOIS RABE-LAIS, ‖ PUBLIÉES SOUS LE TITRE DE ‖ *FAITS ET DITS* ‖ DU GÉANT GARGANTUA ‖ ET DE ‖ SON FILS PANTAGRUEL, ‖ *AVEC* ‖ La Prognoſtication Pantagrueline, l'Epître ‖ du Limoſin, la Crême Philoſophale & ‖ deux Epîtres à deux Vieilles de mœurs & ‖ d'humeurs différentes. ‖ NOUVELLE ÉDITION. ‖ *Où l'on a ajouté des Remarques Hiſtoriques & Cri-* ‖ *tiques, ſur tout l'Ouvrage; le vrai Portrait de* ‖ *Rabelais; la Carte du Chinonnois; le deſſein de* ‖ *la Cave peinte; & les différentes vûes de la De-* ‖ *viniere, Metairie de l'Auteur.* ‖ TOME PREMIER. ‖ A AMSTER-DAM, ‖ Chez HENRI BORDESIUS. ‖ M.DCC.XI. (1711).

> *Six tomes quelquefois reliés en cinq volumes petit in-8°; le premier tome orné de planches en taille-douce.*

TOME PREMIER. Frontispice gravé & signé *W. de Broen,* représentant l'auteur, assis & écrivant, près d'une bibliothèque. Par la fenêtre ouverte, on aperçoit un fond de paysage, Pégase au sommet du Parnasse. Aux pieds de Rabelais, un singe, une chouette, un satyre, entourant un car-touche avec ces mots : LES ‖ OEUVRES ‖ de Maître ‖ F. RABELAIS. Verso blanc. — Titre, en rouge & noir; verso blanc. 4 pages chiffrées IV-VI pour la dédicace *A Son Excellence Milord Raby Wentworth,* signée L. D. (Le Duchat); 26 pages chiffrées VII-XXXII pour la *Préface* & la *Vie de M. François Rabelais;* une planche hors texte, gravée en taille-douce, & signée *W. de Broen sculps.* (portrait de Rabelais); 7 pages chiffrées XXXIII-XXXIX pour les *Particularitez & mœurs de M. François Rabelais;* 3 planches pliées représentant la *Devinière 1699, le Dedans de la chambre de Rabelais, le dehors de la chambre de Rabelais à Chinon;* 11 pages chiffrées XL-L pour le *Prologe de l'autheur;* une *carte* pliée *du Chinonois;* 336 pages de texte, & 2 feuillets de table.

Tome second. 287 pages chiffrées, plus 2 feuillets de table.

Tome troisième. 272 pages chiffrées & 2 feuillets de table.

Tome quatrième. 288 pages chiffrées & 2 feuillets de table.

Tome cinquième. xvi pages chiffrées pour le Prologue, 223 pages chiffrées pour le texte, & 2 feuillets de table.

Tome sixième. 109 pages chiffrées, plus 16 feuillets non chiffrés & 1 feuillet blanc.

C'est la première édition critique & commentée de Rabelais; elle a été publiée par Le Duchat, avec la collaboration de La Monnoye.

Le texte a été établi :

Pour le *Premier livre*, sur François Juste 1535 & les trois éditions de 1542 (Juste, *Grāds Annales*, & Dolet);

Pour le *Second livre*, sur les trois mêmes éditions de 1542, & sur celle de Juste 1534;

Pour le *Tiers livre*, sur la contrefaçon de Valence 1547;

Pour le *Quart livre*, sur la contrefaçon de Valence 1547, & sur les *Œuvres* de 1553;

Enfin, pour le *Cinquième livre*, Le Duchat a consulté : l'*Isle Sonante* de 1562, les *Œuvres*, de 1567 (Jean Martin), de 1573 (Estiard), de 1584, 1600 & 1608 (Jean Martin), le *Cinquiesme livre* signé François Nierg 1573 & joint aux *Œuvres* (Estiard 1574), celui d'Estiart 1596, & enfin l'édition des *Œuvres* de 1626.

Ces deux dernières éditions lui ont souvent donné d'utiles renseignements pour l'ensemble du texte. Il n'a malheureusement pas cru à l'authenticité des passages du *Tiers livre* que l'in-octavo de 1626 reproduisait d'après la bonne édition de Fezandat 1552, & il les a rejetés.

Il a été tiré, de l'ouvrage de Le Duchat, des exemplaires sur grand papier qui sont fort beaux. Il existe, par contre, aussi, plusieurs contrefaçons de cette édition. L'une, sous la même date, se reconnaît au frontispice & au portrait du premier tome, qui ne sont pas signés, & à la vignette précédant l'épître dédicatoire, qui est gravée sur bois dans la contrefaçon, & en taille-douce dans la véritable édition.

D'autres contrefaçons sont datées de 1721 & 1724. Le texte y est déplorablement fautif, & le travail de Le Duchat, trahi à chaque page.

En 1732, ce même travail a été repris & réédité, en six volumes in-8°, sans indication de lieu (Paris, chez Prault), par Jamet l'aîné & Thomas Gueulette, qui n'ont pas apporté une grande attention au texte, & ont laissé échapper un grand nombre de coquilles. Ces deux éditeurs ont ajouté aux remarques de Le Duchat quelques notes personnelles, qu'ils ont marquées du signe ℂ, connu en langage typographique sous le nom de *pied de mouche,* ce qui a donné lieu à une plaisante confusion.

Le bibliophile Jacob raconte, en effet, dans le *Bulletin du bouquiniste* du 15 avril 1857, qu'il cherchait depuis vingt-cinq ans un ouvrage intitulé *Les Pieds de Mouches, ou les Nouvelles Noces de Rabelais,* Paris, 1732, 6 volumes in-8°, & mentionné par Quérard dans la *France littéraire,* comme l'œuvre de Th. Gueulette & Jamet l'aîné. Ayant constaté que Quérard renvoie à la *France littéraire* des abbés d'Hébrail & de La Porte (1769), il se référa à ce recueil, où il trouva, page 105, à la fin de l'article *Jamet,* cette phrase : « Il a eu part, avec Gueulette, aux *Pieds de Mouches & aux nouvelles Notes sur Rabelais.* »

Le bon bibliophile Jacob conclut triomphalement :

« Ce fut un trait de lumière, & je compris sur le champ que les *Pieds de « Mouches* étaient l'œuvre d'une *triple faute* d'impression. Gueulette & Jamet « avaient eu part, en effet, non pas aux *Pieds de Mouches,* mais aux *Eßais de « Montaigne,* édition de 1725, 3 vol. in-4°, non pas aux *nouvelles Noces de Rabelais,* « mais aux nouvelles *Notes sur Rabelais,* dans l'édition de 1732, en 6 vol. in-8°. »

Cet extraordinaire bibliognoste ignorait-il la signification du mot *pied de mouche,* pour le traduire d'une façon si originale par *Eßais de Montaigne ?*

Il existe, de l'édition de 1732, comme de celle de 1711, un tirage sur grand papier. Les planches du premier volume sont reproduites par le burin de J.-B. Scotin.

Enfin, l'ouvrage de Le Duchat a été réimprimé, encore plus défectueusement, en 1741, en 3 vol. in-4°, à Amsterdam, chez Frédéric Bernard, avec des planches de B. Picart, gravées par Tanjé, L.-F. du Bourg, J. Folkéma & B. Bernaerts. Le troisième volume contient la *Vie de Rabelais, ses Lettres,* les *Jugements de quelques savants sur Rabelais,* le *Parallèle burlesque d'Homère & de Rabelais* (par Du Fresny) & les *Remarques sur les Œuvres de Mᵉ François Rabelais,* publiées en anglois par M. Le Motteux & traduites en françois par *C. D. M.* (César de Missy). Cette édition de 1741, dont il existe également un tirage sur grand papier, a été autrefois recherchée, malgré ses incorrections & la médiocrité de ses gravures.

APPENDICE

ALMANACHS

I. Almanach pour l'an 1533, calculé fur le Méridional de la noble Cité de Lyon, & fur le climat du Royaume de France. Compofé par moy François Rabelais, Docteur en Medecine, & profeffeur en aftrologie.

La difpofition de cette préfente année 1533.

Cet almanach est cité par Ant. Le Roy (*Elogia Rabelæfina*, lib. I, ch. 26, p. 127).

Nicéron, *Mémoires...*, t. XXXII, page 376 :

« Je ne connois cet ouvrage que par le rapport d'Antoine Le Roi, qui, dans sa vie manuscrite, le rapporte ainsi parmi ceux qui ont été imprimés. »

II. Almanach pour l'an 1535, calculé fur la noble cité de Lyon, à l'élévation du pole, par 45 degrez 15 minutes en latitude et 26 en longitude. Par M. Françoys Rabelais, docteur en medecine, et medecin du grant hofpital dudit Lyon. Lyon, Françoys Juste, 1534. *In-16.*

Cité ainsi par Nicéron, p. 377.

Ant. Le Roy (*Elogia Rabelæfina*, lib. I, ch. 26, p. 130) en donne un fragment qui a été reproduit par M. Marty-Laveaux, dans son édition de Rabelais, tome III, p. 257.

III. Almanach pour l'an 1536...

Dans une de ses Epitres à G. d'Estissac, datée du xxxᵉ jour de décembre (1535), Rabelais dit : *« Ie vous enuoye auffi vn Almanach pour l'an qui vient, M.D.XXXVI. »* (Voir *Epiftres de Rabelais pendant son voyage en Italie*, in-8°, 1651, page 23.)

S'agit-il d'un Almanach publié par Rabelais ? On n'en poffède aujourd'hui plus rien, pas même le titre.

IV. Almanach pour ‖ lan. M. D. xlj. (1541) calcule fus le meri= ‖ dien de la noble cite de Lyon, a leleua ‖ tion du pole par xlv degrez. xv. ‖ minutes en latitude, ℨ xxvj. ‖ en longitude, par ‖ Maistre. ‖ Francoys Rabelais ‖ docteur en Medicine. *In-16 goth.*

On connaît cet almanach par deux fragments conservés à la Bibliothèque
Nationale (Rés. V. 2355 A). Ce sont là, d'ailleurs, les seuls vestiges actuels des
Almanachs de Rabelais. M. Marty-Laveaux, qui a, le premier, reproduit en
facsimilé ce qui reste de celui-ci (t. III, p. 261 & suivantes), s'exprime comme
suit (t. IV, p. 360) :

« *Par un hasard bien singulier, le volume de la Bibliothèque Nationale contient deux exem-*
« *plaires différents des mêmes feuillets, ayant chacun une origine diverse, bien que provenant tous*
« *deux également, suivant toute apparence, de garnitures d'anciennes reliures. L'un de ces exem-*
« *plaires a été acheté par la Bibliothèque au libraire Guillemot au prix de cent francs. L'autre*
« *a été trouvé par moi, beaucoup plus tard, à la Bibliothèque même, lorsque je travaillais au*
« *catalogue des Imprimés. Il faisait partie de débris informes que j'avais été chargé de classer.*
« *J'avais espéré d'abord qu'il compléterait en quelque chose le premier fragment. Il n'en fut*
« *rien ; c'en est le double exact ; il est seulement un peu moins rogné. On s'explique d'ailleurs*
« *fort bien que les autres parties de cet opuscule n'aient pas été recueillies : si, après 1541,*
« *quelques exemplaires invendus ont servi à garnir des reliures, les amateurs n'ont remarqué*
« *& mis de côté que la feuille qui contenait le titre & par conséquent le nom de Rabelais ; le*
« *reste a passé inaperçu.* »

Le fragment conservé consiste en 4 feuillets comprenant : le titre, la liste des
fêtes de l'année & une partie des mois de mars, août & novembre.

V. Huet, sur une page de garde de son exemplaire du *Tiers livre* de 1546,
(Paris, Wechel, voir n° 65), qui est actuellement à la Bibliothèque Nationale
(Rés. Y². 2159), a écrit la note suivante :

« *J'ay un :*

« Almanach pour l'an 1546, composé par Maiſtre Françoys Rabelais, Docteur en Medecine, Item la Declaration que ſignifie le
ſoleil parmy les ſignes de la Nativité de l'Enfant. A Lyon, Devant
Noſtre Dame de Confort.

« *A la dernière feuille, se trouve son sein* (sic) *F. Rabelæsus.* »

Le nom est calligraphié, pour imiter la signature de Rabelais & son paraphe. Cet exemplaire d'un almanach de Rabelais, pour l'an 1546, & lui ayant appartenu, n'a pas été retrouvé parmi les livres de l'évêque d'Avranches, qui, comme on le sait, sont entrés à la Bibliothèque Nationale.

VI. Almanach ou Pronoftication pour l'an 1548, imprimé à Lyon audit an.

Cité par Nicéron, p. 378, d'après La Croix du Maine & Du Verdier.

VII. Almanach & Ephemerides pour l'an de Noftre Seigneur Jefus Chrift, 1550, compofé & calculé sur toute l'Europe, par maiftre François Rabelais, medecin ordinaire de Monfeigneur le Reuerendiffime Cardinal du Bellay.

Titre cité par Ant. Le Roy (*Elogia Rabelæfina*, lib. I, ch. XXVII, p. 133) & reproduit par Nicéron, t. XXXII, p. 379.

Le Roy, après avoir dit qu'il possède trois almanachs de Rabelais, annonce celui-ci en ces termes :

« *Tertium ex eiusdem officina exhibitum* (c'est-à-dire Lyon, François Juste) *fuit Calendarium, illudque nudum ac simplex, hoc eft nullo illuftratum proloquio, sed quod sub finem cuiuslibet mensis proponat infantium utriusque sexus Planetas, exponatque quibus illi maxime subiiciantur.* »

A propos de ces «Planètes des enfants de l'un & l'autre sexe, indiquées à la fin de chaque mois, & auxquelles ils sont sujets», nous signalerons une singulière plaquette, qui pourrait être une grossière imitation de cet almanach de 1550. Elle a pour titre :

Le miroir d'aftrologie, ou lé paffe temps de la jeuneffe, traitant de l'inclination (de) l'Homme & de sa nativité, suivant tous les mois de l'année. Avec un traité de la complexion & des maladies des Femme, dè leurs inclinations, du bien & du mal qui accompagnent leurs jours. Où eft ajouté la connoiffance de la bonne & mauvaise fortune d'un chacun. Par Sinibal, Defpadacime, de Châteauneuf, Aftrologue de l'Etat de Milan. A Orléans Chez Letourmy, Imprimeur-Libraire, place du Martroi. L'an trois de la liberté (1795). [In-8° de 64 pages chiffr., grav. sur bois.] Une autre édition du même opuscule, sans gravures, est rubriquée : *En Bohême, chez Bonaventure Narfe, grand aftrologue,* s. d., in-8° de 24 pages.

C'est, imprimée sur papier à chandelle, avec d'innombrables coquilles, une facétie prophétique, où l'on annonce la destinée des enfants suivant le mois de leur naissance. Nous en donnerons, à titre de curiosité, les deux extraits suivants :

« *L'homme qui naîtra au mois de janvier sera incliné à ce qui suit : Premièrement, il n'aura le visage ni la ftature grande, mais sera plutôt de couleur obscure que blanche, la barbe frisée, il y aura un peu de blond : barbe longue & belle, présence aimable, voix pieuse & délectable,*

ni gras, ni maigre, ni malicieux... Hors de colère, il sera doux comme un agneau : aura une présence grave, mais souvent melancolique... A trente ans, il aura une grande maladie, mais il en échappera ; il en aura une autre à trente cinq ans ; qu'il se garde, cette année, de prendre médecine, ou autre chose vénimeuse. ...»

«La femme qui naîtra au mois de novembre, selon sa physionomie, sera gaillarde, allègre, bien formée, blanche, ayant les os durs, les cheveux assez grands, de belle stature, composée : elle aura les yeux & les sourcils beaux, une bonne vue, & les genoux tortus ; mais elle sera aimable & gracieuse... Il lui arrivera une morsure de bête au nez ou à l'épaule ; aura la tête égale, les dents délicates & petites ; aura un signe à la main gauche ou au bras, le pied léger, prompte à cheminer, sera ingénieuse, savante & prudente ; elle sera un peu avaricieuse en la dépense... Elle aura péril d'eau, sera souvent au désespoir, & aura pour ennemi un homme qui lui fera beaucoup de mal... elle sera menée en prison, sera parfaite en ses intentions, réussissant dans tous ses travaux, puis à la fin, sera en repos, & vivra soixante-dix ans. Le tout au vouloir de Dieu notre Seigneur, d'autant que les Planettes ne peuvent forcer notre libéral arbitre.»

VIII. Almanach pour l'an 1553...

Cet almanach est cité dans :

Entretien ‖ de Rabelais ‖ & de Nostradamus, ‖ 🌰 ‖ *A Cologne,* ‖ *chez Pierre Marteau,* ‖ *M.DC.LXXXX,* in-12, page 12.

en ces termes :

Rabelais parle :

«Témoin l'Almanac que je fis pour l'an 1553 calculé sur Lion, & imprimé en cette ville.»

Ce témoignage est suspect, le livret en question contenant sur la biographie de Rabelais plusieurs détails inexacts. Nous ne pouvions pourtant pas nous dispenser de le citer &, si une découverte nouvelle venait le confirmer, il serait une preuve de plus d'un séjour de Rabelais à Lyon à la fin de 1552 & au commencement de 1553. (Voir, à ce sujet, page 161.)

OUVRAGES D'ÉRUDITION

IX. IO ► MANAR ‖ DI FERRARIEN= ‖ SIS MEDICI ‖ Epiſtolarum medicinalium Tomus ‖ Secundus, nunquam antea in ‖ Gallia excuſus. ‖ 🎵 ‖ [La marque de Gryphe, avec la devise *Virtute duce,* ‖ *comite fortuna*] ‖ Lugduni apud Seb. Gryphium ‖ M.D.XXXII (1532).

In-8°, 589 p. & 16 ff. non chiffr.

Au verso du titre commence la lettre dédicatoire à André Tiraqueau, avec cette suscription :

Francifcus Rabelæfus medicus, Andreæ
Tiraquello,
Iudici æquiffimo apud Pictones.
S. P. D.

& datée de Lyon, «III non. junii 1532».

Cette lettre est reproduite par M. Marty-Laveaux, t. III. p. 309, & traduite par lui, t. IV, p. 378.

Suivent les livres VII-XII des lettres de Manardi, médecin de Ferrare.

La dédicace explique que ce *second tome* est en réalité un second recueil des lettres de Manardi.

X. HIPPO ‖ CRATIS AC GA= ‖ leni libri aliquot, ex recognitio ‖ ne Francifci Rabelæfi, medici ‖ omnibus numeris abfolutiffi- ‖ mi : quorum elenchum fe ‖ quens pagella indi ‖ cabit. ‖

Hic medicæ fons eft exundantiffimus artis.
Hinc, mage ni fapiat pigra lacuna, bibe.

VIRTUTE DUCE, ‖ COMITE FORTUNA
(Autour de la marque de Gryphe.)

Apud Gryphium Lugd. ‖ 1532.

2 parties in-16, 427 pages plus un feuillet, blanc au recto & portant au v° la marque de Gryphe, & 42 ff. non chiffr., contenant le texte grec.

Les pages 3-5 sont occupées par une lettre de Rabelais, datée «Lugduni idibus julii 1532», & portant la suscription suivante :

Clarißimo doctißimoque viro D. Gotofredo ab Eftißaco, Malleacenfi episcopo Francifcus Rabelæfus, medicus, S. P. D.

M. Ch. Marty-Laveaux, t. III, p. 315 de son édition de Rabelais, donne le texte de cette épître dédicatoire.

Au verso du titre se trouve l'épitaphe d'Hippocrate en grec, suivie de la devise ΑΓΑΘΗ ΤΥΧΗ. Cette devise, que l'on remarque dans un autre ouvrage de Rabelais imprimé par Gryphe (voir *Teftament de Cufpidius*, n° XIII) & en tête de deux éditions de *Pantagruel* (voir n°ˢ 24 et 30) & d'une de *Gargantua* (voir n° 32), semble être celle de Rabelais, & non celle de Juste, comme on le croit généralement. Il faudrait en conclure que Rabelais aurait collaboré à l'impression du *Coquillart* & du *Marot* parus chez Juste, qui portent également la devise.

Le *Bulletin de la librairie Morgand*, n° 45 (novembre 1898), signale, sous le n° 33244, un exemplaire de cette édition des *Aphorismes d'Hippocrate*, portant sur le titre deux inscriptions manuscrites : *ferêdum et fperandum*, & οιϲτόν καὶ

ἐλπιστὸν. Le rédacteur du *Bulletin* considère ces inscriptions comme étant de la main de Rabelais. Un autre exemplaire, *Bulletin Morgand,* mars 1883, n° 8282.

[Bibl. Nat., Rés. T. 23/25. — Mazarine, 28976. — De Boze, 440. — Guillin d'Avenas, 44 & 45.]

XI. Aphorifmorum Hippocratis fectiones feptem Ex Franc. Rabelæfi recognitione. Quibus ex Ant. Mufæ commentariis adjecimus et octavam : et quædam alia, quæ fequens indicabit pagella. *Lugduni, apud Seb. Gryphium,* 1543. *In-16.*

[Bibl. Nat., Rés. T. 23/28. — Mazarine, 55641. — Bull. Morgand (nov. 1898), n° 33245.]

XII. Aphorifmorum Hippocratis fectiones feptem ex Franc. Rabelæfi recognitione. Quibus ex Ant. Mufæ commentariis adjecimus et octavam et quædam alia quæ fequens pagina indicabit. *Apud Seb. Gryphium, Lugduni,* 1545.

In-16 de 318 p., avec, à la suite, le texte grec, daté de 1543.

Nous ne trouvons l'indication de cette troisième édition que dans le catalogue Guillin d'Avenas, n° 46.

«Dans cette édition rare & non citée, dit le catalogue, Rabelais a fait des corrections & des suppressions. Il y a aussi ajouté la traduction de plusieurs traités d'Hippocrate qui ne sont pas dans l'édition de 1532.»

XIII. EX RELIQVIIS VENE ‖ RANDAE ANTIQVI ‖ TATIS ‖ 🐍 LVCII ‖ CVSPIDII ‖ TESTAMEN ‖ TVM. ‖ ITEM, ‖ CONTRACTVS VENDI ‖ TIONIS, ANTIQVIS ‖ ROMANORVM TEM ‖ PORIBVS ‖ INITVS. ‖ [La marque de Gryphe, avec la devise : *Virtute duce,* ‖ *comite fortuna* ‖] APVD GRYPHVVM ‖ LVGDVNI, ‖ 1532.

In-8° de 8 feuillets.

Au verso du titre commence la dédicace à Aymery Bouchard, avec cette suscription :

FRANCISCVS RABELÆSVS ‖ *D. Almarico Buchardo consiliario* ‖ *regio, libellorumq̃ ; in Regia ma-* ‖ *giſtro. S. P. D.*

& datée de Lyon, «pridie nonas Septemb. 1532».

Le verso du dernier feuillet porte la marque de Gryphe, avec les devises 🐍 VIRTVTE DVCE 🐍 ‖ COMITE FORTVNA ‖, et :

DUX VIRTVS FORTVNA comes, quocunq̃ ; feraris
Si fuerint : felix aſta ferrere super.

Au-dessous, la devise de Rabelais :

Ἀγαθῆ τύχη.

(Voir, au sujet de cette devise, n° X.)

Livret fort rare, qui a été réimprimé par M. Arthur Heulhard, dans son *Rabelais légiste*, avec la traduction qu'avait donnée Dreux du Radier dans le *Journal de Verdun* d'octobre 1756.

M. Heulhard donne les facsimilés réduits du titre & de la marque de Gryphe. On sait que les deux pièces publiées ici par Rabelais, le *Testament de Cuspidius* & le *Contrat de vente de Culita*, étaient des faux. Le *Testament* avait été fabriqué par Pomponius Lætus & le *Contrat de vente* par Jean Jovian Pontanus, une soixantaine d'années auparavant. Rabelais, qui avait fait tirer son édition à 2,000 exemplaires, la détruisit, suivant la tradition, lorsqu'il sut qu'il avait été induit en erreur. Cela explique l'extrême rareté de l'ouvrage. Prosper Marchand, dans son *Dictionnaire ou Mémoires critiques & littéraires* (La Haye, 1758), tome I, page 121, article Bouchard, s'exprime comme suit :

« Il est si rare, selon le sort de ces pièces volantes & fugitives qui se perdent facilement, que j'ai vu payer celle-là un ducat par un des amateurs de ces espèces de monuments antiques. »

L'édition qu'en a donnée M. Heulhard (*Rabelais légiste*, Paris, A. Dupret, 1887, in-12) a été faite sur un exemplaire que possède la Bibliothèque Nationale, & qui est, croyons-nous, le seul connu aujourd'hui.

XIV. TOPOGRA ‖ PHIA ANTIQVAE ‖ ROMAE. ‖ ❦ ‖ IOANNE Bartholomæo Marliano ‖ Patritio Mediolanensi ‖ autore. ‖ [La marque de Gryphe, avec la devise *Virtute duce,* ‖ *comite fortuna*] ‖ Apvd Seb. Gryphivm ‖ Lugduni, ‖ 1534.

In-8° de 4 ff. prélim., 313 p. chiffr. & 7 ff. non chiffr.

Au verso du titre commence une lettre à Jean du Bellay, datée de Lyon (*pridie Cal. Septemb. 1534*) & portant cette suscription :

FRANCISCUS RABELAESUS MEDICUS
Clarissimo doctissimoque uiro D. Ioanni Bellaio
Parisiensi Episcopo, Regisque in san-
ctiori confessu consiliario
S. P. D.

Cette lettre est reproduite par M. Marty-Laveaux, t. III, p. 329, & traduite par lui, t. IV, p. 384.

OUVRAGES DIVERS

XV. La Sciomachie & fe- ‖ STINS FAITS A ROME ‖ *au Palais de mon seigneur reuerendissime* ‖ *Cardinal du Bellay, pour l'heureuse* ‖ *naissance de mon seigneur d'Orleans.* ‖ ❦ ‖ Le tout extraict d'vne copie

des lettres eſcri- ‖ tes à mon ſeigneur le reuerendiſsime Car- ‖ dinal de Guiſe, par M. François Rabelais ‖ doƈteur en medicine. ‖ A LYON, ‖ PAR SEBASTIEN GRYPH. ‖ M.D.XLIX. (1549).

In-8° de 31 ſf. chiffr.

Cet ouvrage a été réimprimé pour la première fois par de l'Aulnaye, dans son édition de Rabelais (1820, 3 vol. in-12). La plupart des éditeurs du XIXᵉ siècle l'ont également reproduit à la suite des *Œuvres*.

[Bibl. Nat., Rés. Ln²⁷. 15462.]

XVI. LES EPITRES ‖ *DE* ‖ Mᴱ FRANCOIS RABELAIS ‖ *Docteur en Medicine.*

(Ces quatre lignes, en tête du frontispice représentant le portrait de Rabelais, gravé sur cuivre par F. Chauveau.) Verso blanc.

Le titre est au feuillet suivant :

LES ‖ EPISTRES ‖ DE MAISTRE ‖ FRANCOIS RABELAIS ‖ DOCTEVR EN MEDECINE, ‖ ESCRITES PENDANT ‖ ſon voyage d'Italie, ‖ *Nouuellement miſes en lumiere.* ‖ Auec des Obſeruations Hiſtoriques. ‖ *Et l'abrégé de la vie de l'Autheur.* ‖ A PARIS, ‖ Chez CHARLES DE SERCY, au Palais, ‖ en la gallerie Dauphine, à la ‖ Bonne Foy Couronnée. ‖ M.DC.LI. (1651) ‖ *Auec Priuilege du Roy.*

In-8° de 20 ſf. prél. (y compris le frontiſpice & le titre), 75 p. chiffr., 9 f. non chiffr. pour la Table, 191 p. chiffr. pour les Observations, & 18 ſf. non chiffr. (le dernier blanc).

Le verso du 20ᵉ feuillet préliminaire est occupé par les armes de Geoffroy d'Estissac, gravées sur bois (écu pallé d'argent & d'azur de six pièces).

Ces feuillets préliminaires contiennent :

Au verso du titre (2ᵉ feuillet) cette citation du livre des *Proverbes : In auribus insipientium ne loquaris, quia deſpicient doƈtrinam eloquii tui.*

Puis un extrait (2 pages) : *Joannes Saresberiensis episcopus Carnotensis, in Policratico, de Nugis Curialum & veſtigiis Philosophorum, lib. VIII.*

La «Vie de François Rabelais» occupe ensuite 15 pages. Cette «Vie» est celle qui est reproduite en tête de l'édition des œuvres de 1663 (Elzévir, voir n° 128) & qui est attribuée à Pierre Du Puy. Elle est ici précédée des quelques lignes suivantes :

« Ce n'eſt pas pour entreprendre l'Apologie, n'y le Panégyrique de la vie de cet Autheur que l'on publie ſes Epiſtres, & l'on n'apprehende pas qu'en luy faiſant vn Eloge, quelques ſeueres Critiques ne reprochent, que pluſieurs Sçauans du Siècle dernier ont eu tort de le mettre au rang des hommes de Lettres : Il ſe peut dire, que ſi l'intemperance de ſa Langue, & ſon

humeur folaſtre & comique euſſent pû eſtre moderées par l'eſtude des bonnes lettres, & par
la connoiſſance des Langues qu'il auoit, principalement de la Grecque, dont au rapport du
celebre Budée, il eſtoit liberalement pourueu, c'euſt eſte peut eſtre vn des excellens hommes de
son temps . . . »

LES EPITRES
DE
Mᴱ. FRANCOIS RABELAIS
Docteur en Medicine.

Viennent ensuite : *De Rabelæſo clarorum aliquot scriptorium teſtimonia. Guilielmus*
Budæus in Epiſtolis Græcis ; Iac Aug. Thuani, commentariorum de vita sua, lib. VI. ; deux
épigrammes latines , & un extrait du premier livre *Elogiorum Gallorum* de Scevole

de Sainte-Marthe, avec sa traduction par Colletet. Enfin, l'*Extraict du priuilege du Roy*, donné à Paris, le 6 janvier 1651, l'*Acheué d'imprimer pour la première fois le 11 mars 1651*, & les armoiries de Geoffroy d'Estissac.

La pagination commence au texte des *Epistres*, qui sont données comme *seize* épîtres. Elles ont été reproduites d'après une copie manuscrite que possède la Bibliothèque Nationale (t. 606 des ms. Du Puy, p. 63 et suiv.).

Dans ce manuscrit, elles portent le titre suivant :

Trois lettres de M. François ‖ Rabelais transcriptes sur les ‖ originaux. Escriptes de ‖ Rome 1536.

Les éditeurs de 1651 (les frères de Sainte-Marthe) n'ont pas tenu compte du mot *trois*, & ont fait autant de lettres que les épîtres contiennent de paragraphes. M. Ch. Marty-Laveaux est le premier qui se soit aperçu de l'erreur ; il l'a rectifiée, en publiant dans son édition de Rabelais (t. III, p. 340 et suiv.) les «*trois* epîstres à Geoffroy d'Estissac». Ce savant éditeur a, en outre, donné exactement le texte du manuscrit Du Puy, que les frères de Sainte-Marthe avaient altéré en plus d'un endroit.

Les *Epistres* sont suivies de 9 feuillets de table.

Viennent ensuite des *Observations* (par les frères de Sainte-Marthe), avec une liste des auteurs cités & une *Table des Observations*.

[Bibl. Nat., Rés. Z. 964.]

XVII. LES ‖ LETTRES ‖ DE ‖ FRANÇOIS RABELAIS ‖ ESCRITES PENDANT ‖ SON VOYAGE D'ITALIE, ‖ *Nouvellement mises en lumiere,* ‖ Avec des Observations historiques par ‖ Mrs. de Sainte-Marthe, ‖ *Et un Abrégé de la vie de l'Autheur.* ‖ Edition nouvelle augmentée de plusieurs Remarques. ‖ A BRUSSELLE, ‖ chez François Foppens, au S. Esprit. ‖ M.D.CC.X (1710).

(Certains exemplaires, identiques, & du même tirage, ont, comme titre, un carton, portant : *A PARIS,* ‖ *Chez CHARLES DE SERCY,* ‖ *MDCCX.*)

Titre imprimé en rouge & noir. In-12 de 16 ff. prél. (y compris le frontispice & le titre), 266 p. chiffr. & 17 ff. non chiffr.

Le frontispice donne un portrait gravé en taille-douce & non signé, où l'auteur est représenté à mi-corps dans un ovale, tenant une plume à la main. En exergue : «François Rabelais, mort en MDLIII. agé de L. X. X.», & en bas, dans un cartouche, ce quatrain :

Ille ego Gallorum Gallus Democritus, illo
Gratius aut si quid Gallia progenuit
Sic homines, sic et cælestia Numina lusi,
Vix homines, vix ut Numina læsa putes.

Un avertissement de l'imprimeur au lecteur annonce que «l'Edition qui a été faite de ces lettres à Paris en 1651 est devenue très-rare, & que le public doit être

d'autant plus satisfait de cette nouvelle, qu'elle est augmentée de plusieurs observations hiſtoriques & critiques, que l'on a désignées par des 🖙 ».

L'imprimeur ajoute :

« Si quelques curieux avoient encore des lettres du même Autheur & en vouloient faire part au public, on offre d'en faire un second volume, & de leur donner des marques de la reconnois-sance qu'un present de cette nature pourroit meriter. »

En tête du texte des *Lettres,* une gravure en taille-douce représente Rabelais à sa table de travail, la plume à la main, & se retournant pour donner un pli cacheté à un messager.

Certains bibliographes ont cru que cette nouvelle édition avait été donnée par Le Duchat, ce qui ne nous semble reposer sur rien de certain. Les *Œuvres* publiées par Le Duchat, auxquelles on joint quelquefois la présente édition des *Lettres,* ont été imprimées à Amsterdam en 1711, tandis que les *Lettres* l'ont été une année auparavant, à Bruxelles.

De Marsy, dans son *Rabelais moderne* (t. II, p. 247-364), donne les *Epiſtres* d'après l'édition de 1651. Aux observations des frères de Sainte-Marthe, il en a ajouté un certain nombre de nouvelles, «de divers écrivains anonymes », dit-il.

OUVRAGES PERDUS

XVIII. Stratagèmes, c'est-à-dire proeſſes et ruſes de guerre du preux et tres celebre cheualier Langey, on commencement de la tierce guerre Cesarienne, traduit du latin de Fr. Rabelais par Claude Massuau; Lyon, Seb. Gryph. 1542.

Ce livre n'est connu que par son titre, rapporté par La Croix du Maine & du Verdier, dans leur *Bibliothèque française.* Les éditeurs du *Rabelais Variorum* de 1823, qui en parlent, tome VI, page 257, note 16, ajoutent : « Nous avons cette tra-duction dans notre bibliothèque, sous le titre de *Discipline militaire,* in-8°, Lyon, 1592; & il en existe une autre édition de 1551, in-folio. »

Quant au texte latin de François Rabelais, on n'en a conservé aucune trace. Peut-être n'a-t-il d'ailleurs jamais été imprimé. Claude Massuau est nommé parmi les familiers de Langey dans le livre IV de *Pantagruel,* chap. XXVII.

XIX. Œuvres toscanes de Mᵉ François Rabelais.

Dans le privilège accordé à Rabelais en 1550 par Henri III, il est fait mention d'œuvres *toscanes* en ces termes :

« De la partie de noſtre cher & bienayme M. Francois Rabelais, doſteur en médicine, nous a exposé que icelluy suppliant ayant par cy devant baillé à imprimer plusieurs livres : en Grec, Latin, Francois & Thuscan, mesmement certains volumes des faiſts & diſts héroïques de Pantagruel... »

Ces ouvrages, ou cet ouvrage, écrit par Rabelais en langue italienne, & qui semble bien avoir été imprimé avant 1550, est totalement inconnu.

OUVRAGES

XX. Budæi grecæ epistolæ, Parisiis. 1556. *In-4°*.

On trouve, dans ce recueil, page 109, une lettre de Rabelais à Budée, commençant par ces mots : *Commodum ex aula...*
Dans l'édition de 1574 du même ouvrage (*Parisiis, apud Johan. Benenatum,* in-4°), elle se trouve page 140.

XXI. La lettre de Rabelais à Budée, datée : «*Fonteniaci quarto nonas martii*» (1518?), commençant par : «*Cum ad te ut scriberem iuſſiſſet P. Amicus...*», a été publiée pour la première fois par M. Auguste Scheler dans le *Bulletin du bibliophile belge* (tome XVI [1860], page 173).

Elle est donnée en facsimilé dans l'*inventaire des autographes de M. Benjamin Fillon* (7ᵉ série, page 14), & dans le catalogue Morrison (tome V, page 213, planche 141).

XXII. Doleti Galli Aurelii Carminum libri quatuor, Lugduni, anno M.D.XXXVIII (1538). *In-4°*.

Cet ouvrage contient, livre II, page 75, la pièce de Rabelais à Dolet sur le garum : *F. Rabelæſi ad Doletum. De garo.*

XXIII. La *Supplicatio pro apoſtasia* se trouve dans la préface du

Floretum philoſophicum, ſeu ludus meudonianus, Pariſiis, J. Dedin, 1649. *In-4°* (par Antoine Le Roy).

Elle se trouve également dans le manuscrit *Elogia Rabelæſina,* du même auteur, page 108.

XXIV. La lettre de Rabelais à « *Monſʳ le Bailliuf du Bailliuf des Bailliufs, Monſʳ Mᵉ. Antoine Hullet, Seingneur de la Court Pompin, en Chreſtianté. A Orléans.* » se trouve pour la première fois citée dans le *Regiſtre Journal de Pierre de l'Eſtoile,* édition de Michaud & Poujoulat, Paris, 1837, in-8°, IIᵉ partie, page 495.

XXV. Andreæ Tiraquelli Fontiniacenſis ſuppræfecti ex commentariis in Pictonum conſuetudines ſectio. De legibus connubialibus et jure maritali. Cum priuilegio. Venundantur Pariſiis a Gallioto a Prato in aula palatii regii, ſub primo pilari, 1524. *In-4°.*

En tête de cet ouvrage se trouve un compliment grec de Rabelais adressé à Tiraqueau. (Reproduit par M. Burgaud des Marets, dans sa seconde édition de Rabelais (1872), t. II, p. 630, & par M. Marty-Laveaux, t. IV, p. 371.)

[Mazarine, 13801.]

XXVI. Clarorum virorum epiſtolæ centum ineditæ de vario eruditionis genere. Ex muſæo Johannis Brant. G. F. adv. cl. I. G. Grævium ; proſtant apud Sebastianum Petroldum. Amstelodami, M.DCCII (1702). *In-8°.*

Page 280, se trouve pour la première fois imprimée la lettre dite «*ad B. Salignacum*», dont l'original est à la bibliothèque de Zurich. M. A. Heulhard a démontré (*Une lettre fameuse, Rabelais à Erasme,* Paris, 1902, in-4°) que cette lettre avait été adressée non pas à Salignac, mais à Erasme. La question avait déjà été soulevée, en 1870, par M. Herminjard, dans la *Correspondance des réformateurs dans les pays de langue française,* tome III, page 413, &, en 1887, par M. Th. Ziesing, dans une brochure intitulée : *Erasme ou Salignac?* Le facsimilé de la lettre est donné par M. Ziesing & par M. Heulhard.

XXVII. Epiſtres morales et familières du Trauerſeur (Jean Bouchet). A Poictiers, chez Jacques Bouchet à l'imprimerie à la Celle, et dauant les Cordeliers. Et à l'enseigne du Pelican par Jehan et Enguilbert de Marnef, 1545. *In-folio.*

Contient l'épiſtre de Rabelais à Bouchet (en vers français). A la table (epiſtre XLVIII), elle est intitulée :

«*Epiſtre de Monsieur Rabelais, docteur en medicine, grand orateur en grec, latin et françois, contenant plusieurs ſimilitudes induictiues à tirer promeſſe de retour.*»

XXVIII. La *Supplicatio Rabelæſi* se trouve dans la

Prosopographie, ou description des hommes illustres... d'Antoine Du Verdier, Lyon, Frelon 1604, in-folio, livre VIII, tome III, page 2453.

XXIX. La lettre de Rabelais au cardinal du Bellay, commençant par ces mots : «*Monseigneur. Si, venant icy dernièrement, M. de*
«*Saint-Ay eust eu la commodité de vous saluer à son partement...*» &
datée de Metz «*ce 6 février* (1547)», a été publiée pour la première
fois par Libri dans le *Journal des Savants* de janvier 1842, «d'après
«un recueil du Président Bouhier, conservé à la Faculté de méde-
«cine de Montpellier, sous la cote 409». (Référence suspecte.)

OUVRAGES ATTRIBUÉS A RABELAIS

XXX. Le Quatriesme livre de la thérapeuthique, ou Méthode
curative de Claude Galien, prince des medecins auquel est singulièrement traictée la cure des ulcères, translatée par Philiatros.
On le vend à Lyon, chez Françoys Juste, devant Nostre Dame
de Confort, M.D.XXXVII (1537). *In-16, caract. goth.*

Suivi d'un

CINQUIESME *livre* (à Lyon, chez Pierre de Saincte Lucie, dict
le Prince, sans date, in-16 goth.),

et d'un

SIXIESME (sans lieu ni date, in-16 goth.) avec rubriques mar-
ginales.

A la fin de ce dernier, deux gravures sur bois, représentant « des instruments
utiles pour contenir les membres fracturés, un *glottocomon* de l'invention de
M⁰ Francois Rabelais, docteur en medecine, et un *syringotome* ».

Cette traduction de Galien était annoncée comme nous venons de l'indiquer,
dans le *Bulletin du bibliophile* de Techener, de 1858, n° 582.
Elle figure également au catalogue Yemeniz, n° 786, avec la note complé-
mentaire suivante :

«*Chaque livre a des signatures particulières. Le quatrième (imprimé en caractères plus
petits que les suivants), A-C, par 8 feuillets, D, par 10. Le cinquième, A-F, par 8 feuillets.
Le sixième, A-F, par 8 feuillets dont le dernier blanc, porte au recto un* syringotome.
Le verso du 7ᵉ porte le Glottocomon *figuré par l'invention de M. Françoys Rabelais,
docteur en médecine.*»

L'exemplaire de Yemeniz a passé dans la collection de M. Guillin d'Avenas
(n° 59), dont la vente a eu lieu en 1887.

Le rédacteur du catalogue voit dans Philiatros, traducteur de Galien, un pseudonyme de Rabelais. M. Arthur Heulhard combat cette opinion dans son *Rabelais chirurgien* (Paris, A. Lemerre, 1885, in-8°), & propose de donner cette traduction à Canappe.

XXXI. LES ‖ SONGES DROLA- ‖ TIQVES DE PANTAGRVEL, ‖ ou font contenues plufieurs figures ‖ de l'inuention de maiftre Fran- ‖ çois Rabelais : & dernie- ‖ re œuure d'Iceluy, ‖ pour la recreation ‖ des bons ‖ esprits. ‖ A PARIS, ‖ par Richard Breton, Rue S. Jaques. ‖ A l'Escreuiffe d'argent. ‖ MDLXV. (1565).

In-8° de 3 ff. non chiffr. & 60 ff. plus 1 f. blanc, avec 120 figures sur bois.

Les trois premiers feuillets contiennent le titre & une *Epiftre Au Lecteur salut*, qui commence au verso.

La Bibliothèque Nationale possède deux exemplaires de ce livre (Rés. Y². 2172, & Rés. Y². 2173).

Il a été réimprimé plusieurs fois, depuis la fin du XVIIIᵉ siècle. Nous donnerons plus loin la liste de ces rééditions.

Malgré le titre, & malgré l'annonce de l'imprimeur, il nous est impossible d'attribuer cet ouvrage à Rabelais, & cela pour une raison qui nous semble péremptoire :

Les figures sur bois que contient ce recueil sont en partie des copies d'œuvres de Pierre Breughel, gravées par Hieronymus Cock & publiées à Anvers après la mort de Rabelais & avant la publication des *Songes*. Il faudrait, pour les attribuer à Rabelais, supposer que Breughel les lui a empruntées, ou que Rabelais les a prises à Breughel, dont il aurait vu les dessins originaux, hypothèses aussi absurdes l'une que l'autre.

Les figures que nous avons retrouvées dans les planches de Cock sont :

La figure 19, représentant un personnage bizarrement vêtu d'une robe en forme de ruche ou de cloche, dont le nez allongé comme un goulot sort d'un capuchon, & est prolongé par une broche sur laquelle sont perchés trois oiseaux. La même figure se trouve (dans l'autre sens) à l'angle supérieur de droite de la planche intitulée *Invidia*, gravée par Cock d'après Breughel. (Cette planche n'est pas datée, mais elle fait partie d'une suite, dite des *Sept péchés capitaux,* qui a paru à Anvers en 1558. D'ailleurs, nous allons avoir à citer d'autres de ces estampes, qui sont datées.)

La même planche de l'*Envie* (angle supérieur de droite) représente un individu dont on ne voit que les jambes, & dont le corps tout entier est plongé, la tête en bas, dans une toiture. L'une des jambes est bottée, & la botte fait assez l'effet d'une coiffure. On retrouve cette coiffure (tournée en sens inverse) sur la tête du personnage de la planche 5 des *Songes*.

La figure 57 des *Songes* représente un tireur d'arquebuse, que l'on retrouve (en sens inverse) à droite de la planche intitulée *Avaritia,* datée, celle-là, de 1558. La même planche offre, dans le coin supérieur de droite, toujours en sens inverse, la figure 110 des *Songes,* un personnage coiffé d'un grand chapeau qui lui cache la figure & qui est traversé par une scie, personnage dont le corps est remplacé par

une sorte de soufflet à crémaillère. Dans la figure des *Songes,* on a ajouté des pieds au bonhomme, & un pendentif épiscopal à son chapeau.

La figure 116 des *Songes* — un homme mitré qui étire de ses mains les deux coins de sa bouche, aux jambes terminées par des pattes de grenouille, & qui porte une dague sur son ventre — est dans l'angle inférieur, à gauche, de la planche *Superbia,* également datée de 1558. La coiffure diffère. Il faut observer, d'ailleurs, que le dessinateur des *Songes* a copié ses modèles assez librement.

Enfin, la figure 93 des *Songes* est inspirée d'une planche de Cock, éditée à la même date, à Anvers, & gravée d'après Hieronymus Bosch. Elle représente une grenouille s'ouvrant le ventre d'où sortent des poissons.

Il nous semble que la remarque que nous venons de faire peut nous dispenser de citer toutes les suppositions les plus baroques & les plus folles qui ont été émises par les divers éditeurs modernes des *Songes.* (Il faut excepter Tross, qui n'attribue pas cet ouvrage à Rabelais.) Eloi Johanneau s'est particulièrement distingué en ce genre de divagations, &, tout récemment, dans la *Revue universelle* du 1ᵉʳ octobre 1903, M. Péladan a répété avec le plus grand sérieux les explications de ce commentateur. Contentons-nous de signaler les diverses réimpressions :

> *Songes drolatiques de Pantagruel... Paris, chez Sallior, An V de l'ère française (1797).* In-4°.

Ici, les figures sont reproduites par Malapeau. Dans la préface, il est dit que cette suite de gravures a été exécutée sur le manuscrit original. La plupart des exemplaires ne contiennent que 60 planches, au lieu de 120. La vente H. B. (de Bordeaux) [Paris, Morgand, mars 1902] en signale un exemplaire contenant 122 planches coloriées à l'aquarelle, soit deux de plus que l'édition de 1565. Elles portent les numéros 85 & 112. Elles paraissent, dit le catalogue, être l'œuvre de Malapeau.

> *Les Songes drolatiques, etc.,* réimprimés par Éloi Johanneau, formant le 9ᵉ volume de son édition de Rabelais, Paris, Dalibon, 1823, in-8°.

Les figures sont accompagnées d'un commentaire où l'on s'est ingénié à y voir représentés tous les personnages du roman de Rabelais, ainsi que diverses personnalités historiques.

En 1868, M. P. Lacroix a fait une édition des *Songes,* sans texte, *chez Gay, à Genève* (in-8°). Les figures sont reproduites par la lithographie. En tête de l'ouvrage, l'éditeur a donné, phototypé, le portrait de Rabelais par Chauveau, d'après la taille-douce qui sert de frontispice à l'édition de 1651 des *Epiſtres* (voir n° XVI).

Les mêmes, sans texte, *réimprimés en 1869* (Paris), *par M. E. T.* (Edwin Tross). Fort belle édition in-8° sortant des presses de Scheuring de Lyon, & Drugulin de Leipzig. C'est la plus fidèle réimpression des bois de 1565. Un nouveau tirage en 1870 & un troisième en 1871.

Enfin, une autre édition, fort mauvaise au point de vue de la reproduction des gravures, & constituant, au point de vue du texte, un pur plagiat des explications de Johanneau, sans indication de sources, est donnée par *Le Grand Jacques* (Gabriel Richard) *à Paris, chez les bons libraires,* 1869.

Le catalogue des livres ayant appartenu au libraire Lamy (1806) offre au n° 3775 un recueil de dessins à la plume, les *Songes drolatiques de Pantagruel,* qu'on

donne comme les originaux. Ces dessins sont au nombre de 122. Il est probable que c'est cet album qui a servi à Malapeau pour son édition ; peut-être aussi contient-il les copies mêmes de la main de Malapeau.

Les *Songes drolatiques* ont été en partie imités au xviiie siècle par un artiste allemand, Gabriel Bodenehr, dans un recueil de 50 planches intitulé : *Grotesche Cappriciose, oder Neueroffnete Carnevals Redoutte. Gabriel Bodenehr fec. et excud.* Aug. Vind., sans date (vers 1740).

Pour revenir à l'édition originale, outre les exemplaires déjà mentionnés de la Bibliothèque Nationale, citons ceux de Nodier (n° 268), Solar (n° 2127), Chedeau (n° 827), Yemeniz (n° 2378), J.-Ch. Brunet (Catalogue, n° 430).

XXXII. Les fantastiques batailles des grans roys Rodilardus et Croacus, translaté de latin en françois. Imprime nouuellement, 1534. *On les vend à Lyon, en la maison de Françoys Juſte.*

In-8° goth. de 78 feuillets.

On a attribué à Rabelais cette traduction, ou plutôt cette adaptation d'un opuscule latin de Calentius : *De bello ranarum & murium libri III* (Strasbourg 1511, 1512, Bâle 1517, Anvers 1545), opuscule qui n'était lui-même qu'une imitation facétieuse de la *Batrachomyomachie* attribuée à Homère.

La version française a eu plusieurs éditions ; le *Manuel* en cite six, outre celle de Juste :

A Paris, par Alain Lotrian, 1534, in-16 ;

Poitiers, à l'enseigne du Pellican, in-16 goth. de CII feuillets chiffrés ;

Lyon, 1536, in-16 ;

Blois, Julian Angelier, 1554, in-16 ;

Lyon, Benoiſt Rigaud, 1559, in-16 de 123 pages & 4 de table ;

Rouen, par Anth. Routhier, 1603, in-12.

M. Paul Lacroix en a publié, en 1867, une réimpression dans la collection Gay (Genève, in-12 de xii & 115 pages), sous le titre : *La Bataille fantaſtique des Roys Rodilardus & Croacus, traduction du latin d'Elisius Calentius, attribuée à Rabelais, avec une notice bibliographique par M. P. L.* (tiré à 102 exemplaires).

Les exemplaires des éditions du xvie siècle sont extrêmement rares. La Bibliothèque de l'Arsenal en possède un de Benoist Rigaud, 1559, & celle du Musée Condé, un de l'édition originale de Juste, 1534 (n° 357).

Les raisons de l'attribution à Rabelais sont assez vagues. La principale est que ce livret a paru en 1534 chez l'imprimeur des premières éditions de *Pantagruel*, & que l'exemplaire unique du *Gargantua* antérieur à 1535 (voir notre n° 31), trouvé à Turin par M. de la Garde, était relié avec un exemplaire de *Pantagruel*, 1534 & un exemplaire des *Fantaſtiques batailles* de la même date.

Ce ne sont pas des arguments bien solides. Ceux que met en avant M. P. Lacroix dans la notice bibliographique qui précède son édition sont encore moins trou-

blants. Il remarque, entre autres choses, que Rabelais a donné, dans son IVᵉ livre, le nom de Rodilard à un chat, alors que, dans les *Fantaſtiques batailles*,
Rodilardus est le roi des rats. « A bon chat bon rat », dit-il... (?)

XXXIII. Le ‖ Triumphe de ‖ TRES HAVLTE, ET PVIS- ‖ ſante Dame
Verolle, Royne du Puy ‖ d'Amours : nouuellement compo ‖ ſé par
L'inuenteur de menus ‖ plaiſirs hon- ‖ neſtes. ‖ M.DXXXIX. (1539) ‖
On les vend a Lyon, chez Francoys ‖ Iuſte deuant noſtre dame
de Confort.

A la fin :

Imprime nouuellement a Lyon par Francoys ‖ Iuste le XII du
moy de Septembre lan ‖ mil cinq cens XXXIX.

Pet. in-8° de 40 ff. sign. A-E, de 28 lignes, caraĉt. ronds, grav. sur bois.

Une autre édition de Paris, a pour titre :

LE TRIUMPHE ‖ DE TRES HAULTE ET ‖ puissante dame Verolle,
Royne ‖ du Puy d'Amours, nouvel- ‖ ment compoſé par l'In- ‖
venteur de menus ‖ plaisirs hon- ‖ neſtes ‖ ∂☙ Avec le Pourpoint ‖
fermant à boutons ‖ 1540 ‖ ∂☙ On les vend a Paris en la rue
neufve ‖ Noſtre Dame à l'enseigne de l'Eſcu ‖ de France. Par
Alain Lotrian. *In-8°.*

A la fin :

∂☙ Fin du Triumphe de la ‖ Verolle, nouvellement ‖ imprimé
à ‖ Paris.

M. Anatole de Montaiglon a publié en 1874, chez Wilhem, à Paris, une
réimpression en facsimilé de la première édition, à laquelle il a ajouté les variantes de la seconde.

L'attribution à Rabelais de cet opuscule a été proposée bien à la légère par le
bibliophile Jacob (*Recherches bibliographiques sur des Livres rares & curieux*, Paris,
1880, p. 78), qui voyait trop facilement dans les livres imprimés par Juste des
œuvres de maître François.

*« On a prétendu bien à tort, dit-il, que l'auteur de cet ouvrage n'était autre que Le Maire
de Belges. Il eſt beaucoup plus probable que c'eſt Rabelais. »*

Le bibliophile Jacob ne donne aucune raison de cette probabilité.
M. de Montaiglon, dans la savante préface qui précède son édition, rend à

Le Maire de Belges ce qui lui appartient de cet ouvrage, & en attribue une autre partie au poète italien Seraphino Aquilano. Reste une troisieme partie, qui pourrait être donnée à Rabelais. M. de Montaiglon combat cette opinion, sans toutefois se prononcer d'une façon décisive. Il conclut :

> «*Vis-à-vis d'un pareil homme, il vaudroit mieux lui refuser une œuvre secondaire qui puiße être de lui, que de lui en attribuer témérairement une qui pourroit n'en pas être.*»

Nous remarquerons que l'achevé d'imprimer, à Lyon, est du 12 septembre 1539, & qu'à cette époque Rabelais était à Turin, auprès de Guillaume du Bellay.

XXXIV. Le *Cinquième Livre* apocryphe.

Un libraire de Munich, M. Louis Rosenthal, annonçait, à la fin de l'année 1900, qu'il venait de découvrir un *Cinquième livre de Pantagruel* jusqu'alors inconnu, & daté de 1549, c'est-à-dire ayant paru du vivant de Rabelais. Cet ouvrage est entièrement différent du *Cinquième livre* posthume qui, depuis 1565, est joint aux quatre livres de *Pantagruel;* il porte, dans un encadrement, le titre suivant :

LE CINQVIESME ‖ 🎜 LIVRE ‖ DES FAICTZ ET ‖ dictz du noble Pan ‖ tagruel. ‖ 🙠 Auquelz font comprins, ‖ les grans Abus, & d'efordōnêe ‖ vie de, Plufieurs Ef- ‖ tatz, de ce mō ‖ de. ‖ Com- pofez par M. Francoys ‖ Rabelays D'octeur en Medeci- ‖ ne & Abftractteur de quīte Effen ‖ ce ‖ ℂ Imprime en Lan Mil cinq ‖ cens Quarante neuf.

In-16 de 64 ff. chiffr., 25 lignes par page, car. ronds.

La nouvelle, lancée par le *Times,* & reproduite bientôt par plusieurs périodiques de France & de l'étranger (voir, notamment, la *Correspondance hiftorique & archéologique,* 1900, p. 380, & la *Revue d'hiftoire littéraire de la France,* 1901, p. 169), causa, dans le monde des bibliophiles, une émotion qui fut de courte durée.

Le *Bibliographe moderne* publiait, en effet, au commencement de 1901, une notice d'un érudit français, M. Henri Stein, archiviste aux Archives nationales, qui, ayant eu communication à Paris du volume en cause, put dire, à son sujet, le dernier mot en démontrant qu'il ne saurait en aucune façon être attribué à Rabelais. La notice de M. H. Stein a paru en brochure, sous le titre : *Un Rabelais apocryphe de 1549,* à Paris, chez A. Picard, 1901, in-8° (18 pages avec plusieurs fac-similés).

Voir aussi : *Archiv für das Studium der neueren Sprachen,* Band CVII, 1901, p. 18 & suiv. (article de M. Buchner); *Beilage zur Allgemeinen Zeitung,* 26 septembre 1901; *Revue icono-bibliographique,* mars 1901 (article de M. Jacques Brice); *Zeitschrift für franzöfische Sprache und Litteratur,* Band XXIV, p. 262-274 (article de M. H. Schnee- gans); & *Revue des Études rabelaisiennes,* 1ᵉʳ & 2ᵉ fascicules, 1903 (article de M. Abel Lefranc).

XXXV. On a aussi attribué à Rabelais, sans raison plausible, le *Traite des Trois Imposteurs*, comme on l'a attribué à plusieurs auteurs. C'est peut-être à cause de l'édition qui en a paru au xvII° siècle sous ce titre :

Vincentii Panurgi epistola de tribus impostoribus ad J. B. Morinum. Parisiis ap. Macœum Bouillette & J. Guignard, 1654. *In-4°.*

[Salvaing de Boissieu, 1432.]

PRINCIPAUX OUVRAGES
CITÉS OU CONSULTÉS

AIMÉ-MARTIN. *Catalogue de la Bibliothèque de M. Aimé-Martin, auquel ont été ajoutés ceux d'un amateur étranger, . . . dont la vente se fera le 28 novembre 1825. . .* A Paris, chez Antoine-Augustin Renouard, rue de Tournon, n° 16. M.DCCC.XXV, in-8°.

—— *Bibliothèque de M. Aimé-Martin, composée de livres anciens & rares, la plupart en riches & élégantes reliures & tout particulièrement remarquables par des ouvrages précieux qui ont appartenu à des personnages célèbres, comme Le Tasse, Rabelais, Montaigne, Racine, Montesquieu, Bossuet, Bourdaloue, Lafontaine, Voltaire, J.-J. Rousseau, etc.* Paris, Techener, 1847-1848. 4 parties in-8°.

G. D'ALBENAS. *Les Portraits de Rabelais, avec la reproduction par l'héliogravure des portraits de la Faculté de médecine de Montpellier, de Michel Lasne & de Sarrabat.* Montpellier, Coulet, 1880, in-4°.

ANONYME. *Entretien de Rabelais & de Nostradamus.* A Cologne, chez Pierre Marteau, M.DC.LXXXX (1690), in-12 de 80 pages.

—— *Du sens de Rabelais,* article, dans la *Revue Française,* n° III (Paris, A. Sautelet & Cie, libraires, place de la Bourse), mai 1828, pages 67-95.

—— *Recherches bibliographiques sur Rabelais,* article, dans le *Bulletin du bibliophile* de mai 1851, pages 257-263. Paris, Techener.

—— Article bibliographique sur deux éditions de Rabelais, dans le *Journal de Genève* du 20 avril 1876.

—— *Un livre imprimé par Étienne Dolet,* article, dans *le Temps* du 7 août 1901.

—— *Le Rabelais de 1565 à l'hôtel Drouot,* article, dans *le Temps* du 13 janvier 1902. (Reproduit dans la *Bibliographie de la France* du 18 janvier 1902.)

Anonyme. *Le Rabelais de 1565,* article, dans *le Petit Temps* du 21 janvier 1902. (Reproduit dans la *Bibliographie de la France* du 25 janvier 1902.)

———— *Le Pantagruel de Dresde,* article, dans *le Temps* du 23 décembre 1903.

———— *Le Pantagruel de Dresde,* plusieurs «échos», dans *l'Européen* du 26 décembre 1903 & du 2 janvier 1904.

———— *Der « Pantagruel» der Kgl. Bibliothek in Dresden,* article, dans la *Frankfurter Zeitung* du 12 février 1904.

Al. Assier. *La Bibliothèque Bleue, depuis Jean Oudot Ier jusqu'à M. Baudot, 1600-1863.* Paris, M.DCCC.LXXIV (1874), in-12, tiré à 160 exemplaires. (De la *Bibliothèque de l'amateur champenois.*)

(De l'Aulnaye). *Oevvres de Rabelais.* A Paris, chez Th. Desoer, libraire, rue Christine, n° 2. M.DCCC.XX (1820). 3 vol. in-12 (fig. de Desenne, gravées sur bois par Thompson).

Autre édition, sans les figures, en 3 vol. in-8°, chez Louis Janet, à Paris, 1823. — Autre en 1 vol. grand in-8°, sur deux colonnes en 1835, chez Ledentu, Paris. — Autres en 1837 & 1838. On a conservé les formes de ce dernier tirage pour la collection du *Panthéon littéraire,* Paris, Desrez, 1838.

B. *Additions au Rabelaisiana,* article, dans le *Bulletin du bibliophile* de janvier-février 1854, p. 664-671. (Gustave Brunet?)

Barré. *Catalogue des Livres de feu M. Barré, auditeur des Comptes, dont la vente se fera en détail lundi 13 janvier 1744 & jours suivants, en la maison où il est décédé, rue des Bernardins.* Paris, 1743. 2 tomes in-8°.

Basnage. *Voir* Nicéron.

Th. Baudement. *Les Rabelais de Huet.* Paris, Académie des bibliophiles, en sa librairie, rue de la Bourse, 10. 1867, in-12.

Baudrier. *Bibliographie lyonnaise, recherches sur les imprimeurs, libraires, relieurs & fondeurs de lettres de Lyon au xvie siècle, par le Président*

Baudrier, continuées par J. Baudrier. Lyon, Aug. Brun ; Paris, A. Picard & fils, 1895-1902. 4 vol. in-8°.

BÉHAGUE. *Catalogue des livres rares & précieux composant la bibliothèque de M. le comte Octave de Béhague, membre de la Société des bibliophiles françois.* Première partie. Paris, Charles Porquet, 1880, in-8°.

(BERNIER). *Jugement & nouvelles Observations sur les œuvres grecques, latines, toscanes & françoises de Maître François Rabelais, D. M., ou le Véritable Rabelais reformé.* A Paris, chez Laurent d'Houry, marchand libraire rue Saint-Jacques, au Saint Esprit, vis à vis la fontaine Saint-Severin. M.DC.XCVII. (1697), avec Privilège du Roy. In-12. (L'auteur, nommé dans le privilège : *le sieur Saint Honoré,* est le docteur Jean Bernier, de Blois.) — Autre édition même ouvrage, sous la date 1699.

A. BERTIN. *Catalogue des Livres, Estampes & Dessins composant la bibliothèque de feu M. Armand Bertin, rédacteur en chef du Journal des Débats...* Paris, chez J. Techener, libraire, 20, place de la Colonnade du Louvre. 1854, in-8°.

BEUCHOT. Notes bibliographiques sur les premières éditions originales de Rabelais, dans la *Bibliographie de la France ou recueil général de l'imprimerie & de la librairie,* année 1823, page 443.

G. BODENEHR. *Grotesche Cappriciose, oder Neueroffnete Carnevals Redoutte. Gabriel Bodenehr fecit & excudit.* Aug. Vind., s. d. (vers 1740).

(H. BORDES). *Catalogue de beaux & bons livres anciens & modernes provenant de la Bibliothèque de M. H. B.* (Henri Bordes). Paris, Ch. Porquet, libraire, 1, quai Voltaire, 1897, in-8°.

—— *Catalogue de Livres rares & précieux provenant de la bibliothèque de M. H. B. de Bordeaux* (Henri Bordes). Paris, librairie Damascène Morgand, 1902, in-8°.

—— *Voir* RAHIR.

Le Président BOUHIER. *Voir* LA CROIX DU MAINE.

J. BOULMIER. *Eſtienne Dolet, sa vie, ses œuvres, son martyre, par* JOSEPH BOULMIER. Paris, Aubry, 1857, in-8°.

FÉLIX BOURQUELOT. *Notice sur Gargantua,* dans le XVIIᵉ volume des *Mémoires de la Société royale des Antiquaires.*

DE BOZE. *Catalogue des livres du Cabinet de M. de Boẓe.* A Paris, rue Saint-Jacques, chez G. Martin, à l'Etoile. H. L. Guérin & L. F. Delatour, à Saint Thomas d'Aquin. M.DCC.LIII (1753), in-8°.

J.-Ch. BRUNET. *Notice sur deux anciens romans intitulés les Chroniques de Gargantua, où l'on examine les rapports qui exiſtent entre ces deux ouvrages & le Gargantua de Rabelais, & si la première de ces chroniques n'eſt pas auſſi de l'auteur de Pantagruel. Par l'auteur des* Nouvelles Recherches (*Jacques-Charles Brunet*). Paris, chez Silvestre, libraire, rue des Bons-Enfants, n° 30. Décembre 1834, in-8° de 28 pages.

60 exemplaires, tirés à part sur gr. pap., en 39 pages, contiennent en outre les *drôleries extraites des Chroniques de Gargantua.*

—— *Recherches bibliographiques & critiques sur les éditions originales des cinq livres du roman satirique de Rabelais, par* J.-CH. BRUNET. Paris, L. Potier, 1852, in-8°.

—— *Manuel du Libraire & de l'amateur de Livres,* cinquième édition. Paris, 1863. 6 vol. in-4°.

—— *Catalogue des Livres rares & précieux composant la Bibliothèque de feu M. Jacques-Charles Brunet, auteur du Manuel du Libraire & de l'Amateur de Livres, chevalier de la Légion d'honneur...* Première partie. Paris, L. Potier, libraire, quai Malaquais, 9. A. Labitte, libraire, quai Malaquais, 5. Londres, Th. & W. Boone, libraires, New Bond Street, 29. 1868, in-8°.

Gustave Brunet. *Eßais d'Études bibliographiques sur Rabelais.* Paris, Techener, place du Louvre, 12. 1841, in-8°. (Au verso du titre : *tiré à 60 exemplaires.*)

—— *Notice sur une édition inconnue de Pantagruel, & sur le texte primitif de Rabelais, par* Gustave Brunet. Paris, Julien, quai des Augustins, 27 ; Techener, place du Louvre, 12. 1844, in-8° de 36 pages (tiré à cent exemplaires).

—— *Sur les éditions primitives de Rabelais* (extrait du tome VIII du *Bulletin du bibliophile belge*). Bruxelles, 1851, in-8°, tiré à 100 exemplaires.

—— *Découverte d'une édition du Gargantua de Rabelais, jusqu'à présent inconnue* (extrait du tome IX du *Bulletin du bibliophile belge*). Bruxelles, 1852, in-8°, tiré à 50 exemplaires.

—— *La Navigation du compaignon à la Bouteille, suivie de maiſtre Hamberlin,* réimpression textuelle faite sur l'édition de Paris, Cl. Micard, 1576, augmentée d'une introduction & de notes par Philomneste junior (Gustave Brunet). Genève, chez J. Gay & fils, 1867, in-12.

Ismael Bulliard. *Voir* de Thou.

Burgaud des Marets & Rathery. *Œuvres de Rabelais, collationnées pour la première fois sur les éditions originales, accompagnées d'un commentaire nouveau, par* MM. Burgaud des Marets & Rathery. Paris, Firmin Didot, 1857. 2 vol. in-8°. (Réimprimé en 1870, en 1872 & 1873.)

R. de Bury (*Remy de Gourmont*). *Le Rabelais de 1565,* article, dans le *Mercure de France* de mars 1902.

(Jean de La Caille). *Hiſtoire de l'imprimerie & de la librairie, où l'on voit son origine & son progrès, jusqu'en 1689, divisée en deux livres.* Paris, chez Jean de La Caille, rue Saint-Jacques, à la Prudence, m.dc.lxxxix (1689), avec Privilège du Roy. In-4°.

H. E. Chevalier. *Voir* P. Jannet.

J. Chenu. *Notice bibliographique sur l'édition de Rabelais à la sphère de 1659.* Article, dans le *Bulletin du bibliophile* de juin-juillet 1851, pages 321-323.

—— *Les grandes & inestimables Chroniques du grant & enorme geant Gargantua...* Paris, typographie de Panckoucke, rue des Poitevins, 14. 1853, in-12, tiré à 110 exemplaires.

R. C. Christie. *Estienne Dolet, the martyr of the Renaißance. A biography.* London, 1880.

Cigongne. *Catalogue des livres manuscrits & imprimés composant la bibliothèque de M. Armand Cigongne, membre de la Société des Bibliophiles, précédé d'une notice bibliographique, par M. Le Roux de Lincy, secrétaire de la Société des Bibliophiles.* Paris, chez L. Potier, quai Malaquais. 1861, in-8°.

(Cette collection a été acquise presque entièrement par le duc d'Aumale, & fait aujourd'hui partie de la bibliothèque du Musée Condé, à Chantilly.)

(Clinchamp). *Catalogue d'une belle collection de livres rares & précieux, surtout remarquable par le choix exquis des exemplaires, provenant du cabinet de M. de C**** (Clinchamp). Paris, Techener, 1860, in-8°.

R. de Collerye. *Œuvres de Roger de Collerye, avec une préface & des notes par* M. Charles d'Héricault. Paris, chez P. Jannet, libraire, 1855, petit in-8°.

G. Colletet. *François Rabelais, par Guillaume Colletet,* extrait des vies des poëtes françois, publié par Philomneste junior (Gustave Brunet). Genève, chez J. Gay & fils, éditeurs, 1867, in-12.

F. Colonna. *Voir* Jean Martin.

Coquillart. *Coquillart.* ‖ ΑΓΑΘΗ ΤΥΧΗ ‖ *Les Oeuvres* ‖ *Maistre Guil* ‖ *laume Coqvil* ‖ *lart, en son vi* ‖ *vant official* ‖ *de Reims, nov* ‖ *vellement re* ‖ *veves & corri* ‖ *gees,* ‖ *MDXXXV.* (1535) ‖ On les

vend à Lyon en la ‖ maison de Frācoys Juste, ‖ Demourant deuant Noſtre ‖ Dame de Confort. ‖ (In-8ᵒ allongé, goth. de 96 ff. chiffrés, Bibl. Nat., Rés. Y. 4400.)

SAMUEL CORNUT. *Le Pantagruel de Dresde,* article, dans *la Semaine littéraire* du 23 avril 1904.

LOUIS DELARUELLE. *Ce que Rabelais doit à Erasme & à Budé* (extrait du tome XI de la *Revue d'Hiſtoire littéraire,* pages 220-262). Paris, 1904, in-8ᵒ.

L. DELISLE. *Notice sur un regiſtre de procès-verbaux de la faculté de Théologie de Paris pendant les années 1505-1533,* dans les *Notices & extraits de manuscrits,* tome XXXVI. Paris, 1899, p. 405-407.

—— *La Colleĉtion Morrison.* Paris, Impr. nationale, 1893, in-4ᵒ. (Extrait du *Journal des Savants* d'août & septembre 1893, pages 451-462 & 532-550.)

—— *Documents parisiens de la Bibliothèque de Berne, par* LÉOPOLD DELISLE. Paris, 1896, in-8ᵒ. (Voir, page 291, *note additionnelle,* sur le manuscrit de Jacques Legros de la Bibliothèque Nationale [ms. fr. 12791.].)

A. DIDE. *Le Cinquième livre de Rabelais,* article signé AUGUSTE DIDE, dans le *Journal Officiel* du 16 novembre 1879. (Reproduit dans *Hérétiques & Révolutionnaires,* Paris, Charavay frères, 1886, in-12, pages 37-48.)

A. F. DIDOT. *Eſſai typographique & bibliographique sur l'hiſtoire de la gravure sur bois.* Paris, 1863, in-8ᵒ.

LÉON DOREZ. *Études Aldines,* II (Des origines & de la diffusion du «Songe de Poliphile»), dans la *Revue des Bibliothèques* de juillet-septembre 1896, p. 239-283. (Voir, particulièrement, p. 252-258.) Paris, Bouillon, in-8ᵒ.

L. DOREZ & P.-P. PLAN. *Pantagruel. Facsimilé de l'edition de Lyon, François Juſte, 1533, d'après l'exemplaire unique de la Bibliothèque*

royale de Dresde. Introduction de Léon Dorez & Pierre-Paul Plan. A Paris, par le Mercure de France, 1903. Petit in-8° allongé, de xlix pages & 88 feuillets.

J. Drivon. *L'Hôtel-Dieu au temps de Rabelais, par le* Dʳ Drivon. Lyon, 1904, in-8°. (Extrait du *Lyon médical,* 2-23 octobre.)

Dreux du Radier. *Mémoire sur le Testament de Cuspidius & le contrat de vente de Culita* (dans le *Journal de Verdun* d'octobre 1756).

Pierre & Jacques Du Puy. *Voir* de Thou.

A. Durel. *L'Intermédiaire* (catalogue de la librairie Durel) d'octobre 1904 signale, sous le n° 3847, un exemplaire du Vᵉ livre rubriqué *Estiart, 1596* (voir ici, page 214), & en attribue l'impression à Jacques Foillet, de Montbéliard.

Ebert. *Allgemeines bibliographisches Lexicon.* Leipzig, 1830, in-4°.

Esmangart & Éloi Johanneau. *Œuvres de Rabelais, édition variorum, augmentée de pièces inédites, des Songes drolatiques de Pantagruel, ouvrage posthume, avec l'explication en regard, des remarques de Le Duchat, de Bernier, de Le Motteux, de l'abbé Marsy, de Voltaire, de Ginguené, etc. & d'un nouveau commentaire historique & philologique, par* Esmangart & Éloi Johanneau, *membres de la Société royale des antiquaires.* A Paris, chez Dalibon, libraire, Palais Royal, galerie de Nemours, m.dccc.xxiii (1823). 9 vol. in-8°, illustr. de Devéria.

(Essling). *Catalogue des livres rares & précieux de M. le P. d'E.* (le prince d'Essling). Paris, Silvestre, 1845, in-8°.

(Henri Estienne). *Deux ‖ Dialogves dv ‖ novveav langage ‖ Fançois, italianizé, & autrement ‖ desguizé, principalement entre les ‖ courtisans de ce temps : ‖ De plusieurs nouueautez, qui ont accom- ‖ pagné ceste nouueauté de langage : ‖ De quelques courtisanismes modernes, ‖ & de quelques singularitez courtisa- ‖ nesques. ‖ A Envers, ‖ Par* Guillaume Niergue. ‖ 1579. (In-16 de 16 ff. non chiffr., 622 pages chiffr. & 1 f. blanc.)

P. DE L'ESTOILE. *Registre journal de P. de l'Estoile,* dans la *Nouvelle Collection des Mémoires pour servir à l'histoire de France,* publié par MICHAUD & POUJOULAT. Paris, 1837, in-8°.

F. FALCONNET. *Voir* LA CROIX DU MAINE.

KARL FALKENSTEIN. *Beschreibung der Königlichen öffentlichen Bibliothek zu Dresden.* Dresden, 1839, in-8°.

B. FILLON. *Inventaire des Autographes de M. Benjamin Fillon,* Paris, Ét. Charavay, 1878. 2 vol. in-4°.

G. DER FLAG. *Protée-Cigale, équation curieuse. Discußion mirificque & vérisimiles solutions de l'Utrum X de la Chresme philosophale des questions encyclopédiques de Pantagruel, par G. der Flag, apprentif abstracteur de quinteßence. Anguis ad aram. Genius hujus loci.* Tettigopolis [Brest] 1864. (Imp. E. Anner, Rampe 55, Brest.) In-8° de 71 pages, gr. sur bois.

FORMEY. *Voir* LE DUCHAT.

GANAY. *Catalogue d'un choix de livres rares & précieux manuscrits & imprimés, composant le cabinet de feu M. le Marquis de Ganay.* Paris, Porquet, 1881, in-8°.

E. GEBHART. *Rabelais, la Renaißance & la Réforme, par* ÉMILE GEBHART. Paris, Hachette, 1877, in-8°

—— *Le Pantagruel de Dresde,* feuilleton du *Journal des Débats* du 13 janvier 1904.

DE GUILLIN D'AVENAS. *Catalogue de la collection rabelaisienne & bons livres anciens & modernes de M. le Dr Henri de Guillin d'Avenas.* Paris, Antonin Chossonery, 1887, in-8°.

GUYOT DE VILLENEUVE. *Catalogue de la Bibliothèque de feu M. Guyot de Villeneuve, président de la Société des Bibliophiles françois.* Deuxième partie. Paris, Damascène Morgand, 1901, in-8°.

LOUIS GUYON. *Diverses leçons, contenant plusieurs discours, histoires & faits mémorables.* Lyon, C. Marillon, 1604, in-8°.

P. Guy-Pellion. *Catalogue des livres rares & précieux composant la bibliothèque de M. P. Guy-Pellion.* Paris, Durel, 1882, in-8°.

F. Habert. *Sermons satyriques du sentencieux poète Horace, interprétés en rime Françoise, par* François Habert *d'Iſſoudun.* A Paris, de l'imprimerie de M. Fezandat, 1551, in-8°. *Deuxième édition.* (La première a paru chez le même libraire en 1549 ; elle ne contient que le premier livre.)

Charles d'Héricault. *Voir* R. de Collerye.

Herminjard. *Correſpondance des réformateurs dans les pays de langue française.* Paris, 1870. 9 vol. in-8°.

Herpin. *Catalogue de la Bibliothèque poétique de feu M. T.-G. Herpin.* Deuxième partie. Paris, Em. Paul & fils & Guillemin, 1904, in-8°.

A. Heulhard. *Rabelais & son maître.* Paris, Lemerre, 1884, in-8°.

—— *Rabelais chirurgien. Applications de son gloſſocomion dans les fraîtures du fémur, & de son syringotome dans le traitement des plaies pénétrantes de l'abdomen, décrites par* Arthur Heulhard, *Nivernois, avec quatre figures.* Paris, A. Lemerre, libraire-éditeur, passage Choiseul, 27-31. 1885, petit in-8° carré.

—— *Rabelais légiſte. Teſtament de Cuſpidius & contrat de vente de Culita, traduits avec des éclairciſſements & des notes, & publiés pour la première fois d'après l'édition de Rabelais, par* Arthur Heulhard, *avec deux fac-simile.* Paris, A. Dupret, éditeur, 3, rue de Médicis. 1887, petit in-8°.

—— *François Rabelais, ses voyages en Italie, son exil à Metz, avec portrait à l'eau-forte, autographes & gravures.* Paris, Librairie de l'Art, 1891, gr. in-8°.

—— *Une lettre fameuse : Rabelais à Erasme.* Paris, Librairie de l'Art, 1902, in-4°.

Hoym. *Catalogus librorum Bibliothecæ illuſtriſſimi viri Caroli Henrici comitis de Hoym, olim Regis Poloniæ Auguſti II, apud Regem Chris-*

tianiſſimum Legati extraordinarii. Digestus & descriptus a GA-
BRIELE MARTIN, Bibliopola Parisiensi. Cum indice Auctorum
alphabetico. Parisiis, 1738, in-8°.

ED. HUGUET. *Voir* MARTY-LAVEAUX.

JAMET LE JEUNE. *Notes de Jamet le jeune sur Rabelais* (dans le *Bulletin du bouquiniſte* du 15 août 1863. Paris, Aubry).

Ces notes ont été relevées sur l'exemplaire des *Œuvres de Rabelais* de 1579, qui se trouve actuellement à la Bibliothèque
Nationale.

P. JANNET. *Œuvres de Rabelais, seule édition conforme aux derniers textes
revus par l'auteur, avec les variantes de toutes les éditions originales,
des notes & un gloſſaire.* A Paris, chez P. Jannet, libraire. 2 vol.
in-12, 1858-1872 (Bibliothèque elzévirienne).

Le deuxième tome est posthume. Un troisième, annoncé,
n'a jamais paru.

Le même ouvrage a été publié en 7 vol. in-12 dans la collection Jannet-Picart.

—— *Rabelais & ses éditeurs, par* H. ÉMILE CHEVALIER (Paul
Jannet). Paris, Aubry, 1881, in-16 de 31 pages.

É. JOHANNEAU. *Catalogue des livres & des manuscrits composant la
bibliothèque de feu M. Éloi Johanneau.* Paris, J.-F. Delion, libraire,
successeur de R. Merlin. 1852, in-8°.

—— *Catalogue des manuscrits soit personnels, soit étrangers, de feu
M. Éloi Johanneau, formant suite au catalogue de sa bibliothèque.*
S. d., 16 pages in-8°. Paris, typographie Panckoucke, rue des
Poitevins, 8 & 14.

—— *Voir* ESMANGART.

(ÉTIENNE JORDAN). *Hiſtoire d'un voyage littéraire fait en* M.DCC.XXXIII
en France, en Angleterre & en Hollande (par Étienne Jordan), etc.
A la Haye, chez Adrien Mœtjens, M.DCC.XXXVI (1736), in-12.

M.-H. Kühnoltz. *Notice historique, bibliographique & critique sur François Rabelais, par M.-H. Kühnoltz, docteur en médecine de Montpellier, bibliothécaire adjoint de la Faculté, agrégé stagiaire & membre de plusieurs sociétés du Royaume qui s'occupent de médecine.* A Montpellier, de l'imprimerie de Jean Martel, aîné, 1827, in-12 de 41 pages.

Labitte. *Catalogue de la librairie Labitte, Em. Paul & Cie.* 1889, in-8°.

—— *Catalogue des Livres composant la bibliothèque de M. le comte de ***, dont la vente aura lieu à Paris, le 19 avril 1888.* Paris, Labitte, Paul & Cie, 1888, in-8°.

Louis Lacour. *Voir* Montaiglon.

Paul Lacroix. *Œuvres de F. Rabelais, accompagnées de notes explicatives du texte, & précédées d'une notice, par* M. L*** (Paul Lacroix), éditeur des œuvres de Clément Marot, Malfilâtre, etc. Paris, imprimerie de J. Pinard, rue d'Anjou-Dauphine, n° 8. 1827, 5 vol. in-16.

—— *Catalogue des livres & des manuscrits, la plupart relatifs à l'histoire de France, composant la bibliothèque du Bibliophile Jacob* (*Paul Lacroix*). Paris, Techener, 1839, in-8°.

—— *Œuvres de F. Rabelais. Nouvelle édition, augmentée de plusieurs extraits des* Chroniques admirables du puissant roi Gargantua, *ainsi que d'un grand nombre de variantes & de deux chapitres inédits du Ve livre, d'après un manuscrit de la Bibliothèque du Roi, & accompagnée de notes explicatives & d'une notice historique contenant les documents originaux relatifs à la vie de Rabelais, par* L. Jacob, bibliophile. Paris, Charpentier, éditeur, 29, rue de Seine-Saint-Germain. 1840, in-18.

(La notice qui précède cette édition a été publiée à part, sous le titre : *Rabelais, sa vie & ses ouvrages,* Paris, Adolphe Delahays, 1858, in-12 de 233 pages.)

PAUL LACROIX. *Un livre inconnu, qui n'a jamais existé.* (Les Pieds de mouches, ou Nouvelles Noces de Rabelais), article, signé P.-L. JACOB, dans le *Bulletin du bouquiniste,* Paris, Paul Aubry, 15 avril 1857, in-8°.

—— *Bibliothèque Gauloise, nouvelle collection publiée sous la direction de* P.-L. JACOB, bibliophile. (Catalogue prospectus.) Paris, Adolphe Delahaye, libraire-éditeur, 4-6, rue Voltaire. 1859, 12 pages in-12.

—— *La bataille fantastique des roys Rodilardus & Croacus.* Traduction du latin d'Elisius Calentius attribuée à Rabelais, *avec une notice bibliographique par* M. P. L. Genève, chez J. Gay & fils, 1867, in-12.

—— *La Chronique de Gargantua,* premier texte du roman de Rabelais, précédé d'une notice par M. PAUL LACROIX. A Paris, chez D. Jouaust, imprimeur, 1868, petit in-8°.

—— *La Seconde Chronique de Gargantua & de Pantagruel,* précédée d'une notice par M. PAUL LACROIX, bibliophile JACOB. Paris, Librairie des Bibliophiles, 1872, petit in-8°.

—— *Recherches sur les premières éditions de Gargantua, par* M. P. L. JACOB, article, dans le *Bibliophile français,* 1873, p. 281-287.

—— *Le Disciple de Pantagruel,* précédé d'une notice par M. PAUL LACROIX, bibliophile JACOB. Paris, Librairie des Bibliophiles, 1875, petit in-8°.

—— *Recherches bibliographiques sur des livres curieux, par* P.-L. JACOB, bibliophile. Paris, Ed. Rouveyre, 1880, in-8°.

—— *Étude bibliographique sur le Ve livre de Pantagruel, par* P.-L. JACOB. Paris, D. Morgand & Ch. Fatout, 1881, petit in-8°, 4 ff. 107 pages & 2 ff., tiré à 130 exemplaires numérotés. (A paru précédemment dans le *Livre,* de juillet & août 1881, pages 201-216 & 240-251.)

PAUL LACROIX & GUSTAVE BRUNET. *Catalogue de la bibliothèque de Saint-Victor au seizième siècle, rédigé par Rabelais,* commenté par

le bibliophile JACOB, & suivi d'un essai sur les bibliothèques imaginaires, par GUSTAVE BRUNET. Paris, Techener, 1862, in-8°.

LA CROIX DU MAINE & ANT. DU VERDIER. *Bibliothèque françoise*, nouvelle édition, revue, corrigée & augmentée d'un Discours sur le progrès des Lettres en France, & des Remarques historiques, critiques & littéraires de M. DE LA MONNOYE, de Monsieur le Président BOUHIER & de F. FALCONNET, par M. RIGOLEY DE JUVIGNY. Paris, Saillant & Nyon, 1772-1773. 6 vol. in-4°.

DE LA MONNOYE. *Voir* LA CROIX DU MAINE.

(DE LA ROCHE LACARELLE). *Catalogue d'une collection de livres rares & précieux. Ouvrages sur la chasse. Anciens Poètes français. Romans Contes & Faceties. Voyages dans la Terre-Sainte & en Amérique. Vieilles Chroniques françaises, etc.* Paris, L. Potier, quai Malaquais, 9. M.DCCC.LIX (1859), in-12. (Première vente de La Roche Lacarelle.)

——— *Catalogue des livres rares & précieux, manuscrits & imprimés composant la bibliothèque de feu M. de La Roche Lacarelle, avec une table alphabetique des noms d'auteurs & des ouvrages anonymes, avec les prix d'adjudication & les listes des personnages célèbres & des amateurs à qui les livres ont appartenu.* Paris, Porquet, 1888, in-4°.

LA VALLIÈRE. *Catalogue des Livres de la bibliothèque de M. le duc de La Vallière, par* GUILLAUME DE BURE, *fils aîné.* A Paris, chez Guillaume de Bure, fils aîné, M.DCC.LXXXIII (1783). 3 vol. in-8°.

LEBER. *Catalogue des livres, imprimés, manuscrits, estampes, dessins & cartes à jouer, composant la bibliothèque de M. Leber.* Paris, Techener, 1839. 3 vol. in-8°.

LEBIGRE. *Catalogue de la bibliothèque de feu M. Eugène Lebigre, ancien notaire à Lille.* Paris, Labitte; Lille, Gustave Leleu, 1889, in-8°.

(LE DUCHAT). *Ducatiana, ou remarques de feu M. Le Duchat sur divers sujets d'histoire & de littérature recueillies dans ses Mss. &*

mises en ordre par M. F. (FORMEY). A Amsterdam, chez Pierre Humbert, M.DCC.XXXVIII (1738). 2 parties en un vol.

A. LEFRANC. *Marguerite de Navarre & le Platonisme de la Renaissance,* article, dans la *Bibliothèque de l'École des Chartes,* Paris, 1897-1898, tomes LVIII & LIX (voir 2ᵉ partie, tome LIX, pages 714 & 715).

LE MOTTEUX. *Voir* DE MISSY.

CH. LENORMANT. *Rabelais & l'architecture de la Renaißance, restitution de l'abbaye de Thélème, par* CH. LENORMANT, *membre de l'Institut.* A Paris, chez J. Crozet, libraire de la Bibliothèque royale, quai Malaquais, nᵒ 15. M.DCCC.XL (1840), in-8ᵒ de 35 pages.

LE PETIT (de Maxéville). *Vente de la Bibliothèque d'un château de Lorraine* (collection de feu M. ÉDOUARD LE PETIT, de Maxéville) *& de livres rares & curieux manuscrits & imprimés, provenant de la collection de M. W...s, de Londres.* Seconde partie. Paris, Claudin, 1864. 2 vol. in-12.

J. LE PETIT. *Bibliographie des principales éditions originales d'écrivains français du XVᵉ au XVIIIᵉ siècle, par* JULES LE PETIT. Paris, Quentin, 1888, grand in-8ᵒ.

LE ROUX DE LINCY. *Voir* CIGONGNE.

—— *Voir* YEMENIZ.

A. LE ROY. *Floretum philosophicum seu ludus meudonianus in terminos totius philosophiæ.* Parisiis, ap. J. Dedin, 1649, in-4ᵒ.

—— *Elogia Rabelæsina* (manuscrit conservé à la Bibliothèque nationale, sous la cote *ms. lat. 8704.* La bibliothèque de l'Université de Paris en possède une copie).

LIGNEROLLES. *Catalogue des livres rares & précieux manuscrits & imprimés composant la bibliothèque de feu M. le comte de Lignerolles.* Deuxième partie. Paris, Ch. Porquet, 1894, grand in-8ᵒ.

Lormier. *Catalogue de la Bibliothèque de feu M. Charles Lormier, de Rouen*. Première partie. Paris, Ém. Paul & fils & Guillemin, 1901, in-8°.

V. Luzarche. *Catalogue des Livres rares, curieux & singuliers en tous genres, bien conditionnés, & des manuscrits anciens (du Xᵉ au XVIIIᵉ siècle) composant la bibliothèque de M. Victor Luzarche.* Paris, Claudin, 1868-1869. 2 vol. in-8°.

Pierre Marcel. *Un Vulgarisateur, Jean Martin,* par Pierre Marcel. Paris, Garnier, s. d., in-18.

Prosper Marchand. *Dictionnaire historique, ou Mémoires critiques & littéraires.* La Haye, Pierre de Hondt, 1758. 2 vol. in-folio.

C. Marot. ΑΓΑΘΗ ΤΥΧΗ ‖ *L'adole* ‖ *scence Cle* ‖ *mentine.* ‖ *Ce sont les œuvres de Cle* ‖ *ment Marot, nouuellemēt* ‖ *imprimees auecques plus de* ‖ *soixāte nouuelles Composi-* ‖ *tiōs, lesquelles iamays ne fu* ‖ *rent Imprimees, cōme pour* ‖ *reʒ veoir a la fin du liure.* ‖ *M.D.XXXV.* (1535) ‖ On les vend a Lyon, en la ‖ maison de Francoys Juste ‖ Demourant deuant noſtre ‖ Dame de Confort. (Petit in-8° goth. allongé.)

(De Marsy). *Le Rabelais moderne, ou les Œuvres de Maître François Rabelais, docteur en Medecine, mises à la portée de la plupart des Lecteurs, avec des Éclairciſſements hiſtoriques, pour l'intelligence des allégories contenues dans le Gargantua & dans le Pantagruel* (par l'abbé De Marsy). A Amsterdam, chez Jean Frédéric Bernard, M.DCCLII (1752). 6 tomes en 8 vol. in-12.

Gabriel Martin. *Voir* Hoym.

Jehan Martin. *Dialogue tres ele* ‖ *gant intitule le Peregrin* ‖ *traictant de lhonneſte &* ‖ *pudicq amour concilie par pure & sincère vertu* ‖ *traduict de vulgaire italien en langue frācoyse par maiſtre Frācoys Doſſy cōterou* ‖ *leur des Briʒ de la maryne en Bretai* ‖ *gne et secrétaire du roy de Navarre.* ‖ Reveu au long ‖ et corrige ‖ oultre la premiere impres ‖ sion ‖ avec les annota ‖ tiōs & cottes sur chas ‖ cun chapitre ‖ par Je ‖ han Martin tres hū ‖ ble secretaire de ‖

hault & puissāt ‖ prince le Sei ‖ gnr Maxi ‖ milian ‖ Sforce Visconte ‖ et nouvellemēt imprime ‖ . . . (*à la fin :*) *Imprimez a Paris par Nicolas Couteau, imprimeur, pour Galiot du Pré marchand libraire. . . et fut acheve le premier io^r du moys daoust lan mil cinq cens vingt & huyt.* (In-8° goth. de 12 ff. prélim. et 346 feuillets, fig. sur bois.)

JEAN MARTIN. *Hypnerotomachie, ou discours du Songe de Poliphile, déduisant comme amour le combat à l'occasion de Polia* [par F. Colonna], *traduit de l'italien & mis en lumière par* JEAN MARTIN. Paris, pour Jacques Kerver, in-folio, 1546 (réimpressions en 1554 & 1561). Fig. sur bois.

—— *Voir* TABOUROT.

CH. MARTY-LAVEAUX. *Les Oevvres de maistre François Rabelais, accompagnées d'une Notice sur sa vie & ses ouvrages, d'une étude bibliographique, de Variantes, d'un Commentaire, d'une Table des noms propres, & d'un Glossaire, par* CH. MARTY-LAVEAUX. Paris, Alphonse Lemerre, 1869-1903. 6 tomes in-8°.

(Les deux derniers tomes sont posthumes & ont été publiés par MM. PETIT DE JULLEVILLE & ED. HUGUET.)

—— *Lettre à l'auteur de Rabelais & ses éditeurs.* Paris, A. Lemerre, 1869, in-8°.

CH. MARTY-LAVEAUX. *Catalogue des livres de linguistiqne, de littérature & d'histoire, anciens & modernes, composant la bibliothèque de feu M. Ch. Marty-Laveaux.* Paris, Em. Paul & fils & Guillemin, 1900, in-8°.

G. MÉNAGE. *Menagiana ou les bons mots & remarques critiques, historiques, morales & d'érudition de* MONSIEUR MÉNAGE, recueillies par ses amis. Troisième édition, plus ample de moitié, & plus correcte que les précédentes. A Paris, chez Florentin Delaulne, ruë Saint-Jacques, à l'Empereur. M.D.CC.XV (1715). Avec privilège du roi & approbation. 4 vol. in-12.

(PAUL MEYER). Dans la «Chronique» de la *Romania* d'avril 1904 (Paris, Bouillon, in-8°), note sur le *Pantagruel de Dresde* (p. 115).

C. DE MISSY. *Oeuvres de maître François Rabelais, suivies des remarques publiées en anglois par M. Le Motteux & traduites en françois par C. D. M.* (CÉSAR DE MISSY), *nouvelle édition, ornée de 76 gravures.* Paris, Bastien, an VI (1798). 3 vol. in-4°.

L. MOLAND. *François Rabelais. Tout ce qui existe de ses Oeuvres. Gargantua, Pantagruel, avec notes par* LOUIS MOLAND. Paris, Garnier, s. d. XLIV & 766 pages.

A. DE MONTAIGLON. *Le Triumphe de haulte & puißante Dame Verolle & le Pourpoint fermant à boutons.* Nouvelle édition complète avec une préface & un glossaire, par M. ANATOLE DE MONTAIGLON, & le fac-similé des bois du *Triumphe,* par M. ADAM PILINSKI. Paris, Wilhem, 1874, in-8°.

Le même travail avait paru, avec moins de développement, dans le tome IV du *Recueil de poésies françaises des XVe & XVIe siècles,* publié par A. de Montaiglon en 1856, dans la Bibliothèque elzévirienne de P. Jannet (pages 214-283).

——— *Master Francis Rabelais. Five Books of the Lives, Heroic Deeds and Sayings of Gargantua and his Son Pantagruel, translated into English by sir Thomas Urquhart of Cromarty and Peter Antony Motteux,* with an Introduction by ANATOLE DE MONTAIGLON. *Illustrations by Louis Chalon.* London, Lawrence and Bullen, 1892. 2 vol. gr. in-8°. (L'introduction de Montaiglon occupe les pages XV-XLVI.)

A. DE MONTAIGLON & LOUIS LACOUR. *Les quatre livres de maistre François Rabelais, suivis du manuscrit du Cinquième livre, publiés par les soins de* MM. ANATOLE DE MONTAIGLON & LOUIS LACOUR. Paris, Académie des Bibliophiles, 1868-1872. 3 vol. in-8°.

(Une notice que M. de Montaiglon devait écrire pour être mise en tête de cet ouvrage n'a jamais paru.)

MONTESSON. *Catalogue de la Bibliothèque de M. Raoul Comte de Monteßon, telle qu'elle était en 1869.* Le Mans, 1891. 5 parties en 2 vol. in-12.

(La première partie n'a été tirée qu'à 25 exemplaires. Les quatre dernières, formant le 2ᵉ vol., à 30 exemplaires.)

MORGAND. *Librairie Damascène Morgand. Bulletin mensuel.* Paris, janvier 1876-mars 1904. 10 vol. in-8°. (*Paßim.*)

Le fascicule 14 (mars 1883) signale, sous le n° 8597, toute la série des Rabelais provenant de la vente de Sunderland, avec de nombreux facsimilés. (Voir aussi n° 45 [nov. 1898], etc.)

CHARLES MORICE. *Le Pantagruel de Dresde,* article, dans *La Plume* du 15 mars 1904.

A. MORRISON. *Catalogue of the collection of autograph letters and hiſtorical documents formed between 1865 and 1882 by* ALFRED MORRISON, compiled and annotated under the direction of A. W. THIBAUDEAU. Printed for private circulation. 6 vol. in-folio, 1883-1892 (London).

MOSBOURG. *Catalogue des livres rares & précieux provenant de la bibliothèque de feu M. le comte de Mosbourg, ancien miniſtre plénipotentiaire.* Première partie. Paris, Charles Porquet, 1893, in-4°.

NICÉRON. *Mémoires pour servir à l'hiſtoire des Hommes illuſtres dans la république des lettres, avec un catalogue raisonné de leurs ouvrages, par le* R. P. NICÉRON, *Barnabite.* A Paris, chez Briasson, libraire, rue S. Jaques, à la Science. M DCC XXXV (1735) avec approbation & privilège du Roy. 42 vol. in-12.

L'article concernant Rabelais se trouve dans le tome XXXII, pages 337-408. Il a été reproduit dans : *Dißertation sur Rabelais, par* M. BASNAGE, *en 1667, avec les notes du* R. P. NICÉRON, *Barnabite.* Leide, Jean & Herm. Verbeck, 1748, in-12.

CH. NODIER. *De quelques livres satyriques & de leur clef, par* M. CH. NODIER. Paris, Techener, libraire, place du Louvre, n° 12; octobre 1834, 2 parties in-8° de 11 & 11 pages.

—— *Des Matériaux dont Rabelais s'eſt servi pour la composition de son ouvrage, par* M. CH. NODIER. Paris, Techener, libraire, place du Louvre, n° 12; janvier 1835, 14 p. in-8°.

CH. NODIER. *Rabelais & son livre,* article de M. Ch. Nodier, publié dans la *Quotidienne,* en 1823, & reproduit dans le *Bulletin du bibliophile* de mai 1878.

—— *Catalogue de la Bibliothèque de feu M. Charles Nodier, de l'Académie françoise, Bibliothécaire de l'Arsenal.* Paris, J. Techener, libraire, place du Louvre, n° 12. 1844, in-8°.

G. PARADIN. *Hiſtoire de noſtre tems, faite en latin par M.* GUILLAUME PARADIN, *& par lui mise en François. Depuis par lui mesme reueue & augmentee outre les precedentes Impreſſions.* A Lyon, par Jan de Tournes, & Guil. Gazeau. 1554. Auec Priuilege pour six ans. In-16.

(GASTON PARIS). Article sur trois éditions modernes de Rabelais (*Jannet, Marty-Laveaux & A. de Montaiglon*), signé G. P., dans la *Revue critique* du 6 mars 1869, pages 148-150.

PÉLADAN. *Les «Songes drolatiques» de Rabelais,* article de M. JOSÉPHIN PÉLADAN, dans la *Revue Universelle.* Paris, Larousse, 1ᵉʳ octobre 1903.

(ABBÉ PÉRAU). *Œuvres choisies de M. François Rabelais, doĉteur en médecine de la faculté de Montpellier, Chanoine de Saint Maur les Foſſés Et Curé de Meudon.* A Genève, chez Barillot & Fils, MDCCLII (1752). 3 vol. in-12.
(Publ. par l'abbé Pérau.)

PETIT DE JULLEVILLE. *Voir* MARTY-LAVEAUX.

A. PIAT. *Catalogue de la Bibliothèque de feu M. Alfred Piat, ancien notaire à Paris.* Troisième partie. Paris, Charles Porquet, Em. Paul & fils & Guillemin, 1898, in-8°.

PICHON. *Catalogue de la Bibliothèque de feu M. le baron Jérôme Pichon.* Première partie. Paris, librairie Techener, H. Leclerc & P. Cornuau, Succʳˢ. M.DCCCXC.VII (1897), in-4°.

ÉMILE PICOT. *Voir* ROTHSCHILD.

A. PILINSKI. *Voir* MONTAIGLON.

POMPADOUR. *Catalogue des livres de la bibliothèque de feue madame la marquise de Pompadour, dame du Palais de la Reine.* Paris, chez Hérissant, 1765, in-8°.

HENRI POTEZ. *Trois mentions de Rabelais à la fin de l'année 1552,* dans la *Revue des Études rabelaisiennes,* 1ʳᵉ année (1903), p. 57-58.

L. POTIER. *Catalogue des livres rares & précieux manuscrits & imprimés faisant partie de la librairie Potier, dont la vente aura lieu le 29 mars 1870 & les dix jours suivants.* Paris, se distribue à la librairie L. Potier, 9, quai Malaquais. 1870, in-8°.

JOSEPH QUESNEL. *Voir* DE THOU.

LOUIS RADIGUER. *Maîtres imprimeurs & ouvriers typographes* (1470-1903). Paris, Société nouvelle de librairie & d'édition, 17, rue Cujas. 1903, in-8°.

E. RAHIR. *Notice sur les Rabelais de M. Bordes.* Tours, Delis frères, imprimeurs-éditeurs, 1890, in-8°, 23 pages.

   (Cette plaquette a paru, augmentée & hors commerce, à l'occasion de l'exposition de Tours, sous le titre : *Notice sur une précieuse collection des œuvres de Rabelais.* Paris, Morgand, 1890, in-8° (tiré à très petit nombre). [Bibl. Nat., 8° Q , Pièce 716.])

E.-J.-B. RATHERY. *Voir* BURGAUD DES MARETS.

   (La Notice biographique, qui précède l'édition & qui est de M. Rathery, a été tirée à part, sans titre. Elle a paru également dans la *Biographie générale,* tome XLI, col. 387-401.)

G. REGIS. *Meister Franz Rabelais der Arzeney Doctoren Gargantua und Pantagruel aus dem Französischen verdeutscht, mit Einleitung und Anmerkungen, den Varianten des zweites Buchs von 1553, auch einem noch unbekannten Gargantua, herausgegeben durch* GOTTLOB REGIS. B. R. R. BACC. *mit des Authors Bildniß.* Leipzig, 1832-1849, Verlag von Joh. Amb. Barth. 2 tomes en 3 volumes in-8°.

J. RENARD. *Catalogue de livres rares & précieux imprimés & manuscrits, la plupart français & latins, de la bibliothèque de M. J. Renard* (de Lyon). Paris, Ad. Labitte, 1881, in-8°.

J. Renard. *Catalogue de la partie réservée de la bibliothèque de feu M. J. Renard, de Lyon, comprenant le choix de ses plus beaux livres.* Paris, A. Claudin, 1884, in-12.

(C'est à ce dernier catalogue que se réfèrent nos citations.)

Rigoley de Juvigny. *Voir* La Croix du Maine.

L. Rosenthal. *Katalog 79 von Ludwig Rosenthal's Antiquariat in München.* Munich. In-8°.

J. de Rothschild. *Catalogue des livres composant la bibliothèque de feu M. le baron James de Rothschild, rédigé par* M. Émile Picot, *membre de l'Institut.* Paris, D. Morgand, 1884-1893. 3 vol. in-8°.

(Du Roure.) *Catalogue des livres rares & précieux de M. L. M. D. R.* (le marquis du Roure). Paris, Jannet, 1848, in-8°.

De Ruble. *Catalogue des livres rares & précieux composant le cabinet de feu M. le baron de Ruble, membre de l'Institut.* Paris, Em. Paul & fils & Guillemin, 1899, in-4°.

D. de Salvaing de Boissieu. *Catalogue d'une importante bibliothèque composée d'ouvrages anciens rares & précieux. Ancienne bibliothèque de D. de Salvaing de Boißieu, Conseiller du Roi en tous ses Conseils, premier président en la Chambre des Comptes de Dauphiné, 1600-1683.* Grenoble, librairie dauphinoise, H. Falque & FélixPerrin, 1897, in-8°, planches héliogravées.

A.-L. Sardou. *Œuvres de Rabelais, précédées de sa biographie & d'une dißertation sur la prononciation du françois au xvie siècle, & accompagnées de notes explicatives du texte, par* A.-L. Sardou. San-Remo & Turin, 1874-1876. 3 vol. in-12.

P. Sébillot. *Gargantua dans les traditions populaires, par* Paul Sébillot, Paris, Maisonneuve & Cie, éditeurs, 25, quai Voltaire, 1883, in-12.

(Tome XII des *Littératures populaires de toutes les Nations.*)

Ed. Senemaud. *Catalogue des livres anciens & modernes composant la bibliothèque de feu M. Ed. Senemaud, ancien archiviste des Ardennes.* Première partie. Paris, Labitte, 1888, in-8°.

(Silvestre). *Les Grandes & inestimables Cronicques du grant & enorme geant Gargantua...* (réimpression de la 1re Chronique), achevé d'imprimer le 5 août 1845, par Crapelet, & se vend à Paris chez Silvestre, libraire, rue des Bons-Enfants, 30. In-16, goth.

Solar. *Catalogue de la Bibliothèque de M. Félix Solar.* Paris, chez J. Techener, libraire, rue de l'Arbre-Sec, 52, près la Colonnade du Louvre. 1860, in-8°.

P. Stapfer. *Rabelais, sa personne, son génie, son œuvre, par* Paul Stapfer. Paris, Colin, 1889, in-18.

H. Stein. *Un Rabelais apocryphe de 1549, par* Henri Stein, *archiviste aux Archives nationales.* Paris, A. Picard & fils, 82, rue Bonaparte, 1901. In-8° de 16 pages (extrait de la *Bibliographie moderne*).

E. Tabourot. *Les Escraignes dijonnoises, recueillies par le Sieur des Accords* (Étienne Tabourot). Poitiers, Jean Martin, 1610, in-16.

Taschereau. *Catalogue des livres composant la bibliothèque de feu M. Jules Taschereau, dont la vente aura lieu le 1er avril 1875 & les onze jours suivants.* Paris, se distribue à la librairie Adolphe Labitte, 1875, in-8°:

L. Techener. *Catalogue des livres précieux manuscrits & imprimés, provenant de la bibliothèque particulière de M. Léon Techener, libraire à Paris.* Deuxième partie. Paris, Adolphe Labitte, Léon Techener, 1887, in-8°.

―― *Bulletin du bibliophile,* Paris, Léon Techener. (*Passim.*)

A. W. Thibaudeau. *Voir* Morrison.

De Thou. *Catalogus bibliothecæ Thuanæ, a clariss. v. v.* Petro & Jacobo Puteanis *ordine alphabetico primum distributus. Tum secundum scientias et artes a Clariss. Viro* Ismaele Bulliardo *digestus, nunc vero editus a* Josepho Quesnel *Parisino et bibliothecario.* Parisiis, 1679. 2 parties in-8°.

L. Thuasne. *Études sur Rabelais, par* Louis Thuasne. (*Sources monastiques du roman de Rabelais. Rabelais & Erasme. Rabelais & Folengo. Rabelais & Colonna. Mélanges.*) Paris, librairie Émile Bouillon, éditeur, 67, rue de Richelieu. 1904, in-8º.
(Vᵉ vol. de la *Bibliothèque littéraire de la Renaißance.*)

Pietro Toldo. *L'arte italiana nell'opera di Francesco Rabelais,* article, dans *Archiv für das Studium der neueren Sprachen und Litteraturen* (Brunswick, 1898, p. 103-148).

(Tripier). *Catalogue des livres en partie rares & curieux composant la bibliothèque d'un amateur, M. L. T. (*L. Tripier*) & qui sont en vente à la librairie Potier.* Paris, L. Potier, libraire, quai Malaquais, 9. M.DCCC.LIV (1854), in-12.

Turner. *Rabelais, ses études médicales, ses portraits,* articles, dans *le Progrès Médical* des 11 & 18 mars, 1ᵉʳ & 8 avril, 11 juin, 29 juillet, 5 & 12 août 1882.

A. Veinant. *Catalogue des livres rares & précieux composant la bibliothèque de M. Aug. Veinant.* Paris, Potier, 1860, in-8º.

Du Verdier. *Voir* La Croix du Maine.

A. Willems. *Les Elzevier. Histoire & annales typographiques, par* Alphonse Willems. Bruxelles, G. A. van Trigt, éditeur; Paris, A. Labitte; La Haye, Martinus Nijhof, 1880, in-8º.

Yemeniz. *Catalogue de la bibliothèque de M. N. Yemeniz, précédé d'une notice de M. Le Roux de Lincy.* Paris, Bachelin-Deflorenne, 1867. 2 vol. in-8º.

Th. Ziesing. *Erasme ou Salignac? Étude sur la lettre de François Rabelais,* avec un fac-similé de l'original de la Bibliothèque de Zurich. Paris, Alcan, 1887, in-8º.

TABLE

III. LE DISCIPLE DE PANTAGRUEL.